나는 0원으로
강남 건물주보다 월세 많이 받는
온라인 건물주로 산다

나는 0원으로
강남 건물주보다 월세 많이 받는

온라인 건물주로 산다

알파남(김지수) 지음

발급번호	소 득 금 액 증 명 (2023년 귀속)	처리기간 즉 시

성 명	김지수	주민등록번호	
주 소			

◇ 종합소득세 신고(결정·경정) 현황 (단위:원)

구 분	종합과세							분리과세	총 결정세액
	이자	배당	사업	근로	연금	기타	합계		
수입금액	0	0	1,544,371,211	0	0	0	1,544,371,211		0
소득금액	0	0	730,913,339	0	0	0	730,913,339		

- 종합과세 소득금액은 이월결손금을 공제하지 않은 금액임
- 분리과세: 종합소득세 신고(결정·경정)한 분리과세 소득(2천만원이하 주택임대소득과 계약금이 위약금·배상금으로 대체된 기타소득)의 수입금액 및 소득금액의 합계액
- 총 결정세액: 종합과세와 분리과세의 결정세액 합계액

◇ 연말정산(지급명세서 제출) 현황 [※종합소득세 신고(결정, 경정) 현황에서 종합과세된 소득이 있는 경우 미기재] (단위:원)

구 분	소득 발생처		지급받은 총 액	소득금액	총 결정세액	비고
	법인명(상호)	사업자등록번호				

발급번호	소 득 금 액 증 명 (2022년 귀속)	처리기간 즉 시

성 명	김지수	주민등록번호	
주 소			

◇ 종합소득세 신고(결정·경정) 현황 (단위:원)

구 분	종합과세							분리과세	총 결정세액
	이자	배당	사업	근로	연금	기타	합계		
수입금액	0	0	1,938,054,044	0	0	0	1,938,054,044		0
소득금액	0	0	1,689,978,745	0	0	0	1,689,978,745		

- 종합과세 소득금액은 이월결손금을 공제하지 않은 금액임
- 분리과세: 종합소득세 신고(결정·경정)한 분리과세 소득(2천만원이하 주택임대소득과 계약금이 위약금·배상금으로 대체된 기타소득)의 수입금액 및 소득금액의 합계액
- 총 결정세액: 종합과세와 분리과세의 결정세액 합계액

◇ 연말정산(지급명세서 제출) 현황 [※종합소득세 신고(결정, 경정) 현황에서 종합과세된 소득이 있는 경우 미기재] (단위:원)

구 분	소득 발생처		지급받은 총 액	소득금액	총 결정세액	비고
	법인명(상호)	사업자등록번호				

발급번호	소 득 금 액 증 명 (2021년 귀속)	처리기간 즉 시

성 명	김지수	주민등록번호	
주 소			

◇ 종합소득세 신고(결정·경정) 현황 (단위:원)

구 분	종합과세							분리과세	총 결정세액
	이자	배당	사업	근로	연금	기타	합계		
수입금액	0	0	163,323,115	0	0	3,092,857	166,415,972		0
소득금액	0	0	40,592,595	0	0	1,237,143	41,829,738		

- 종합과세 소득금액은 이월결손금을 공제하지 않은 금액임
- 분리과세: 종합소득세 신고(결정·경정)한 분리과세 소득(2천만원이하 주택임대소득과 계약금이 위약금·배상금으로 대체된 기타소득)의 수입금액 및 소득금액의 합계액
- 총 결정세액: 종합과세와 분리과세의 결정세액 합계액

◇ 연말정산(지급명세서 제출) 현황 [※종합소득세 신고(결정, 경정) 현황에서 종합과세된 소득이 있는 경우 미기재] (단위:원)

구 분	소득 발생처		지급받은 총 액	소득금액	총 결정세액	비고
	법인명(상호)	사업자등록번호				

(납세자가 신청한 증명 귀속연도 : 2020. ~ 2024.)
위와 같이 증명합니다.

※ 위 내용은 발급일 현재 상황으로서 추후 변경될 수 있습니다.

2025년 6월 10일
동안산세무서장

· 프롤로그 ·

안녕하세요, 애드센스로 5년만에 사업화까지 성공한 알고리즘을 파괴하는 남자 알파남이라고 합니다. 저는 우연한 출근길에 유튜브를 보고 공부를 시작해 지금까지 5년간 23억 원의 순수익을 애드센스로만 벌었습니다. 그리고 이 책에서 그 모든 내용을 낱낱이 다루려 합니다. (제가 걸어온 길을 보시고 싶으시다면 옆에 qr코드에 있는 블로그 링크를 참고해주시기 바랍니다.)

알파남 블로그

2020년 1월, 평범한 출근길이었습니다. 아침 일찍 출근길에 차를 타고, 익숙한 루틴대로 유튜브를 들었습니다. 그런데 그날은 조금 달랐습니다. 알고리즘이 제게 이런 영상을 추천해준 것이죠.

"돈을 버는 새로운 방법."
"평범한 사람도 가능하다."

별 기대 없이 클릭했습니다. 그냥 흔한 광고성 콘텐츠겠지 싶었지만, 영상을 보는 내내 이상하게도 마음속 깊은 곳에서 뭔가 '퍽' 하고 깨지는 느낌이 들었습니다. 요즘은 워낙 사기성 콘텐츠가 많아 조심해야 하지만, 그날만큼은 다르게 다가왔습니다.

"이런 세상이 있었어?"
그날 이후, 머릿속에서 영상이 계속 맴돌았습니다. 그리고 스스로에게 물었습니다.
"이걸 그냥 넘겨도 될까?"
결국 내린 결론은 간단했습니다. '돈 드는 것도 아니니 일단 한번 해보자!'

퇴근 후 집에 와서 컴퓨터를 켜고 블로그를 개설했습니다. 아무것도 모르는 상태였지만, 일단 글을 하나 써보기로 했습니다. 어설픈 글 하나를 올리고 나니, 이상하게도 뿌듯했습니다. 그렇게 첫날은 글 1개를 작성했습니다.

이후 일주일 동안 꾸준히 글을 썼습니다. 처음엔 하루에 1개, 일주일쯤 지나자 하루에 3개씩 작성하기 시작했습니다. 자연스럽게 글쓰는 속도도 붙고, 어떻게 하면 더 많은 사람들이 제 글을 읽을까 고민하기 시작했습니다.

그렇게 작은 실행들이 쌓여갔습니다. 글을 쓰면서도 스스로에게 물었습니다.

"나도 이게 될까?"
"남들은 되는데, 나는 아닐 수도 있지 않을까?"

하지만 신기하게도 시간이 지날수록 방문자가 조금씩 늘었고, 애드센스 수익도 처음엔 커피 한 잔 값에서 점점 더 커져갔습니다.

많은 사람들이 말합니다.

"난 운이 안 좋아서 안 돼."
"저 사람은 원래 될 사람이었어."

하지만 생각해봅시다. 그날 제가 봤던 그 영상을 본 사람이 과연 저 혼자였을까요? 아마 수만 명, 어쩌면 수십만 명이 같은 영상을 봤을 것입니다. 그런데 그중 몇 명이나 실행했을까요? 그리고 몇 명이나 꾸준히 글을 써서 스스로 변화를 만들어냈을까요?

저는 그날부터 실행했고, 그렇게 실행한 작은 글 하나가 제 삶을 바꿔놓기 시작했습니다. 운이란, 준비된 사람에게만 찾아오는 손님입니다. 저는 그저 유튜브 영상을 본 것뿐입니다. 하지만 실행하지 않았다면 아무 일도 일어나지 않았을 것입니다.

우연히 5년 전, 한 영상을 보고 시작한 블로그는 이제 제게 '돈을 버는 자산'이 되었습니다.

2020년 2월, 처음 애드센스에 도전했을 때 저도 여러분처럼 아무것도 모르는 초보였고, 유튜브 영상 몇 개를 보고 무작정 시작했지만, 결과는 기대 이상이었습니다.

첫 달에 300만 원을 벌었고, 두 달차엔 700만 원, 세 달 차에는 900만 원, 그렇게 단 3개월 만에 누적 2,000만 원을 넘겼습니다. 이후 꾸준히 성장해 지금은 잠자는 동안에도 수익이 들어오는 시스템을 만들었고, 이를 기반으로 사업까지 확장하게 되었습니다.

여기까지 읽은 여러분은 이런 생각을 하실 수도 있습니다.

'블로그로 돈 버는 건 일부 파워블로거나 가능한 일 아닐까?'
'이제는 너무 늦은 거 아닐까? 블로그는 이미 레드오션 아닌가?'
'온라인으로 돈을 번다는 게 나랑은 먼 이야기 같아.'

저 역시 같은 고민을 했습니다. 하지만 직접 부딪히며 시행착오를 거친 끝에 누구나 충분히 수익화가 가능한 구조와 지속 가능한 방법이 있다는 걸 깨달았습니다.

저처럼 여러 개의 수익 파이프라인을 만들고 싶으신가요? 그렇다면 이 책에서 그 방법을 모두 알려드리겠습니다.

회사 다니며 부업으로 시작한 평범한 직장인 형도, 50대 은퇴를 앞둔 직장인도 제 전략으로 월 500만 원에서 많게는 1,000만 원까지 수익을 올리고 있습니다.

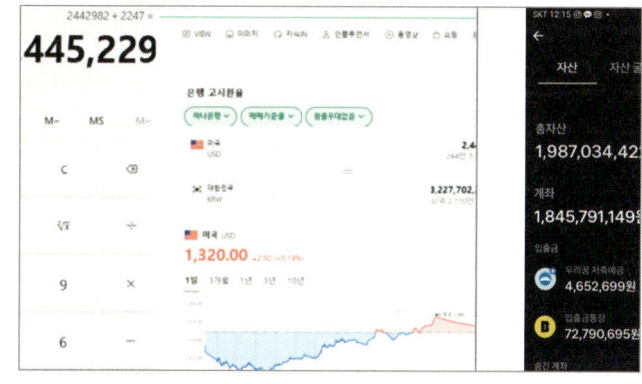

2022년 강의를 런칭 이후 애드센스로만 총245만 불, 순수익 20억 원 이상을 벌었습니다. 4년동안 여러 강사들, 애드센스 고수들 만나면서 아직까지 저보다 많이 번 사람은 보지 못했습니다.

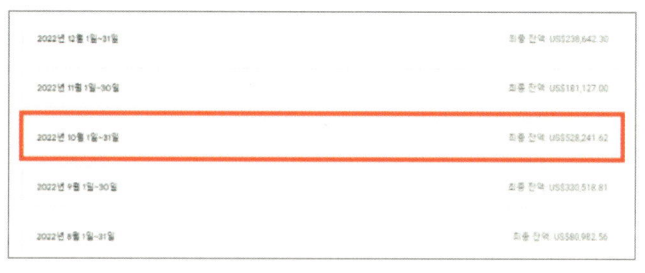

(2025년 3월 최근 수익까지 인증했습니다) 최대 수치는 한달에 53만 불이었습니다. 당시 환율(1450원) 탸 불까지 하면 약 10억 원에 가까운 수치였습니다.

물론, 결코 쉽지는 않았습니다. 그래서 더 간절히 성공하고 싶었고, 남들보다 더 많이 노력하고, 더

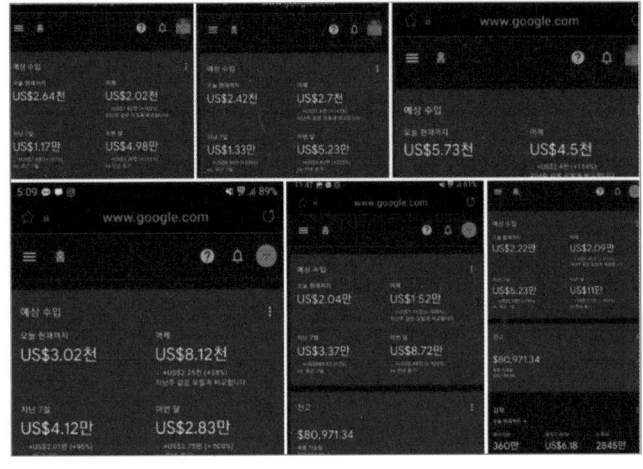

다르게 접근하기 위해 끊임없이 연구하고 공부했습니다. 그렇게 쌓아 올린 시간들이 지금의 수익으로 이어졌습니다.

사실 저도 특별한 사람이 아닙니다. 평범한 지방 4년제 대학을 졸업하고 취업을 준비하던 학생이었죠. 그 당시, 우연히 유머저장소라는 페이스북 페이지를 운영하는 분이 월 5천만 원을 번다는 이야기를 들었습니다. 또, op.gg라는 롤 전적 검색 사이트를 운영하는 안산 출신 친구가 수십억 원을 벌었다는 사실도 알게 됐습니다.

그런 이야기들이 제 머릿속에서 떠나지 않았습니다. 그러던 어느 날, 유튜브를 보다가 처음으로 '블로그로 수익을 내는 법'을 알게 되었습니다. 바로 '리뷰요정 리남'이라는 유튜브 채널을 통해서였죠.

그 시절은 2020년, 부업 붐이 일던 때였습니다. 저도 마찬가지로 당시 유행하던 다양한 부업을 직접 해봤습니다. 신사임당 유튜브를 보며 스마트스토어로 유통을 시작했고, 마스크를 판매하며 짧은 시간에 큰돈을 벌기도 했습니다.

하지만 대한민국 시장의 특성상, 돈이 된다 싶으면 유사업종이 우후죽순으로 생겨납니다. 마스크도 예외가 아니었죠. 순식간에 경쟁이 심해지고 재고 부담이 커졌습니다. 그때 저는 '이건 리스크가 크다'고 판단했습니다.

그 와중에도 부업으로 병행하던 블로그가 두 달 만에 월 700만 원이라는 수익을 만들어냈습니다. 바로 이때, 블로그에 더 큰 가능성이 있다는 걸 확신하게 되었고, 이후 블로그에 집중하기로 마음먹었습니다.

이 경험을 통해 저는 아직 온라인 공간에는 여전히 기회가 남아 있다는 걸 깨달았습니다. 그리고 중요한 사실 하나를 더 알게 되었습니다. 바로 '소비자가 아닌 생산자의 관점으로 살아야 한다'는 것이었습니다.

2025년 현재도 마찬가지입니다. 세상 모든 것이 온라인으로 빠르게 이동하고 있습니다. 부(富) 또한 오프라인에서 온라인으로 옮겨가고 있습니다. 지하철만 타도 쉽게 확인할 수 있죠. 종이 신문이나 책을 보는 사람은 이제 거의 없고, 대부분이 스마트폰을 들여다보고 있습니다.

바로 여기서 기회를 찾아야 합니다. 저는 확신합니다. 블로그든 유튜브든, 온라인에서 무언가를 생산하는 일은 이제 '선택'이 아니라 '필수'가 되어가고 있다고 말이죠. **그리고 무엇보다 좋은 건, 리스크가 거의 없다는 것입니다.**

자본주의 사회에서 돈을 버는 방식은 생각보다 단순합니다.
'사람의 시간을 줄여주고, 그 가치를 돈으로 바꾸는 것'이 바로 본질입니다.
여러분은 하루에도 구글이나 네이버, 유튜브 등을 통해 수십 번, 글이나 영상을 보며 정보를 얻고 있죠?

그런데 그건 절대 무료가 아닙니다. 누군가가 시간을 들여 그 글을 작성하고, 영상을 만들었기 때문에 여러분은 그 콘텐츠를 통해 문제를 해결하거나 원하는 정보를 얻은 것입니다.

그리고 바로 거기서 돈이 발생합니다. 누군가가 시간을 들여 만든 콘텐츠가, 사람들의 문제를 해결해줌으로써 블로거나 유튜버가 수익을 얻는 구조인 거죠. 이것이 자본주의 사회에서 '가치 교환'의 핵심 메커니즘입니다.

그렇다면 왜 제가 블로그를 '부업의 첫 시작'으로 가장 추천할까요?
그 이유는 아주 간단합니다.
블로그를 제대로 배워두면 확장 가능한 영역이 무궁무진해지기 때문입니다. 예를 들어 유튜브를 하려면 반드시 대본을 써야 하고, 그건 결국 '글쓰기'가 바탕이 됩니다.

인스타그램의 피드, 강의 준비, 전자책 제작, 온라인 마케팅 등 모든 온라인 콘텐츠의 근본에는 '글쓰기'가 자리 잡고 있습니다.

즉, 블로그를 배우면 단순히 블로그로 끝나는 게 아닙니다.

유튜브, 인스타그램, 강의, 책 등 다양한 분야로 확장할 수 있는 기초체력이 되는 겁니다.

그리고 이 블로그 생태계에서 가장 중요한 축이 있습니다.

바로 구글 애드센스입니다. 구글은 전 세계 수많은 블로거들에게 정당한 대가를 지급합니다. 누군가가 좋은 글을 써서 사람들의 시간을 절약해주고 문제를 해결하면, 그 대가로 구글은 광고 수익을 지급합니다. 이 공정한 구조가 있었기에 구글은 지금의 세계적인 기업으로 성장할 수 있었습니다.

반대로, 과거에는 어땠을까요?

유튜브가 등장하기 전, 국내 창작자들은 플랫폼을 위해 거의 무료봉사를 하는 경우가 많았습니다.

대표적인 사례가 바로 네이버입니다. 네이버 블로그는 수많은 창작자들이 콘텐츠를 올려도, 정작 그 창작물에 대한 보상은 제대로 이루어지지 않았습니다. 소수의 파워블로거만이 일부 혜택을 받을 수 있었을 뿐, 대부분은 단순한 노출 이상의 수익화를 기대하기 어려웠죠.

하지만 구글은 다릅니다. 구글은 누구든 좋은 콘텐츠를 생산하면 그에 맞는 광고 수익을 공정하게 배분합니다. 그래서 블로그를 통해 '수익화'를 배우는 것은 단순히 글을 올려 돈을 버는 수준이 아닙니다. 이 구조를 이해하는 순간, 앞으로의 온라인 비즈니스에서 더 큰 확장을 만들어낼 수 있는 힘을 가지게 되는 것입니다.

결론은 명확합니다. 온라인 부업의 시작은 블로그가 가장 좋습니다. 리스크는 거의 없고, 글쓰기를 익히면 다른 플랫폼까지 자연스럽게 확장할 수 있기 때문입니다.

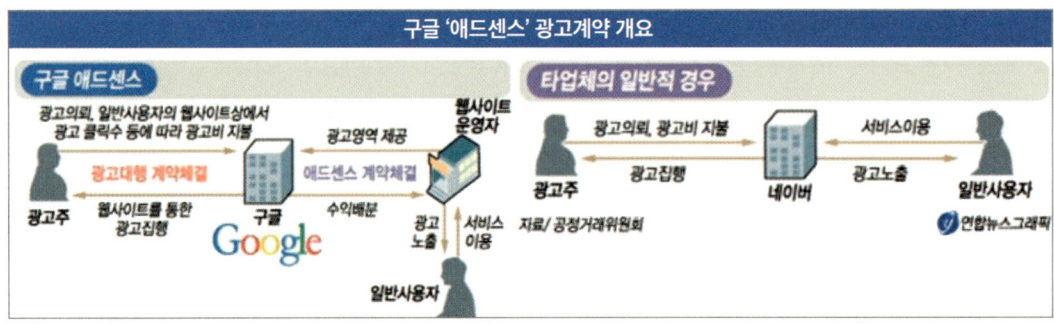

그리고 지금도 구글은 전 세계 수많은 블로거에게 매달 수익을 안겨주고 있습니다. 물론, 그 주인공이 여러분이 되지 말라는 법은 없습니다.

그렇다면 우리는 어떻게 해야 할까요? 단순합니다.
'콘텐츠를 생산하면 됩니다.'
다시 말해, 사람들의 문제를 해결해주는 사람은 언제나 돈을 벌 수 있습니다.

여기서 한 단계 더 나아가 봅시다. 만약 내가 자는 동안에도 자동으로 문제를 해결해주는 시스템이 있다면 어떨까요? 우리는 이것을 파이프라인이라고 부릅니다.

이 파이프라인은 내가 자는 동안에도, 여행 중이거나 맛있는 음식을 먹을 때도, 심지어 멍하니 쉬고 있을 때도 돈을 벌어다 줍니다. 이 시스템 덕분에 저는 지금도 매일 '알아서 통장에 찍히는 수익'을 경험하고 있습니다.

파이프라인을 만든다는 것은 단순히 돈을 많이 번다는 차원을 넘어섭니다.

바로 경제적 자유와 시간의 자유를 의미합니다.

돈과 시간에서 자유로운 사람은 24시간 내내 자신이 하고 싶은 것만 하면서도 살아갈 수 있습니다. 사랑하는 가족, 소중한 사람들과 충분한 시간을 보내고, 먹고 싶은 것을 먹고, 하고 싶은 것을 하면서 살아가는 삶. 매일 '돈을 벌어야 한다'는 압박에서 벗어나, 온전히 나의 선택으로 살아간다면, 그 몰입감은 상상 이상입니다.

저는 유튜브에서 하나의 영상을 보고 실행에 옮겼고, 블로그를 시작한 지 1달 차에 300만 원, 2달 차에 700만 원, 3달 차에는 900만 원 가까

운 수익을 올렸습니다. 그리고 5년 만에 매출 50억 원, 그리고 23억 원의 순수익을 올릴 수 있었습니다.

이제부터 그 방법을 여러분과 나누고자 합니다.
블로그와 관련한 노하우는 많습니다. 하지만 아무리 좋은 노하우라도 시간이 지나면 퇴색되거나, 포털 로직이 변하면서 무용지물이 되는 경우도 많습니다. 누군가는 이런 노하우를 돈 주고 사기도 합니다. 물론 도움이 될 수도 있지만, 그냥 돈만 날리는 경우도 많습니다.

저는 지난 5년간 시행착오를 겪으며 강의비에만 최소 5천만 원, 인건비에만 최소 5억 원을 쓰며 쌓은 모든 실전 경험과 노하우 중, 지금도 통하는 것들만 골라 최대한 쉽게 정리했습니다. 그리고 그것을 이 책에 모두 담았습니다.

여러분들이 한 명도 빠짐없이 이 내용을 흡수하고, 반드시 실행해서 '경제적 자유'를 누릴 수 있기를 진심으로 바랍니다.
지금 이 책을 읽고 있는 여러분도 분명히 할 수 있습니다. 거창하게 시작하지 않아도 괜찮습니다. 작은 실행들이 쌓여 결국 큰 변화를 만듭니다.

하지만 그렇다고 당장 회사를 그만두라는 이야기는 아닙니다.
오히려 저는 이렇게 말하고 싶습니다.
"취미 삼아 한 번쯤 가볍게 도전해보세요."

일단 해보다가 잘되면 좋은 거고, 안 되면 그냥 경험 하나 쌓은 겁니다. 저도 5년 전에는 제가 블로그를 통해 사업을 하게 될 줄 꿈에도 몰랐습니다. 그저 작은 호기심으로 시작했을 뿐이니까요.

그 한 걸음이 지금의 저를 만들었습니다. 그리고 이제, 여러분의 첫걸음을 응원합니다.
이제 여러분 차례입니다. 저와 함께 시작해보시죠. 적어도 책값의 최소 100배는 뽑으실 수 있게 제가 알고 있는 노하우들을 아낌 없이 풀었습니다.

• 인트로 •

건물 없어요. 대신, 글이랑 영상은 있어요.

"요즘은 월세로 얼마나 나와요?"
"한 1,200만원쯤요."
"와…어디 지역 건물이에요?"

이 질문을 들을 때마다 웃음이 나옵니다. 제 대답은 항상 같습니다.
"오프라인에 건물 없어요. 대신, 글이랑 영상은 있어요."

그 말에 고개를 갸우뚱하는 사람도 있습니다.
아직 '온라인 부동산' 개념을 모르는 사람들입니다.

저는 건물이 없습니다. 대출도 없고, 금수저도 아닙니다. 하지만 매달 1,000만 원 이상이 '월세처럼' 찍힙니다. 이 시스템은 컴퓨터와 키보드로 짓고, 콘텐츠로 채운 '디지털 건물'입니다.

제가 가진 건 딱 세 가지. 구글 블로그, 유튜브, 인스타그램(SNS), 이게 제 자산이고, 제 입지입니다. 그저 콘텐츠가 돈을 벌고 있을 뿐입니다.

사실, 당신도 이미 봤을 겁니다. 이 책을 펼친 당신. 지금 이 글을 읽고 있는 당신.

이미 한 번쯤은 제 글이나 영상을 본 적 있을 겁니다. 유튜브 알고리즘에 떴을 수도 있고, 검색창에 떠오른 블로그였을 수도 있습니다. 혹은 인스타 릴스에서 지나치듯 본 짧은 영상일 수도 있습니다. 그게 아니면, 오프라인에서 이 책을 발견했을겁니다.

'누가 블로그로 수익을 냈다더라'

'애드센스로 월천 넘겼다더라'

그 얘기, 어디선가 한 번쯤은 들어보셨을 겁니다. 그게 바로, 온라인 자산에 노출된 첫 순간이었습니다.

그때 그냥 넘겼다면, 이제는 멈춰서 봐야 합니다.
"월세는 어떻게 들어오냐고요?"

지금부터 진짜 답을 말해주겠습니다.
1. 구글 애드센스
2. 쿠팡 파트너스 같은 제휴 마케팅
3. 브랜드에서 날아오는 광고 제안 메일
4. 뉴스레터에 숨겨진 전환 수익

강의, 전자책, 협업, 그리고 직접 만든 상품 판매…등등 놀라운 건, 이 모든 수익이 하나의 콘텐츠에서 동시에 작동한다는 점입니다.

예를 하나 들어봅시다. 집에서 미스터트롯을 보다가 '미스터트롯 투표하기 방법'에 대한 리뷰를 올렸습니다. 딱 10분만 투자해서 써본 후기입니다. (AI가 등장 후 5분만에도 가능해졌습니다)

사진 몇 장, 소감 몇 줄, 거기에 '미스터트롯 음악 USB' 쿠팡링크 하나.

그날 있었던 일입니다.
1. 애드센스 클릭 130,000만원 수익
2. 쿠팡 파트너스 수수료 12,800원
3. 댓글로 "신청을 대신 해주면 돈을 준다는" 질문
4. 다음날, 제품 광고 제안 메일 1통

하나의 콘텐츠에서 수익이 4갈래로 뻗습니다. 대박도 아니고, 그냥 이 구조가 기본입니다. 이게 바로 온라인의 무서운 점입니다. 한 번 올리면, 멈추지 않고 돌아갑니다.

영상도 마찬가지입니다.

"자취생 필수템 TOP5"라는 영상 하나. 책상 앞에서 핸드폰으로 찍은 1분짜리. 조회수는 빠르게 쌓였고, 댓글은 살벌하게 달렸고, 지금도 광고 문의가 가끔씩 옵니다.

저는 까먹었는데, 그 영상은 지금도 저 대신 일합니다.

온라인은 결국, 트래픽 부동산입니다.
1. 글 하나 = 노점 하나
2. 영상 하나 = 쇼룸 하나
3. 팔로워 1만 = 하루 유동인구

이걸 "재미로만 하는 거지"라고 생각하면, 아직 비즈니스 언어를 바꾸지 못한 겁니다. 과거엔 우리가 만들어도, 아무도 돈을 주지 않았습니다. 글을 쓰고, 영상을 만들고, 사진을 찍어 올려도 과거엔 그걸로 돈을 벌기 어려웠습니다.

수천 명이 읽고, 수만 명이 봐도 정작 돌아오는 건 '좋아요' 하나, 댓글 몇 줄. 노출은 됐지만, 수익은 없었습니다. 우린 열심히 만들었지만, 플랫폼은 조용히 돈을 벌었죠.

네이버는 블로그 트래픽으로 광고를 팔았고, 국내 포털은 유저 콘텐츠로 플랫폼을 키웠지만, 창작자에게 돌아온 건 거의 없었습니다. 아는 사람만 브랜드 협찬을 받고, 소수의 파워블로거만 수익을 만들 수 있었죠.

그 시대엔 '좋은 콘텐츠 = 좋은 일'이었지, '좋은 콘텐츠 = 좋은 수익'은 아니었습니다.

그걸 완전히 바꾼 게, 구글입니다. 구글은 이렇게 생각했어요.

"사람들이 정보를 찾는다면, 그 정보를 만든 사람에게 돈을 줘야 하지 않을까요?"

그래서 만든 게 애드센스(AdSense)입니다. 블로그에 글을 올리면, 광고를 자동으로 붙여주고, 그 광고가 클릭되면 바로 수익이 발생합니다.

놀랍게도 제가 물건을 안 팔아도, 누가 회원가입을 안 해도, 그냥 글을 쓰기만 해도 돈이 들어옵니다. 구글이 그 글 안에 사람이 클릭할만한 광고를 골라서 보여주고, 광고주가 지불한 돈의 일부를 당신에게 나눠주는 구조입니다. 그래서 구글은 돈을 많이 법니다. 그리고, 당신에게도 돈을 나눠줍니다.

왜냐하면, 콘텐츠를 만드는 사람이 없으면 광고도, 플랫폼도 성립되지 않기 때문이죠. 이게 구글이 유튜버에게 광고 수익을 주고, 블로거에게 애드센스를 주는 진짜 이유입니다. 과거엔 우리 손에 '시간'만 있었고, 그 시간은 공짜로 쓰였습니다. 지금은 그 시간에 글을 쓰고, 광고를 붙이고, 수익을 받는 시대입니다.

처음에는 애드센스만으로도 충분합니다. 이해 안 돼도 괜찮습니다. 그냥 글 하나 쓰고, 애드센스 붙이고, 기다리며 트래픽을 발생시키면 됩니다. 구글이 알아서 광고를 붙이고, 당신에게 돈을 줍니다.

이건 기회입니다. 예전엔 없던 구조가 이제는 생겼고, 아무나 시작할 수 있습니다. 이 책을 펼친 당신은 이미 그 문 앞에 도착한 겁니다.

사람들은 여전히 건물주를 부러워합니다. 하지만 저는 압니다. 지금은 리스크 전혀 없이 온라인에 건물을 지을 수 있는 시대라는 걸. 글 하나가 트래픽을 부르고, 영상 하나가 광고를 데려옵니다. 팔로워 1만이 작은 광장이고, 하루 방문자 3천이면 이미 '상권'입니다.

저는 땅을 사지 않았습니다. 대신 검색어를 골랐고, 건축비 대신 시간을 투자했습니다. 콘텐츠가 쌓이자 사람이 붙고, 그 뒤엔 자연스럽게 돈이 따라왔습니다.

누군가는 매년 묻습니다.
"지금 시작해도 괜찮을까요?"

항상 하는 대답은 같습니다.
"올해도 누군가는 처음 시작합니다." 그리고, "그 사람이 다음 월세 받는 사람입니다."
시간이 없다는 사람도 있습니다. 그런데 생각보다 오래 걸리지 않습니다.

지하철 30분에 글 하나,
점심시간 10분에 유튜브 숏츠 하나,
저녁 1시간에 전자책 초안.

하루 2시간이면 1년 뒤, 당신 이름으로 된 3층짜리 온라인 건물 하나는 세울 수 있습니다.

그게 쌓이면, 사람이 붙고, 돈이 붙습니다. 애드센스로 시작해서 조회수 수익을 벌었지만 이후에 광고주가 직접 연락이 옵니다. 브랜드가 상품 넣어달랍니다. 협업 제안이 옵니다.

그 순간부터는 제가 뛰는 게 아니라, 자산이 돈을 법니다. 건물이 없다고 해서, 자산이 없는 건 아닙니다. 지금도 수많은 사람들이 유튜브·블로그에서 정보를 찾고, 그 트래픽이 광고비로 전환되고 있습니다.

글 하나, 영상 하나가 온라인에 새겨지는 당신의 입지입니다. 진짜 기회는 오프라인에 없고, 인터넷 속에 남아 있습니다. 그리고 그 자리는 아직도 너무 많은곳이 비어있습니다.

건물이 없어도 괜찮습니다. 진짜 중요한 건 '수익을 만드는 구조'입니다. 이건 자산이고, 시간이 지날수록 단단해집니다. 누구나 시작할 수 있습니다. 대신 꾸준히 쌓을 수 있는 사람만 다음 스테이지로 갑니다.

저는 이제 오프라인 건물주가 아닌, 온라인 설계자가 되기로 했습니다. 그리고 그 결정은 틀리지 않았습니다. 이 책을 보는 여러분도 모두 해낼 수 있습니다. 제가 그렇게 만들어 드리겠습니다.

Contents

프롤로그 - 004

인트로 - 013

1부   2달만에 1,000만 원 상위
0.01% 티스토리 블로그 운영방법 1탄

PART 1. 온라인 건물주 만드는 구글 애드센스 연금 - 022

PART 2. 잠만 자도 월 100만 원씩 들어오는 자동화수익 만드는 방법 - 028

PART 3. 티스토리 초기 세팅 완벽 정리 - 034

PART 4. 티스토리 구글 SEO 최적화 세팅 방법 - 047

PART 5. 다음 티스토리 최적화 방법 총 정리 - 111

PART 6. 티스토리 블로그 구글 애드센스 승인 조건 - 118

PART 7. 5일만에 애드센스 승인받은 핵심 세팅(30만 원 가치) - 119

PART 8. 30분만에 애드센스 승인 글 작성하는 법 - 125

PART 9. 네이버와 30배 차이나는 광고 수익 받는 방법 - 128

PART 10. 미승인 완벽 대처방법(+정책위반 검토요청) - 141

PART 11. 애드센스 합격 후 세팅 - 152

PART 12. 블로그 운영전 미리 알아두면 좋은 Tool BEST 5 - 160

PART 13. 두 달만에 월 1,000만 원 버는 블로그 운영방법 - 167

2부   2달만에 1,000만 원 상위
0.01% 티스토리 블로그 운영방법 2탄

PART 1. 상위 0.01%만 아는 티스토리 수익형 글쓰기 방법 - 171

PART 2. 상위 0.01%의 다음 공략법 - 175

PART 3. 5분만에 금광 키워드 찾는 방법 - 180

PART 4. 한번 배우면 50년 써먹는 글쓰기 방법 - 189

PART 5. 다음 직원도 모르는 상위노출 방법 - 196

PART 6. 월 1,000만 원 버는 숏테일&이슈글 작성법 - 208

PART 7. 다음 직원도 모르는 3가지 블로그 유형 - 216

PART 8. 티스토리 저품질, 통누락, 펍벤 완벽 대응 매뉴얼
   - 복구부터 우회까지, 수익형 운영의 모든 것 - 227

PART 9. 월 500만 원을 벌기 위해 꼭 알아야 하는 'ㅇㅇ도메인' - 237

PART 10. 월 1,000만 원을 넘기 위해 꼭 알아야 하는 'ㅇ계정' - 256

PART 11. 무료로 내 블로그 구글 순위 노출 확인하는 방법 - 262

PART 12. 월 1,000만 원 유지를 위해 결국, ㅇㅇ을 버려야 하는 이유 - 265

부록 2달만에 1,000만 원 상위
0.01% 티스토리 블로그 운영방법 3탄

PART 1. 왜 지금 구글 SEO를 해야 하는가? - 273

PART 2. 구글의 역사와 알고리즘 - 277

PART 3. 구글 알고리즘(페이지 랭크)의 원리 - 285

PART 4. 실전편 - 당장 실행할 수 있는 방법 - 289

PART 5. 테크니컬 SEO - 검색 최적화의 마무리 - 295

PART 6. 최신 SEO 트렌드 - 변화하는 구글 알고리즘에 대응하는 법 - 301

PART 7. SEO로 돈 버는 법 - 트래픽을 수익으로 바꾸는 전략 - 306

PART 8. SEO 마스터를 위한 고급 전략 - 경쟁에 앞서가는 방법 - 312

PART 9. SEO 성과 유지와 지속적인 성장 전략 - 316

PART 10. 웹사이트 완성 후 글쓰기 전 꼭 해야할 작업 - 323

PART 11. SEO에 대한 흔한 오해 Q&A - 325

PART 12. 마무리하며 - 328

"도서 후기"만 써주시면, 비공개 자료 4종 + 전자책 PDF본 추가 증정 - 334

0원으로 시작해 부자가 되는 가장 현실적이고 빠른 방법 - 335

2달만에 1000만원 상위 0.01% 티스토리 블로그 운영방법 1탄

PART 1.

온라인 건물주 만드는
구글 애드센스 연금

구글 애드센스는 네이버의 애드포스트와 비슷한 개념입니다. 구글 애드센스(Google Adsense)란 티스토리 블로그, 워드프레스, 웹사이트, 유튜브 등에 업로드된 콘텐츠에 광고를 삽입하여 방문객들이 광고를 보고 클릭함에 따라 구글이 광고료의 일부 수익을 나눠 주는 서비스입니다. 구글 애드센스 광고를 삽입하기 위해서는 내가 사용하는 티스토리 블로그나 워드프레스 등을 구글로부터 승인 받아야 합니다.

1. 구글 애드센스, 어떻게 돈을 벌까? 애드센스의 작동 원리

구글 애드센스는 블로그나 유튜브 같은 콘텐츠에 광고를 붙여 수익을 얻는 시스템입니다. 여러분이 블로그에 글을 올리면, 구글은 그 글 내용에 맞는 광고를 자동으로 붙여줍니다.

예를 들어, 여러분이 자동차 보험에 관한 글을 썼다면, 자동차 보험 광고가 달리는 식이죠.

그럼 이 광고는 누가 만들어서 붙일까요?

광고주는 자신의 상품을 알리기 위해 돈을 내고 광고를 만듭니다. 그리고 구글은 그 광고를 블로거나 유튜버의 콘텐츠에 대신 올려줍니다. 여기서 광고가 잘 노출되고, 누군가 광고를 클릭하면 돈이 발생합니다.

1. 광고 게재 공간지정

광고 게재를 원하는 위치를 선택하고 해당 위치에 광고 코드를 삽입하여 광고 공간을 확보합니다.

2. 입찰가가 가장 높은 광고 게재

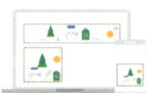

광고 공간에 광고를 게재하기 위해 광고주가 실시간 입찰에 참여하고, 입찰가가 가장 높은 광고가 사이트에 게재됩니다.

3. 수익금 지급

사이트 소유자가 수익금을 받을 수 있도록 Google이 소유자의 사이트에 게재된 광고에 대해 모든 광고주와 네트워크에 비용을 청구합니다.

2. 구글 애드센스 광고 수익 구조

구글 애드센스 수익 흐름은 이렇게 됩니다

1. 광고주 - 광고를 만들고 광고비를 지불합니다.
2. 구글 애드센스 - 광고를 적절한 블로그나 유튜브에 연결해줍니다.
3. 블로거나 유튜버(나) - 광고를 내 콘텐츠에 올려 수익을 벌게 됩니다.
4. 사용자(방문자) - 글이나 영상을 보다가 광고를 클릭하면 광고비가 발생합니다.

이때 구글은 광고주가 낸 광고비 중 일부를 가져가고, 나머지를 여러분에게 줍니다. 구체적으로는 광고비의 약 68%가 여러분에게 돌아옵니다. 예를 들어 광고주가 10,000원을 지불했다면, 여러분은 6,800원을 받고, 구글은 3,200원을 가져가는 구조입니다.

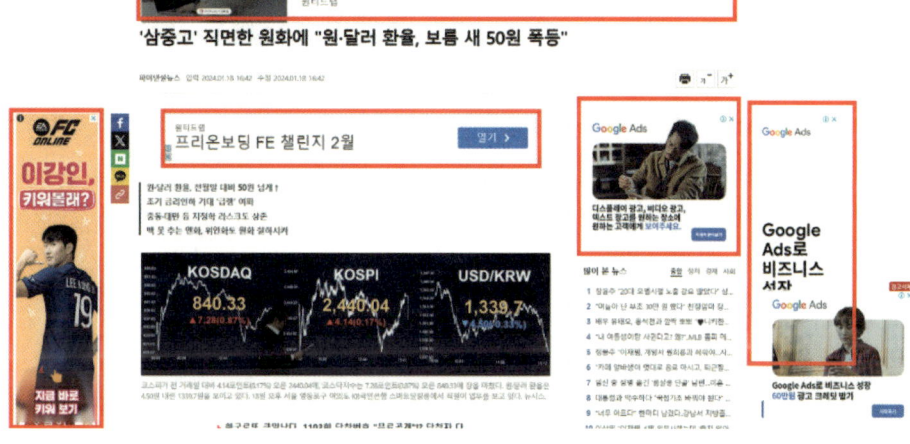

인터넷을 하신 분들이라면 뉴스나, 블로그에서 꼭 한 번 본 광고들이 있을 것입니다. 아래 네모 친 것 모두 구글 애드센스 광고라고 보시면 됩니다.

쉽게 이야기해 제가 실손보험이 궁금해, 구글에 실손보험을 검색하며 정보를 찾고 있다고 가정해 보겠습니다. 정보를 찾던 중 아래와 같은 광고가 등장하면 자연스럽게 클릭하게 됩니다

내가 해당 광고를 클릭하게 되면, 클릭당 광고료가 1,000원이라 가정하면, 구글이 300원을 사이트 운영자가 700원의 수익을 얻게 되는 구조입니다. 이때, 받는 금액은 키워드마다 클릭당 비용이 다르기 때문에 천차만별입니다. 작게는 $0.01부터 최대 1클릭에 $30(약 4만 원)까지 경험해봤습니다.

키워드	클릭당 수익 (CPC) 예상
실손보험	$5 - $30
자동차 보험	$2 - $10
건강정보	$0.5 - $3
일상생활 꿀팁	$0.01 - $0.5

이렇게 클릭당 광고비가 다르게 책정되는 이유는 광고주의 경쟁 정도나, 키워드의 가치 때문입니다. 예를 들어 보험, 금융, 법률 같은 분야는 광고비가 비싸고, 일상적인 주제는 상대적으로 낮습니다.

유효 클릭이란?

단순히 클릭한다고 무조건 수익이 되는 건 아닙니다. 광고를 클릭한 뒤에 5초 이상 광고 페이지에 머무르는 등 일정 기준을 충족해야 '유효 클릭'으로 인정받습니다. 정확한 기준은 구글의 복잡한 알고리즘으로 판단하지만, 중요한 건 정상적인 방문자가 자연스럽게 클릭해야 한다는 것입니다.

애드센스 심사, 쉬울까? 어려울까?

이러한 애드센스 광고를 게시하기 위해서는 유튜브처럼 구글의 심사를 통과해야 합니다. 마치 유튜브 수익화를 받으려면 구독자수와 시청시간 조건이 있는 것처럼요.

예전에는 심사가 비교적 쉬웠지만, 요즘은 '애드고시'라고 불릴 정도로 까다로워졌습니다. 그 이유는 부정 클릭이나 불법적인 광고 노출이 많아졌기 때문입니다.

하지만 너무 겁먹을 필요는 없습니다. 실제로 애드센스 승인은 유튜브 수익화 승인보다 훨씬 쉽습니다.

유튜브는 구독자와 시청 시간이라는 '시간의 장벽'이 존재하지만, 애드센스는 제대로 된 블로그 세팅과 몇 가지 핵심 포인트만 지키면 누구나 승인받을 수 있습니다.

게다가 요즘은 AI 도구들 덕분에 블로그 운영이 더 쉬워졌습니다. AI로 콘텐츠를 효율적으로 만들고, 승인에 맞는 글을 작성하는 것도 이제는 가능합니다. 덕분에 몇 년 전보다 애드고시를 훨씬 수월하게 통과할 수 있는 시대가 온 겁니다.

저는 애드센스 승인만 100번 이상 받아본 실전 경험이 있습니다. 그 과정에서 쌓은 빠르고 쉬운 승인 노하우를 누구보다 잘 알고 있습니다.

걱정하지 마세요. 이 책 뒷부분에서 '애드고시 쉽게 통과하는 법'을 누구나 따라 할 수 있도록 자세하게 알려드리겠습니다.

애드센스에 대해서 조금 더 자세히 알고 싶으시다면 한국 애드센스 공식 블로그를 참고하시기 바랍니다.

정리하자면 아래와 같습니다.

1. 광고 공간 제공 (웹사이트 주인)
- 내가 블로그나 웹사이트를 운영한다고 가정해봅시다.
- 애드센스를 신청하고 승인을 받으면, 내 사이트에 광고를 넣을 수 있는 코드(스크립트)를 삽입할 수 있습니다.

2. 광고 자동 매칭 (구글 애드센스)
- 방문자의 관심사, 내 사이트의 내용, 방문자의 위치 등을 고려해서 가장 적합한 광고를 자동으로 보여줍니다.
- 예를 들어, 여행 블로그를 운영하고 있다면 여행 관련 광고가 많이 노출될 가능성이 높습니다.

3. 방문자가 광고 클릭 (수익 발생)

- 방문자가 광고를 클릭하면 일정 수익을 받게 됩니다.
- 클릭당 수익(CPC, Cost Per Click)은 광고의 경쟁률과 주제에 따라 달라집니다.

4. 수익 지급 (구글 ⋯ 웹사이트 운영자)

- 누적된 광고 수익이 일정 금액(보통 $100 이상)이 되면, 구글이 등록한 계좌로 매달 21일 송금해줍니다.

3. 온라인 웹사이트의 혁명 애드센스

과거에는 건물주가 직접 광고를 따와야 했습니다

✅ "우리 가게 앞에 광고판을 설치하실래요?"

✅ "우리 건물 벽면에 간판을 달아드릴게요!"

이렇게 직접 광고를 유치해 광고비를 받는 구조였습니다.

그런데 이런 영업에는 치명적인 문제점이 있었습니다.

- 광고주를 직접 찾아야 하니 시간이 많이 걸림
- 네트워크가 없으면 좋은 광고주를 찾기 어려움
- 광고를 관리하는 일이 번거로움

하지만 애드센스는 구글이 광고주를 자동으로 찾아줍니다.

1) 웹사이트(블로그)를 운영하면
2) 구글이 적절한 광고주를 찾아 광고를 게재해 줌
3) 방문자가 광고를 클릭하면 수익 발생

✅ 운영자는 별다른 영업 없이 광고 수익을 받을 수 있음

✅ 온라인 건물주처럼, 트래픽이 많을수록 자동으로 수익 증가

> **알파남's Tip**
>
> 애드센스를 잘 운영하면 블로그 하나가 "자동으로 수익을 만들어주는 온라인 부동산"이 됩니다!
>
> 진짜 건물 없이도, 잠자는 동안 수익이 들어오게 만들 수 있어요.

구글이 광고비를 많이 지급할 수 있는 이유는,
구글은 단순히 광고를 게재하는 것이 아니라, 개인 맞춤형 광고를 띄우기 때문입니다.

- ✅ 쿠키(웹사이트 방문 기록)
- ✅ 목소리 데이터(스마트폰 음성 인식)
- ✅ 검색 기록(사용자가 관심 있는 키워드 분석)

- 예를 들어, 사용자가 "해외 여행 항공권"을 검색했다면?
- 다음날 방문한 블로그에서 항공권 할인 광고가 노출됩니다.
- 애플 제품을 자주 검색하는 사용자라면?
- 방문하는 웹사이트에서 맥북, 아이폰 광고 가 뜨겠죠.

즉, 광고 효과가 높아지면서 광고주가 더 많은 광고비를 지불하게 되고, 그만큼 애드센스 운영자가 받을 수 있는 수익도 증가하는 구조입니다.

즉, 애드센스는 온라인 부동산 수익 모델과 같습니다.
- ✅ 운영자는 광고 공간을 제공
- ✅ 구글이 자동으로 광고주를 찾아와 광고를 노출
- ✅ 개인 맞춤형 광고 덕분에 광고 단가가 높아짐
- ✅ 트래픽이 많을수록 수익도 자연스럽게 증가

쉽게 비유하자면?

애드센스는 마치 건물주(내가 운영하는 블로그)가 공간을 빌려주고, 구글이 광고주를 찾아서 세입자를 들이는 시스템과 비슷합니다. 세입자(광고주)가 들어와서 돈(클릭 수익)을 내면, 일정 수수료를 구글이 가져가고 나머지는 건물주(블로그 운영자)에게 지급하는 겁니다.

즉, 웹사이트나 블로그를 운영하는 사람은 온라인 건물주가 되고, 구글이 광고 중개인이 되어 광고주를 연결해 주는 시스템입니다. 애드센스를 잘 활용하면 "잠자는 동안에도 수익이 발생하는 온라인 자산"을 만들 수 있습니다.

PART 2.

잠만 자도 월 100만 원씩 들어오는
자동화수익 만드는 방법

링크 이동 QR

1. 네이버 vs 티스토리 vs 블로그스팟 vs 워드프레스

 블로그에는 대표적으로 수익화를 할 수 있는 블로그로 네이버블로그, 티스토리블로그, 워드프레스 이렇게 3가지의 블로그 종류가 있습니다. 그 중 티스토리, 워드프레스를 추천하는 이유는 같은 조회수 대비 네이버에 비해 수익이 30배 이상까지도 날수 있기 때문입니다. 각각의 플랫폼의 장단점을

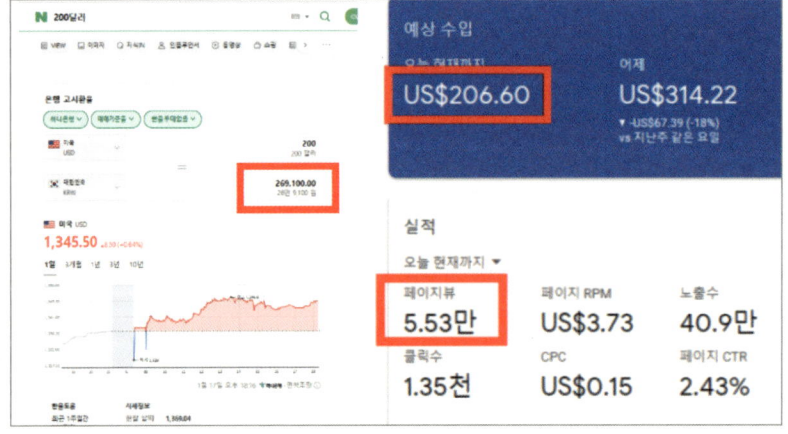

네이버 블로그 조회수당 수익

구글 블로그 조회수당 수익

비교해보겠습니다.

옆 페이지 사진을 보실까요? 네이버의 경우 5만 5천 노출에 9,069원 구글의 경우 5만 5천 노출에 26만 원, 다른 광고 플랫폼까지 합치면 30만 원. 무려 30배의 수익차이를 보입니다.

1) 네이버

대한민국에서 점유율 1위 포털 사이트인 네이버의 플랫폼이기 때문에 높은 노출과 트래픽을 기대할 수 있습니다. 만약 블로그 목적이 나의 일상을 기록하는 용도이거나, 사업을 목적으로 제품이나 서비스를 홍보하려는 목적이라면 고민할 필요도 없이 네이버 블로그를 운영하시면 됩니다.

장점
- 다양한 네이버 서비스와의 통합이 강력하며, 학원, 변호사, 의사 등 개인의 사업을 하는 경우 개인 사업 홍보에 좋습니다.
- 무료로 이용할 수 있으며, 사용자 친화적인 인터페이스와 편리한 기능을 제공합니다.
- 국내에서 운영하는 매체입니다.

단점
- 광고 수익을 얻기 위해서는 네이버 애드포스트를 사용해야 하며, 일정한 규정과 제약이 따르고 광고수익이 구글에 비해 매우 낮습니다. 그래서 원고료 또는 체험단으로 돈을 벌어야 합니다.
- 외부 도메인 연결이 제한적이므로 독자적인 도메인을 사용하고 싶은 경우에는 제약이 있을 수 있습니다.

2) 티스토리

티스토리는 Tattertools (태터 툴즈) + history의 합성어로, 2006년 5월에 개설된 서비스형 블로그 플랫폼으로 원래 태터툴즈 개발사인 태터앤컴퍼니와 다음이 공동 운영하다 2007년 7월에 다음에 이전되었고, 현재는 다음 카카오가 운영 중인 블로그 서비스입니다.

장점

- 무료로 이용할 수 있으며, 사용자 친화적인 인터페이스와 다양한 템플릿을 제공합니다.
- 손쉽게 블로그를 운영하고 글을 작성할 수 있는 기능을 제공합니다.
- 구글 검색 엔진 최적화(SEO)에 유리한 구조를 가지고 있습니다.

단점

- 완전한 내 것이 아니니, 다음과 카카오의 정책에 영향을 크게 받습니다. (화재사건, 티스토리 강제 광고 삽입사건, 강제 블로그 제한)
- 디자인적인 자유도가 상대적으로 제한적이며, 웹사이트의 커스터마이징이 어려울 수 있습니다.
- 광고 수익을 얻기 위해서는 광고 파트너사에 가입해야 하며, 수익 창출에는 일정한 시간과 노력이 필요합니다.

> **알파남's Tip**
>
> 처음엔 티스토리 or 블로그스팟으로 시작하고,
>
> 나중에 워드프레스로 확장하는 전략이 현실적입니다!

3) 블로그스팟 Blogger

블로그스팟(Blogger)은 구글에서 제공하는 무료 블로그 플랫폼입니다. 구글 계정만 있으면 누구나 쉽게 개설할 수 있으며, 애드센스와 같은 구글 서비스와도 잘 연동됩니다. 특히 해외에서는 개인 블로그나 소규모 웹사이트 용도로 많이 활용되고 있습니다.

장점

- 구글 계정으로 즉시 시작 가능: 구글 계정만 있으면 별도의 초대장이나 복잡한 가입 절차 없이 바로 블로그를 개설할 수 있습니다.
- 무료 호스팅 + 무제한 트래픽: 구글 서버에서 무료로 호스팅되며, 갑작스러운 트래픽 폭주에도 비교적 안정적으로 운영할 수 있습니다.
- 구글 생태계와 뛰어난 연동성: 구글 애드센스, 애널리틱스, 서치 콘솔 등과 손쉽게 연동할 수 있습니다. 유튜브, 구글 포토 같은 구글 서비스들과도 연결이 쉬워 활용도가 높습니다.

단점

- 한글 자료 부족: 영어권 자료는 많지만, 한국어로 된 튜토리얼이나 커뮤니티가 적어 초보자에게

다소 불편할 수 있습니다.
- 테마와 디자인의 한계: 워드프레스처럼 다양한 테마를 제공하지 않으며, 디자인을 커스터마이징하려면 HTML/CSS를 직접 수정해야 하는 경우가 많습니다.
- 국내 인지도 낮음: 국내에선 티스토리, 네이버 블로그에 비해 상대적으로 잘 알려지지 않아, 블로그 명함 효과나 대중적 신뢰도가 다소 낮게 느껴질 수 있습니다.
- 내 땅이 아닌, 구글 땅: 블로그스팟도 결국 구글 소유의 플랫폼입니다. 구글의 정책을 어기거나 문제가 발생하면 갑작스러운 계정 정지나 블로그 삭제가 이루어질 수도 있습니다. 내 땅이 아닌 이상 100% 내 마음대로 할 수 없는 부분이 존재합니다.

4) 워드프레스

워드프레스(WordPress)란 CMS의 일종으로써 사용자가 전문적인 기술 지식 없이도 웹사이트에서 콘텐츠를 생성, 관리 및 수정할 수 있도록 도와주는 콘텐츠 관리 시스템 소프트웨어입니다. 전 세계 인터넷에 있는 모든 웹사이트의 43.0% 이상이 워드프레스를 기반으로 만들어졌다고 합니다. 현재 우리나라도 많은 기업이나 개인들이 워드프레스로 홈페이지를 제작하고 있습니다.

장점
- 개인 웹사이트라 정책의 영향을 덜 받습니다.
- 구글 SEO에 가장 유리합니다.
- 유연하고 확장성이 뛰어난 오픈 소스 플랫폼입니다. 다양한 테마와 플러그인을 활용하여 웹사이트를 커스터마이징할 수 있습니다.
- SEO에 우수한 기능과 플러그인을 제공하며, 검색 엔진에서의 노출을 높일 수 있습니다.
- 다양한 광고를 배치할 수 있어 수익 극대화가 가능하며, 세 개의 수익화 블로그 중에 조회수 대비 수익률이 가장 높습니다.

단점
- 초기 설정과 사용법에 대한 진입장벽이 높습니다.
- 별도의 호스팅 및 도메인 등록 비용이 발생할 수 있으며, 기술적인 지식이 필요할 수 있습니다.
  (고정비 발생이 가장 큰 단점)

- 보안과 업데이트 관리에 주의를 기울여야 하며, 자체 호스팅 시 서버 관리에 대한 책임이 따릅니다.

2. 월 100만 원~ 월 1,000만 원 추천 루틴

초보자라면 "애드센스를 해야 할까, 애드포스트를 해야 할까" 고민할 수 있습니다. 그리고 이 선택은 플랫폼에 따라 수익 차이와 성장 속도에도 큰 영향을 줍니다. 아래에서 수익화 관점에서 각 플랫폼을 정확하게 비교해 보겠습니다.

플랫폼별 비교

플랫폼	비용	SEO 최적화	수익화 (애드센스)	사용 편의성	커스터마이징	난이도	추천 대상
네이버	무료	네이버 내에서만 강함	애드포스트 (낮은 수익성)	매우 쉬움	제한적 (네이버 정책 내에서만)	완전 초보자	취미, 기록용 블로그, 네이버 검색 최적화
티스토리	무료 (애드센스 수익 발생 시 수수료 차감)	구글/네이버 검색 반영	애드센스 가능 (플랫폼 수수료 존재)	쉬움	제한적 (스킨 커스터마이징 가능)	초보	국내 트래픽 확보 + 애드센스 수익화 초심자
블로그스팟	무료 (도메인 연결 시 연 2~3만 원)	구글 검색에 최적화	애드센스 쉽게 연동 가능	다소 어려움	제한적 (HTML 수정 시 확장 가능)	초보~중급	초보~중급 구글 기반 무료 블로그 운영
워드프레스	월 1~2만 원 / 연간 최소 15만 원 이상	구글 SEO에 매우 강함	애드센스, 제휴마케팅, 자체 상품 판매 등 자유	어려움 (초기 세팅 필요)	최고 수준 (풀 커스터마이징)	중수~고수	전문적인 블로그, 고수익형 사이트 운영자

워드프레스는 왜 최종 목적지가 될까?

애드센스로 제대로 수익화를 하려는 사람이라면 장기적으로는 반드시 나만의 사이트(워드프레스)를 구축해야 합니다.

티스토리나 블로그스팟처럼 플랫폼에 의존하는 블로그는 결국 '남의 땅'에서 장사하는 셈입니다. 플랫폼 정책이 바뀌면 언제든 수익에 영향을 받을 수 있기 때문입니다.

반면, 워드프레스는 내가 직접 사이트를 소유하는 구조로, 자유롭게 운영할 수 있습니다. 구글 SEO에 유리하고, 다양한 플러그인으로 확장성이 뛰어납니다.

3. 어떤 블로그를 선택해야 할까?

- ✅ 무료로 가볍게 시작하고 싶다면? ⋯▶ 티스토리 ⋯▶ 블로그스팟
  ⋯▶ 비용 없이 간단한 블로그 운영을 원하는 경우 추천
- ✅ 장기적인 수익형 블로그 운영을 원한다면? ⋯▶ 티스토리 ⋯▶ 워드프레스
  ⋯▶ SEO 최적화, 수익 극대화를 목표로 하는 경우 추천
- ✅ 국내 검색 최적화 + 애드센스 수익화가 중요하다면? ⋯▶ 티스토리
  ⋯▶ 국내 트래픽 확보 및 애드센스 수익화를 목표로 하는 경우 추천

추천 성장 루틴

1. 초보자 (월 100~300만 원): 티스토리 or 블로그스팟으로 애드센스 승인 후 3개월 이상 월 100만 원 수익 유지
2. 중급자 (월 300~1,000만 원): 워드프레스나 블로그스팟을 개설하고 티스토리와 병행, 구글 SEO에 맞게 사이트 확장
3. 고급자 (월 1,000만 원 이상): 워드프레스 + 커뮤니티, 전문 매체형 사이트, 계산기 사이트, 브랜드 사이트 구축

빠른 수익화가 목표라면 티스토리나 블로그스팟으로 시작하고, 장기적 확장은 워드프레스를 병행하는 것이 가장 좋습니다.

PART 3.

티스토리 초기 세팅
완벽 정리

링크 이동 QR

1. 티스토리 사이트에 접속한 후 시작하기를 누릅니다.

https://www.tistory.com/ 접속 후 시작하기 클릭

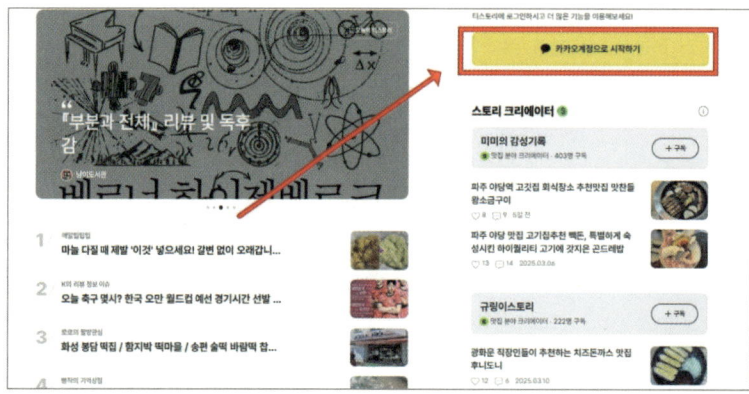

2. 카카오 계정으로 로그인⋯회원가입

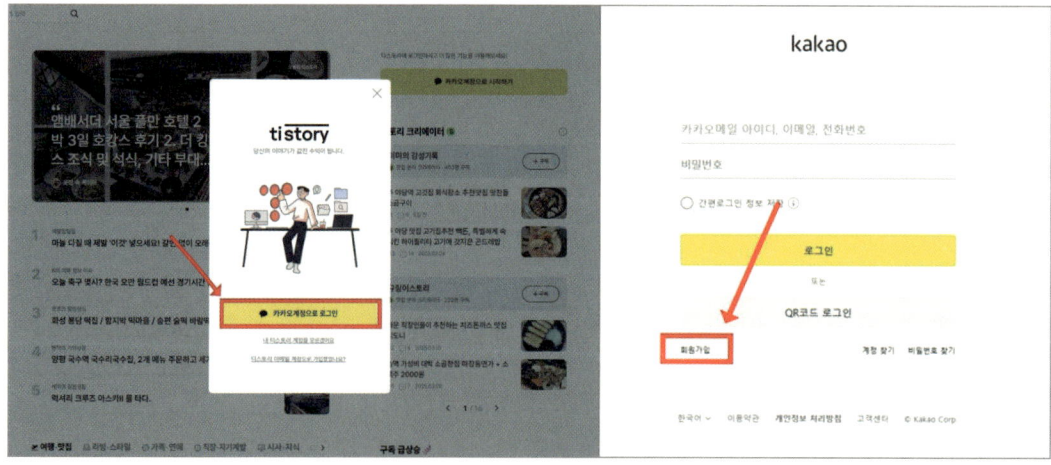

3. 카카오계정을 만들기 위해서는 이메일 주소가 필요한데요, 기존 이메일을 사용하시려면 '이메일이 있습니다'를 선택해 주시고 새 이메일이 필요하다면 '새 이메일이 필요합니다'를 선택해서 새로운 메일을 만들어주세요.

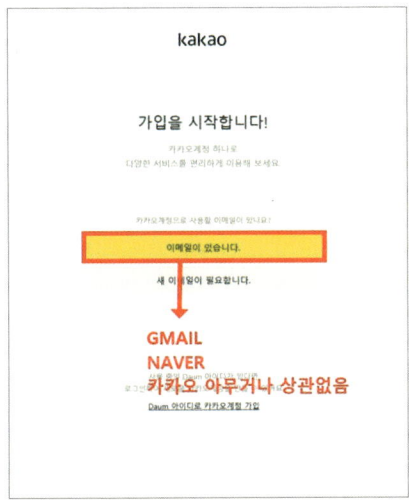 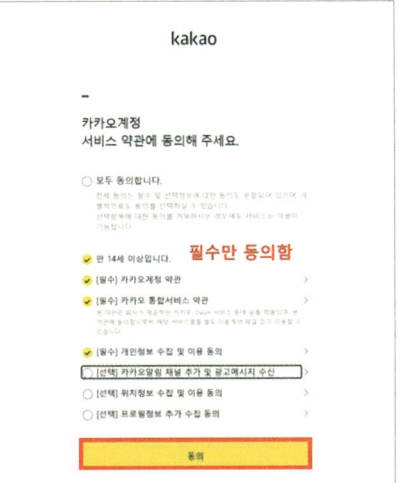

4. 이메일 주소를 입력 후 인증…닉네임 설정

5. 티스토리 주소 입력 - 간단한 팁

티스토리 블로그를 만들 때 블로그 주소(URL)를 정해야 하는데요, 이 주소는 내 블로그의 "브랜드" 역할을 하기 때문에 신중하게 선택하는 게 좋아요.

✅ 블로그 주제와 관련된 단어 사용하기

블로그가 다루는 주제(키워드)를 주소에 포함시키세요.

- 예: 여행 블로그 ⋯ travelstory.tistory.com
- IT 블로그 ⋯ devlog.tistory.com
- 일상 블로그 ⋯ dailyjoe.tistory.com

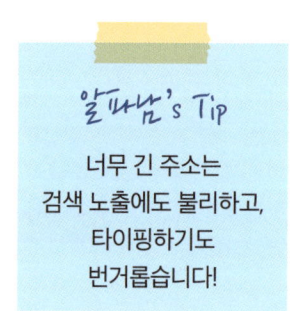

알파남's Tip
너무 긴 주소는 검색 노출에도 불리하고, 타이핑하기도 번거롭습니다!

✅ 짧고 기억하기 쉬운 이름

thisismytravelnotefrom2024.tistory.com (X)

짧고 간단한 단어를 쓰는 게 좋아요.

너무 긴 주소는 기억하기 어렵고, 검색에도 불리할 수 있어요.

예: mytripnote.tistory.com (O)

thisismytravelnotefrom2024.tistory.com (X)

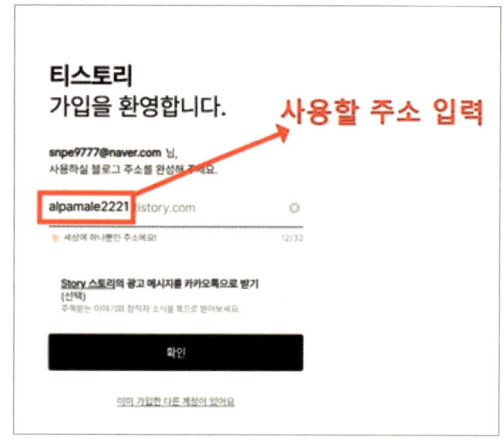

6. 이후 블로그 스킨을 선택합니다. 스킨은 가장 많이 사용되는 poster와 bookclub, 이외에 커스

텀이 된 친효 스킨, 고래 스킨이 있습니다. 이 중 저는 주로 'bookclub'을 사용합니다. 광고 세팅과, 페이지 속도 때문에 선택했습니다. 꼭 이 스킨을 사용하지 않아도 큰 불이익은 없으니 자신이 사용하기 좋은 스킨을 선택하시면 됩니다.

간단하게 티스토리 가입방법을 알려드렸습니다. 이젠 본격적으로 블로그를 수익형 블로그에 맞게 세팅하는 방법에 대해 알아보겠습니다.

매달 돈이 나오는 수익형 블로그를 위한 티스토리 최적화 세팅 방법

티스토리 최적화 세팅 방법은 처음 한 번만 세팅하면 신경 쓰지 않아도 되는 부분이니 꼭 설정하고 넘어가시길 바랍니다.

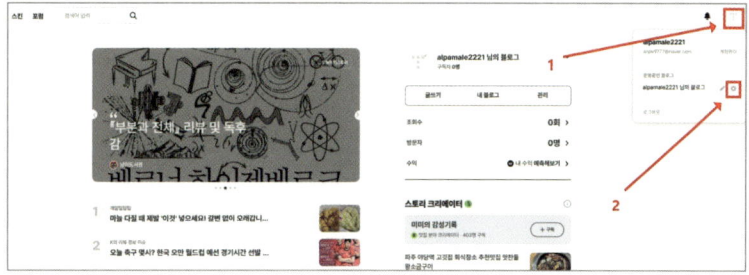

1) 콘텐츠 설정

⋯▶ 글쓰기 기본 공개 및 저작권 이용 불허

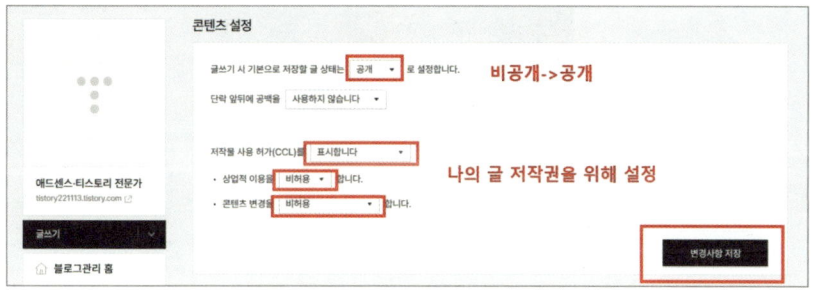

- 글 기본 발행을 비공개 ⋯▸ 공개로 바꿔줍니다.
- 저작물 관련 사항 ⋯▸ 표시합니다.
- 상업적 이용 및 콘텐츠 변경을 허용 ⋯▸ 비허용

해당 설정들은 내 포스팅을 불법적으로 이용하는 것을 막기 위해 명시적으로 표시하기 위함입니다.

2) 댓글 방명록 설정

강사들이 가끔 댓글을 막아두라고 하는데 구글 SEO 적으로 페이지의 댓글 수가 많으면 사용자와의 상호작용과 고품질로 판단해 랭킹에 유리합니다. 가끔 스팸 댓글이나 악플 같은 게 너무 많이 달리면, 잠시 막았다가 열어두면 됩니다.

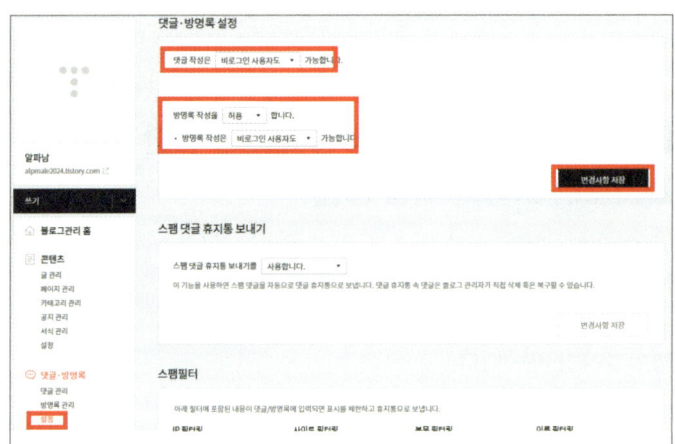

3) 스킨변경 및 스킨 편집

위에서 언급했듯이 북클럽 스킨은 구글의 SEO에도 잘 맞고 사람들의 눈에도 보기 좋기 때문에 접근성이 좋습니다.

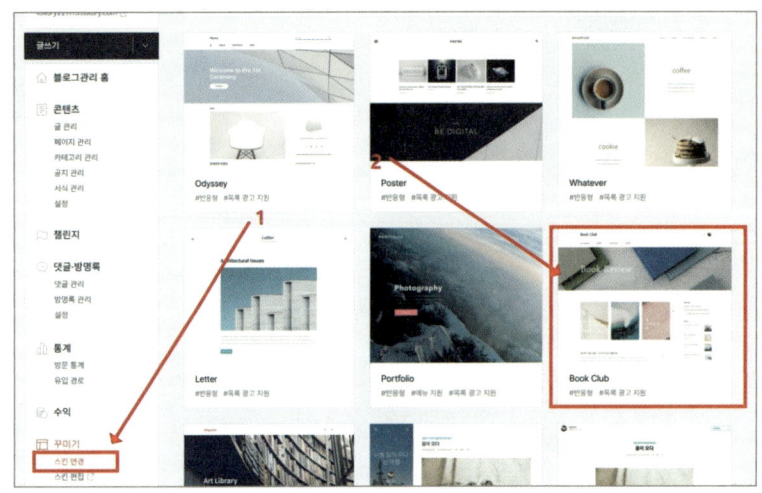
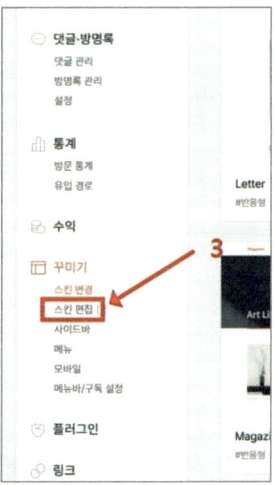

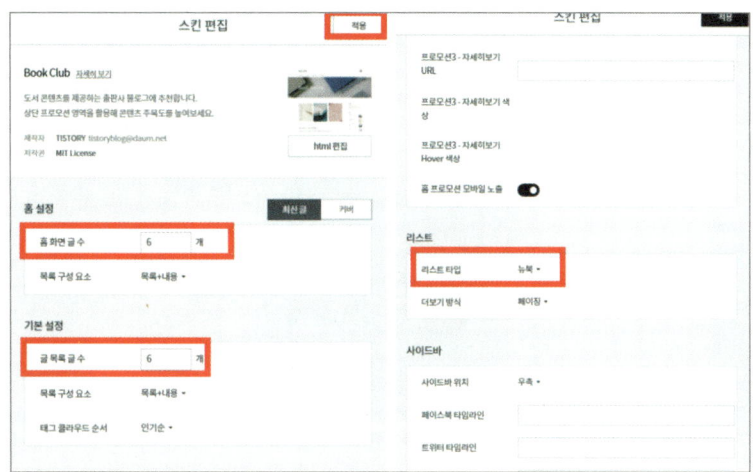
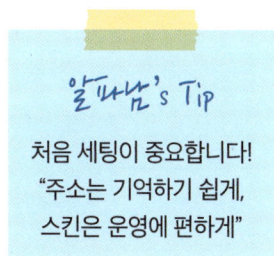

꾸미기 설정은 홈 화면 글 수 6개로 변경하기. 많은 글들을 보여주면서 볼만한 글들이 많다면 다른 글을 보고 왔어도 블로그 유입 면에서 도움이 많이 됩니다.

- 리스트 타입 뉴북으로 변경, 더보기 방식은 페이징으로 변경

4) 사이드바

사이드바 ⟶ 카테고리는 빼고 다 빼도 되지만, 꼭 최근 글/인기글, 전체 방문자는 빼는 게 좋습니다. 해당 블로그에 방문자가 많은 걸 알게 되면 키워드 도둑이 많아집니다. (최소한의 방어입니다.)

5) 모바일웹 설정(필수)

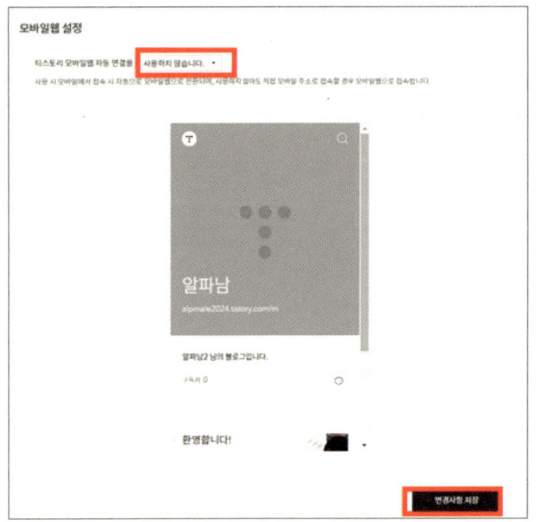
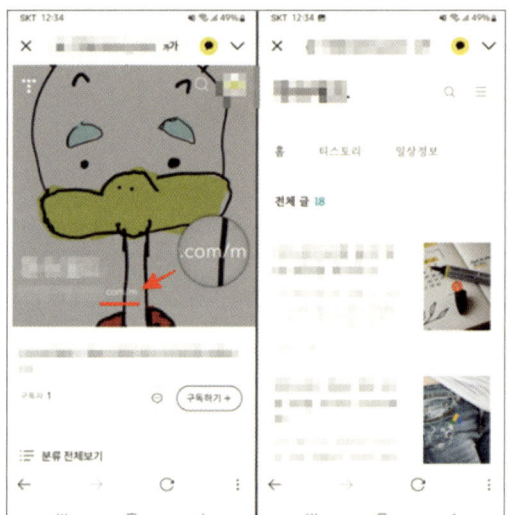

이는 수익형 블로그에게는 꼭 설정해주어야 하는 부분입니다. 자동 연결을 필히 '사용하지 않습니다'로 설정해 주세요. 위처럼 모바일로 자동 연결이 되면 모든 자바스크립트 및 CSS가 무시되기 때문에 광고가 잘 뜨지 않아 수익이 감소하게 됩니다.

6) 메뉴바 / 구독 설정

티스토리는 네이버와 다르게 이웃, 구독이 활발하지 않은 문화입니다. 아무래도 구독을 하면 키워드를 따라 쓴다는 느낌에 많이 사용하지 않습니다.

알파남's Tip
수익형 블로그는 "보이는 것보다, 안 보이는 설정"이 더 중요할 때가 많습니다.

7) 플러그인 추천

플러그인	중요도	내용	참고사항
이전 발행 글 넣기	★★★★	내부 링크를 통해 내 블로그에 머물게 하는 건 SEO + 수익 상승 + 구글 논술에 도움됨.	꼭 해두는 게 좋음
구글 검색 반영시키기	×	구글 SEO에도 좋지만 불필요함.	23년부 삭제됨
구글 서치 콘솔	★★★	구글 검색 성과와 유입 분석 가능. 다른 건 안 해도 구글 서치 콘솔은 필수.	가장 먼저 꼭 등록
구글 애널리틱스	×	구글 서치 콘솔로도 충분히 분석 가능.	애드센스로 봐도 충분
마우스 오른쪽 클릭 방지	★★	복사 방지 기능. 애드센스 승인에는 필수 아님.	어려우면 굳이 안 해도 됨
저작권자 표시	★★	표시해도 되고 안 해도 됨. 자동으로 글 끝에 삽입하는 기능.	필수 아님
배너 출력	★★★★	사이트에 광고를 위한 필수 플러그인.	애드센스 필수
메타 태그 넣기	★★★	검색엔진에 블로그 정보 전달, 애드센스 승인에 긍정적 영향.	추천 플러그인
YouTube 동영상 첨부	★	유튜브 영상을 블로그에 쉽게 삽입 가능.	유튜브 연동용으로 편리하게 사용 가능

✅ 추가 설명

아래 플러그인은 자동으로 사용 중이거나 그대로 사용하는 것이 좋습니다.

- Daum 검색창

- 드래그 검색
- 카테고리 글 더 보기
- 코드 문법 강조

※ 메타 태그 등록방법 : 메타 태그 등록 후 본인이 메인으로 하는 주제의 키워드도 넣어주면 구글 상위 노출에 유리한 점수를 얻을 수 있습니다.

링크 이동 QR

메타태그 KEYWORDS 항목 (검색 키워드)

1. KEYWORDS (검색 키워드 설정)

KEYWORDS는 블로그가 다루는 주제와 관련된 핵심 키워드를 입력하는 곳이에요.

이 키워드를 잘 설정하면 검색엔진에서 내 블로그가 더 잘 노출될 확률이 높아집니다.

- 키워드는 쉼표(,)로 구분해서 5~10개 정도 입력하는 게 좋아요.
- 너무 많아도 효과가 떨어지고, 너무 적으면 노출이 잘 안 될 수 있어요.

예를 들어,
- 여행 블로그라면:

여행, 국내여행, 해외여행, 맛집, 호텔, 관광지, 여행후기

- IT/개발 블로그라면:

프로그래밍, 웹 개발, 코딩, 파이썬, 자바스크립트, 티스토리

- 생활 블로그라면:

다이어트, 요리, 건강, 운동, 뷰티, 일상

이런 식으로 블로그 성격에 맞게 작성하시면 됩니다.

2. ROBOTS (검색엔진 크롤링 설정)

ROBOTS는 검색엔진이 내 블로그를 어떻게 가져갈지를 설정하는 부분이에요. 쉽게 말하면 "내 블로그를 구글 같은 곳에서 어떻게 읽어갈지"를 정하는 거죠.

여기엔 보통 이렇게 입력하면 됩니다:

INDEX, FOLLOW

- INDEX: 내 블로그를 검색엔진이 읽어가도록 허용
- FOLLOW: 내 블로그 안의 다른 링크도 같이 따라가서 읽게 만듦

이렇게 설정하면 검색엔진이 내 블로그를 잘 긁어가고, 다른 글들도 잘 따라다니면서 읽어줍니다. 그래서 검색 노출에 유리합니다.

➡ 참고: 만약 이 부분이 어렵게 느껴진다면, 그냥 넘어가셔도 괜찮습니다. 초보자는 건너뛰어도 큰 문제는 없습니다.

8) 블로그 설정

블로그 설명은 문장으로 적는 경우가 많으실 텐데, 티스토리 블로그에서 블로그 설명이 메타 디스크립션으로 잡히기 때문에 세팅을 잘 해놔야 구글 노출에 유리합니다. (80~150자로 구성해주세요.)

작성 방법으로는 주로 다룰 주제들에 대한 키워드 형태로 작성하시면 좋습니다. 예를 들어 애드센스를 주제로 한다면 '티스토리, 애드센스, 워드프레스, 구글 SEO' 이런 식으로 포스팅 관련 키워드를 나열하면 됩니다. 너무 길게 작성하실 필요는 없고 비워두지만 않으면 됩니다.

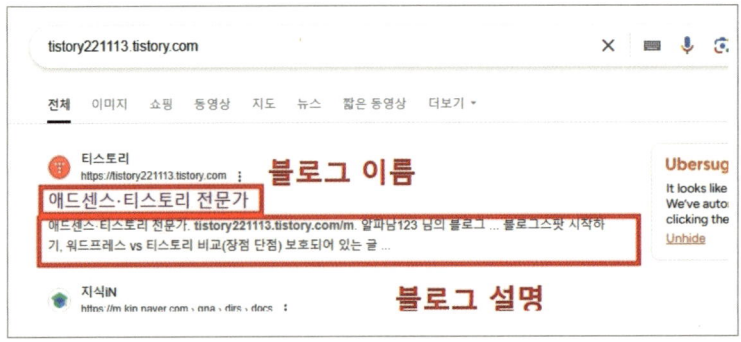

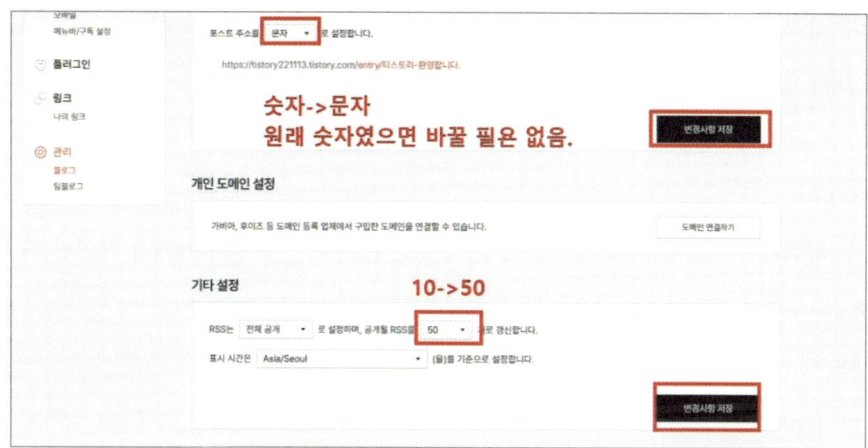

숫자 URL이 좋다고 주장하는 쪽은 '단순한 URL'인 숫자가 문자에 비해 매우 주소가 짧기 때문에 좋다고 하는데, 이렇게 단순 숫자 주소는 글의 내용을 전혀 담지 못하므로 혼란을 줄 수 있다고 공식문서에 명확히 적혀 있습니다. 많은 분들이 "숫자 URL을 문자 URL로 바꾸면 SEO가 엄청 좋아진다!"라고 생각하시는데요, 사실 SEO에서 URL 구조는 '엄청난 점수' 요소는 아닙니다.

그럼에도 불구하고 문자 URL을 추천하는 이유는 딱 이 2가지 이유입니다.

1. 사용자 경험 (UX)에 유리
- URL을 봤을 때 사람이 내용을 쉽게 유추할 수 있어서 방문자가 더 신뢰를 가짐.
- 클릭률(CTR)에도 간접적인 긍정 효과가 있음.

2. 검색엔진이 더 쉽게 이해
- 구글도 URL 안의 키워드를 참고하긴 하지만, 타이틀, 본문 내용, 메타태그가 훨씬 더 중요한 요소임.
- URL은 보조적인 참고자료 정도로 인식.

Q. 숫자 주소로 이미 쓰고 있는데, 문자 URL로 변경해야 할까?
A. 장기적으로 봤을 땐, 문자로 바꾸는 것이 좋으나, 이건 아주 미세한 요소이기 때문에, 글이 많이 쌓인 상태라면 색인에 문제가 생길 수 있으니, 원래 운영하던 대로 운영하셔도 큰 상관은 없습

니다. 그리고 위에 RSS는 블로그가 외부로 발행하는 글의 개수를 의미해요.
기본 설정은 보통 10개로 되어 있는데, 이걸 50개로 늘려야 하는 이유가 있어요.

왜냐하면,
- RSS는 검색엔진, 메타블로그, 애드센스 승인 같은 데서 내 글을 읽어가거나 확인할 때 쓰는 데이터예요.
- 10개로 해두면 최근 글 10개만 보여줘서 정보가 부족해요.
- 50개로 늘리면 더 많은 글(데이터)을 보여주니까 검색엔진에도 더 많은 글이 노출되고, 애드센스도 더 잘 승인되는 경우가 많아요.

즉, RSS 50개 설정 = 내 블로그 글을 더 많이 외부에 보여줍니다.

PART 4.
티스토리 구글 SEO 최적화 세팅 방법

SEO란?

Search Engine Optimization(검색 엔진 최적화)의 준말입니다.
그렇다면 이 SEO가 왜 필요할까요?
홈페이지 = 웹사이트/ 웹사이트(쇼핑몰 포함)를 관리 운영하여 수익을 창출하려면
웹사이트를 홍보해야 합니다.

이 방법은 검색 순위 1위로 올려놓을 수 있는 방법은 아닙니다만, 검색엔진이 더 쉽게 웹사이트의 콘텐츠를 잘 수집하게 하는데 도움을 줍니다.

검색엔진 최적화는 웹사이트의 이곳저곳을 약간 손보는 것으로, 포털사이트의 로봇이 자료를 수집하는데 도움을 주어 검색을 용이하게 만들어 결과적으로 실적에 상당한 영향을 줄 수 있는 것입니다.

자신의 사이트를 알리기 위해서는 비용을 집행하여 광고를 하는 방법도 있지만 중/장기적으로는 검색엔진이 좋아할 만한 사이트로 SEO 작업을 해야 합니다. 어떤 홈페이지나 사이트를 만들더라도, 국내에서 할 수 있는 유입들이 있습니다. 우선 검색유입(오가닉) 유입을 위한 기본 세팅 방법들에 대해 설명을 해볼까 합니다.

사람들이 검색엔진을 사용하는 이유는 원하는 정보를 빨리, 그리고 제대로 얻기 위해서입니다. 아무리 빠르게 검색할 수 있어도 검색 결과에 알맞은 결과가 뜨지 않으면 사용자들은 그 검색 엔진을 이용하지 않겠죠. 그래서 검색엔진은 사용자들에 맞춰 확실한 결과를 도출할 필요가 있고, 그를 위해 알고리즘을 만들었습니다.

온라인에 존재하는 웹페이지는 그야말로 수백억 개입니다. 그렇다면 검색엔진들이 이러한 웹페이지의 모든 정보들을 가져다가 분석하고 저장해 사용자의 검색 결과에 뜨게 만드는 과정이 있겠죠.

우리가 홈페이지를 만들었다고 해서 구글이나 네이버 같은 포털에 검색되진 않습니다. 그렇기 때문에 사이트 생성 이후 글 작성 전이나 후에 홈페이지가 크롤링과 인덱싱이 잘되기 위한 세팅을 해주어야 합니다. 쉽게 말해 홈페이지 출생신고를 해주면 조금 더 유리하게 시작할 수 있습니다.

구글은 검색엔진을 만들기 위해 크게 3가지 단계를 거치게 됩니다. 크롤링, 인덱싱 그리고 랭킹이죠. 검색엔진 시스템은 이 단계를 거쳐 사용자가 키워드를 입력했을 경우 보이는 결과를 검색자에게 보여주게 됩니다. 이 결과를 서프(SERP, Search Engine Result Page)라고 합니다.

검색엔진이 웹페이지의 데이터들을 수집하기 위해 가장 먼저 하는 일은 바로 '크롤링'이라 불리는 작업입니다.

크롤링(crawling)

크롤링은 웹 크롤러를 이용해 웹페이지 정보를 가지고 오는 것을 말합니다. 이러한 작업은 보통 사이트맵에서 시작되는데요. 웹 크롤러는 웹 사이트를 방문한 다음, 그 웹사이트에 있는 모든 링크들을 타고 다니며 새로운 페이지를 찾습니다. 이러한 일을 끝없이 한다고 보면 됩니다. 크롤러는 단순히 정보만 수집하는게 아니라 웹사이트의 문제점 역시 살펴보는데요, 깨진 링크나, 변경 사항 같은 것들도 정보 안에 포함해 가져가고는 합니다.

또한 크롤러는 DOM 형식의 웹 페이지를 볼 수 있어 그 안에 있는 텍스트를 읽는다고 보시면 됩니다. 따라서 이미지, 플래시는 웹 크롤러가 인식할 수 없습니다. 그러니 SEO 작업 시 크롤러에게 이미지를 인식시키기 위해 alt txt 태그를 달아 주어야 합니다.

이렇듯 크롤러는 여러 링크를 넘나들며 웹페이지에 관한 데이터를 검색엔진 서버로 가져오는 역할을 합니다.

인덱싱이란, 웹사이트가 존재하지만 검색 엔진에 등록되지 않았을 때 노출되지 않는 것을 말합니다. 예를 들어, 사람이 태어나 출생 신고를 하지 않으면 공식적으로 인정받지 못하는 것과 유사합니다.

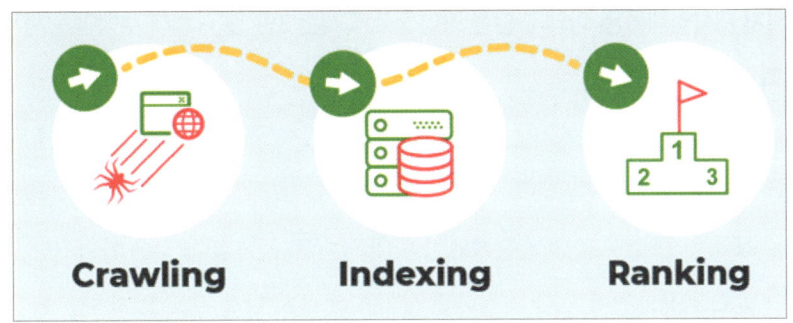

구글은 웹사이트를 자동으로 대부분 인덱싱하지만, 네이버는 그렇지 않아서 네이버에 노출되기 위해서는 별도의 인덱싱 작업이 필요합니다. 인덱싱을 확인하고 관리하는 것은 웹사이트 운영자가 해야 할 중요한 일입니다.

이를 위해 사이트 설정, 페이지 생성 등 다양한 작업이 필요하지만, 특히 인덱싱 확인은 사이트가 검색 엔진에 등록되었는지 여부를 확인하는 과정입니다. 이 과정은 2~3일에서 한 달까지 걸릴 수 있습니다.

인덱싱이 되지 않았을 때는 꾸준히 새로운 컨텐츠를 생성하고, 백링크를 포함시켜 검색 엔진의 주목을 받는 것이 좋습니다. 이러한 노력은 웹사이트의 키워드를 검색 엔진 상위에 노출시키기 위한 기본적인 전략입니다.

오가닉 검색유입을 위한 사이트 등록

그렇기 때문에 **사이트를 구축하면 가장 먼저 해야 할 SEO(Search Engine Optimization) 작업 중 하나가 검색엔진에 내 사이트를 등록**하는 일입니다.

홈페이지를 운영하는 관리자라면 한 번씩 제가 올린 글이 더 많은 사람들에게 공유되고 검색되길 바랍니다. 이미 우리 홈페이지를 알고 있는 사람이라면 우연히 글을 볼 수 있습니다. 하지만 대부분 방문자들은 구글, 네이버, 다음 등과 같은 검색엔진을 통해서 홈페이지로 유입됩니다. 그렇기 때문에 홈페이지에 올리는 콘텐츠들이 검색엔진에서 잘 검색되도록 만드는 것이 중요합니다.

보통 홈페이지 제작업체들은, 아래 간단한 작업들로 적게는 5만 원 ~ 최대 수백만 원까지 받으며 등록해주고 있습니다.

그런 의미에서 검색엔진에 사이트를 등록하는 일은 사이트 구축 후 가장 먼저 진행되어야 할 작업이라고 생각합니다.

물론 사이트 등록을 안 한다고 해서 검색엔진이 내 사이트를 못 찾는 것은 아니지만 등록까지 오랜 시간이 걸릴 수 있고 검색엔진이 SEO 최적화된 사이트로 보지 않을 수도 있기 때문에 사이트를 등록하는 것을 권장합니다.

사이트를 등록하면 과연 어떤 점이 좋은 것일까요?
1. 검색엔진에 새로운 사이트가 생겨났음을 알리는 과정
2. 중/장기적으로 무료로 방문자를 효과적으로 유입시키는 방법
3. 검색엔진은 SEO 친화적인 사이트를 선호하기 때문에 검색엔진에 내 사이트를 맞춰 가는 과정

국내에는 네이버가 검색엔진을 장악하고 있어서 SEO에 대한 관심이 그렇게 크진 않지만 해외에서는 SEO 작업에 따라 자신의 사이트가 구글 상위 페이지에 노출될 수 있기 때문에 SEO 연구에 많은 관심과 노력을 기울이고 있습니다.

하지만 최근 들어 국내의 경우 구글의 검색 유입이 늘어나고 있는 추세이며 네이버 또한 검색엔진을 구글의 케이스에 맞춰 개선하고 있기 때문에 향후에는 더욱 중요한 작업이 될 것이라 생각됩니다.

낚시대는 많이 펼칠수록 물고기가 많이 잡힐 확률이 높아집니다. 홈페이지 운영을 한다면 초기 세팅을 잘해 많은 고기를 잡아야 합니다.

1. 구글에 사이트 등록을 해야 하는 이유

당연한 이야기지만, 구글이라고 해서 세상 모든 웹사이트 정보를 가지고 있지는 못합니다. 그렇기 때문에, 내가 블로그에 글을 발행한다고 해서, 구글이 다 알지는 못합니다. 당연히 내가 글을 발행했다는 사실을 구글에 알려줘야 더 빠르게 색인이 됩니다. 그 방법이 구글 서치콘솔에 등록하는 겁니다.

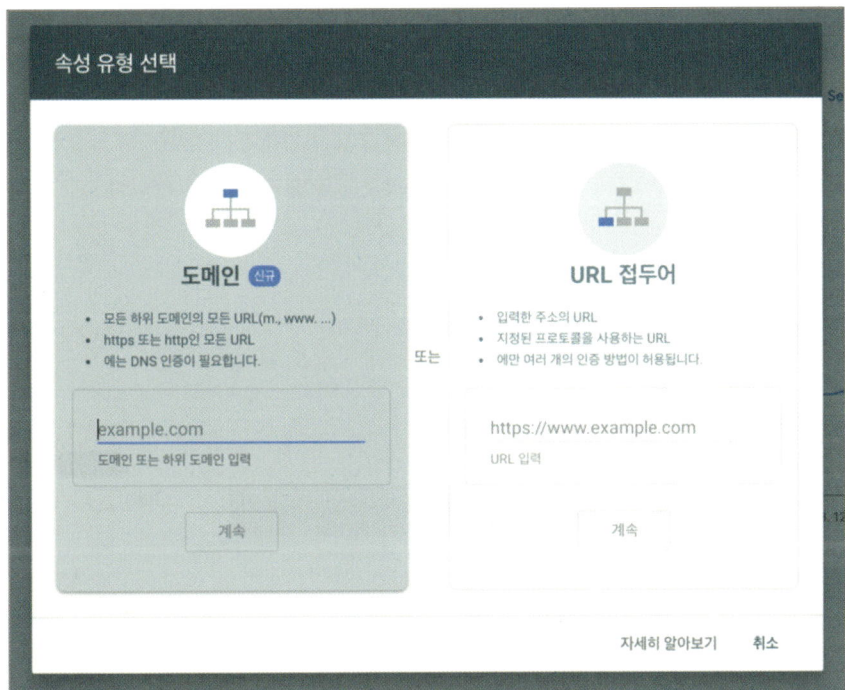

잠깐! 사이트맵? 이게 뭔가요?

- 사이트맵(sitemap)은 여러분의 웹사이트가 어떤 페이지들로 구성되어 있는지 구글에 알려주는 지도 같은 거예요.
- 쉽게 말해, "구글아! 내 사이트엔 이런 페이지들이 있어~" 하고 알려주는 역할이에요.

사이트맵 종류

1. sitemap.xml - 단일 사이트맵 사용, 소규모 웹사이트

- 티스토리의 경우 사이트맵 주소는 사이트주소/sitemap.xml
- 워드프레스에서 AIO SEO 플러그인이나 사이트맵 플러그인을 사용할 때 사이트맵 주소가 사이트주소/sitemap.xml이 됩니다.

2. sitemap_index.xml - 여러 사이트맵 관리, 대규모 웹사이트

- 워드프레스 사이트에서 Rank Math나 Yoast SEO를 설치하는 경우 사이트맵 주소가 사이트주소/sitemap_index.xml입니다.

어떤 걸 등록해야 하나요?

1. 사이트 주소/sitemap.xml일 입력했을 때 사이트맵이 표시되면 이 주소를 등록하면 됩니다. 워드프레스에서 rank math나 yoast seo가 설치되어 있는 경우 /sitemap.xml을 입력하면 /sitemap_index.xml로 이동하게 됩니다. 이 경우 /sitemap_index.xml을 등록하면 됩니다.

티스토리 구글서치콘솔 등록하기

티스토리의 경우 플러그인으로 손쉽게 가능하니 아래 사진을 따라해주세요.

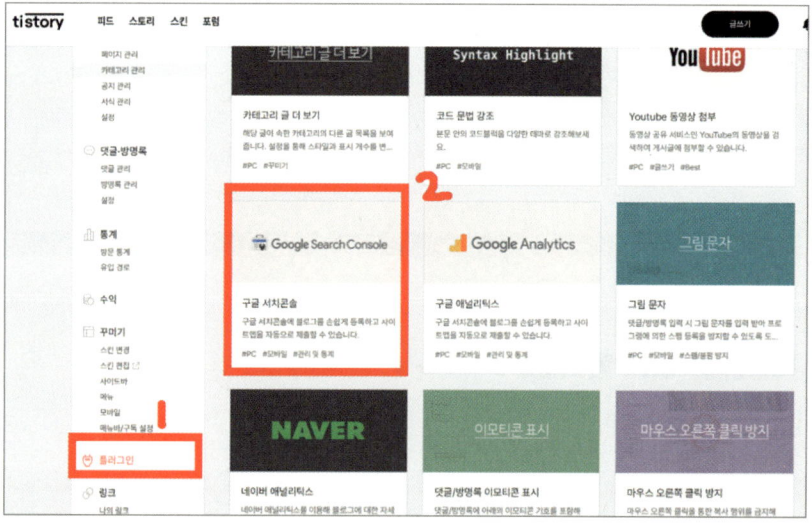

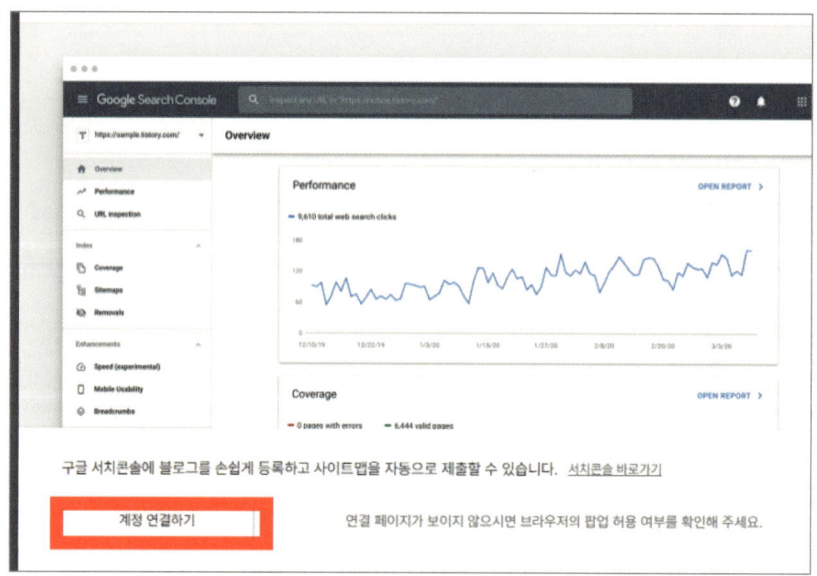

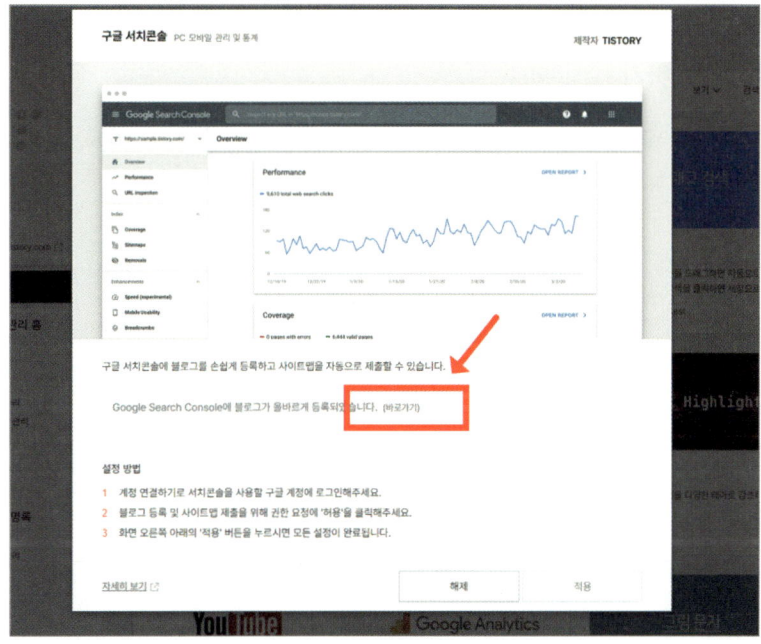

계정 연결 후 구글서치 콘솔 접속 후, 사이트맵을 클릭후 site맵, rss 제출

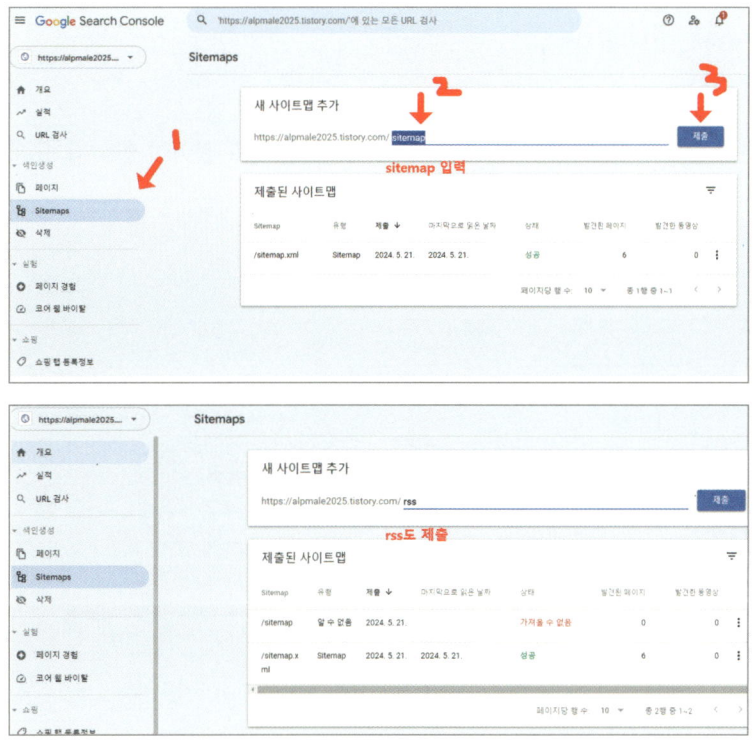

1) 2차도메인 or 워드프레스 구글서치콘솔에 등록하기

1단계: 도메인 추가하기

1. Google 서치콘솔(Search Console)에 접속합니다.

2. 시작하기 버튼을 클릭합니다. (Google 계정으로 로그인이 필요합니다.)

링크 이동 QR

3. URL 접두어 유형에서 URL 입력 칸에 내 사이트 도메인(URL) 주소를 입력하고, 계속 버튼을 클릭합니다. 도메인 주소를 구매한 사람은 도메인을 선택하면 되고, 티스토리 주소를 쓰는 분은 URL 접두어 방식을 선택하면 됩니다.

✅ 참고: 도메인은 반드시 프로토콜(http 또는 https)을 포함하고 있어야 합니다. SSL을 구입했다면 https 로 시작합니다. (SSL도 구글 SEO에 중요한 요소기 때문에 꼭 세팅하는 걸 추천드립니다)

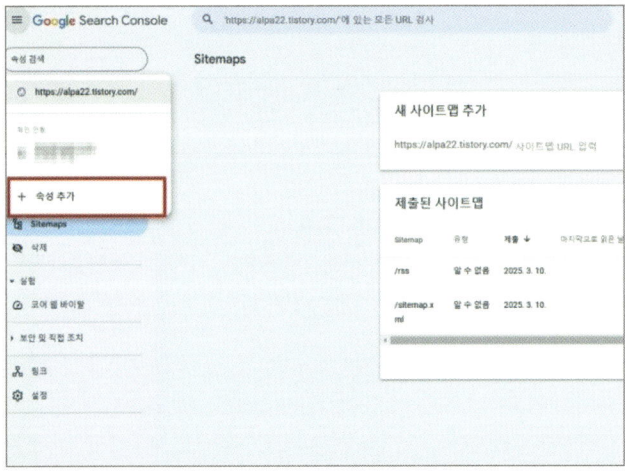

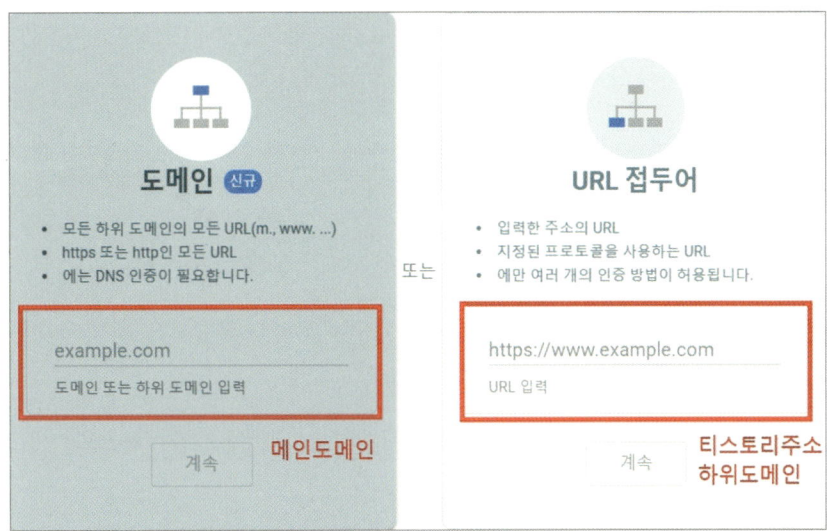

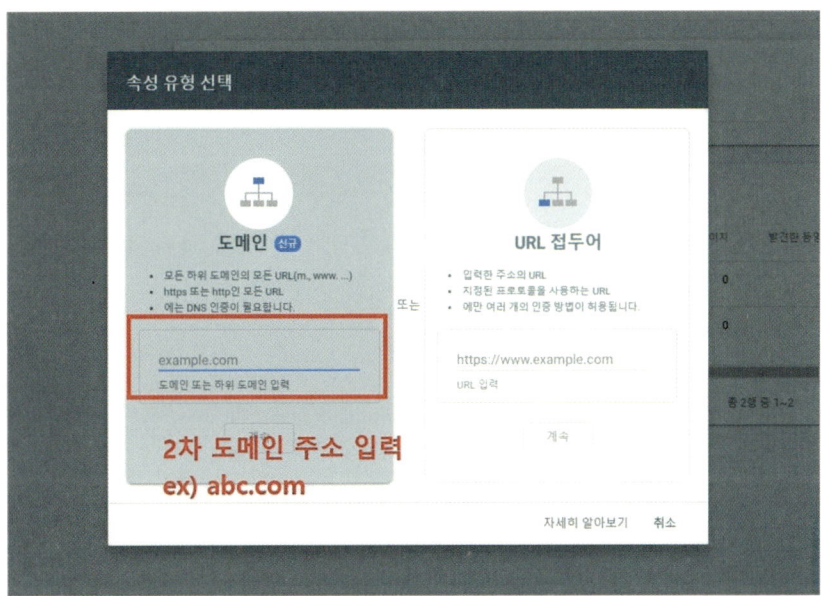

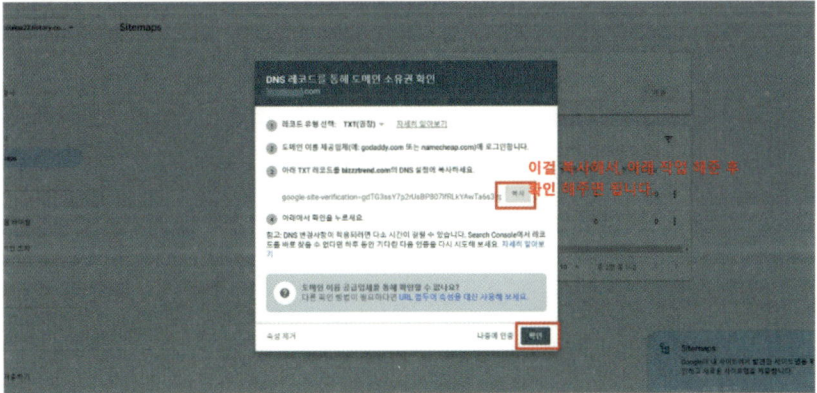

2단계: 소유권 확인하기

1. 도메인을 산 호스팅 업체로 접속. 가비아 우측 상단 my 가비아 클릭

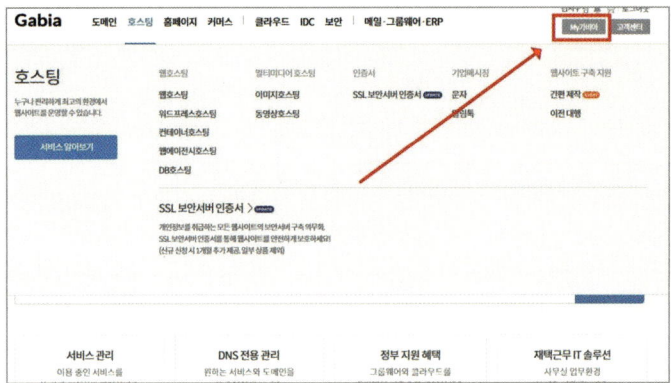

가운데 도메인 클릭

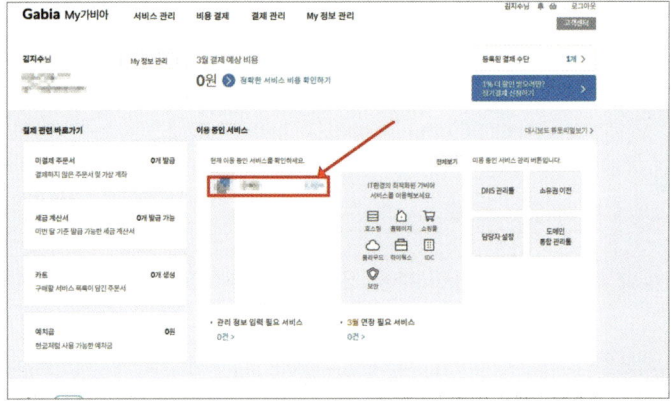

해당 도메인 체크 표시 후 관리 클릭

DNS 정보 클릭

DNS 관리 클릭

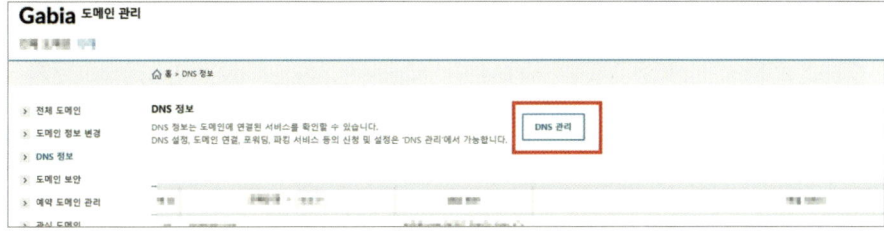

TXT 설정 후, 첫번째 칸 @ 입력

두번째 칸 서치콘솔에서 나온 코드 복사 붙여넣기

TTL = 600

저장 눌러주기

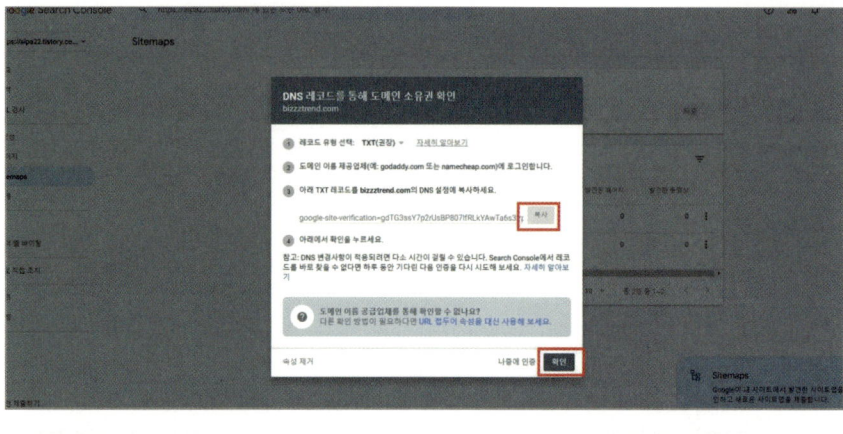

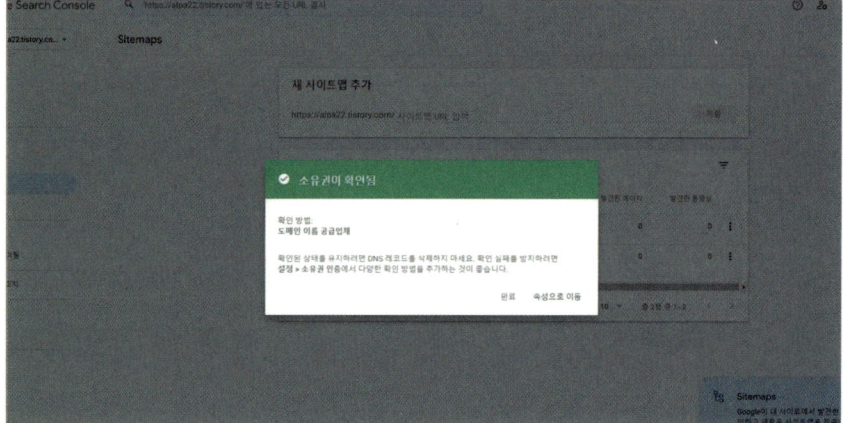

2. 다른 확인 방법의 HTML 태그를 선택합니다.

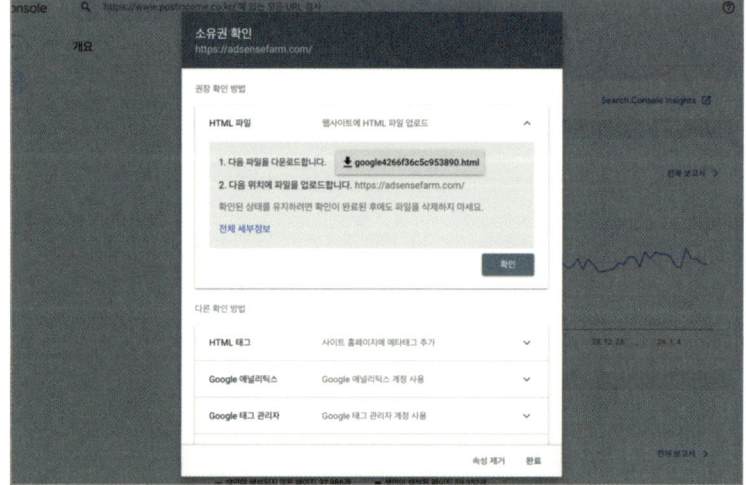

3. 메타태그가 나타나면 복사 버튼을 클릭해 복사합니다.

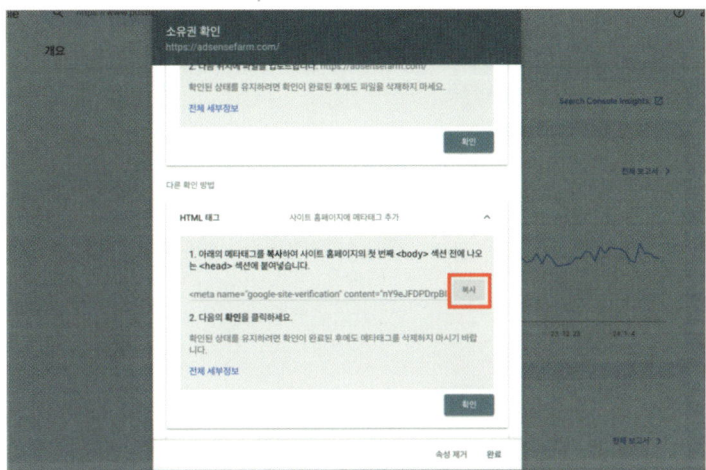

(선택 사항) 3단계: 사이트맵 제출하기

Google에 사이트맵을 제출하면 Google이 내 사이트 정보를 더 효과적으로 수집하여 더 많이 검색에 반영될 수 있습니다.

왼쪽 메뉴에서 [색인 > Sitemaps]를 클릭합니다.

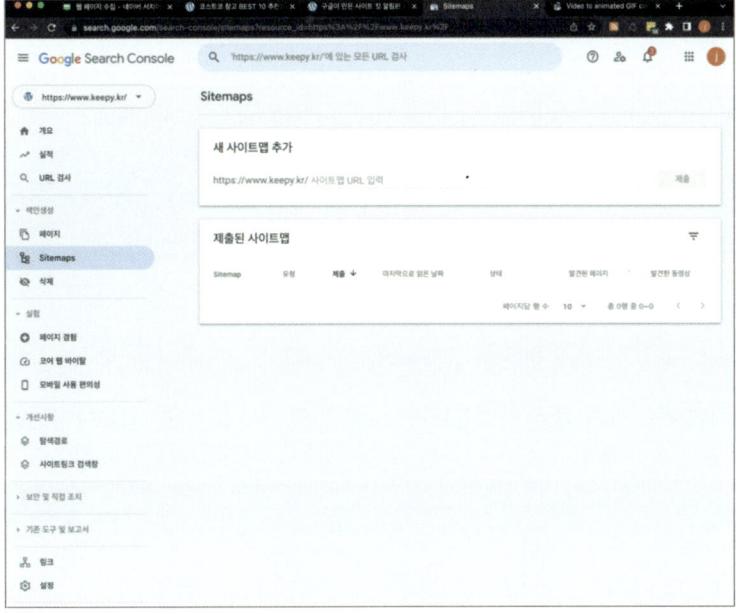

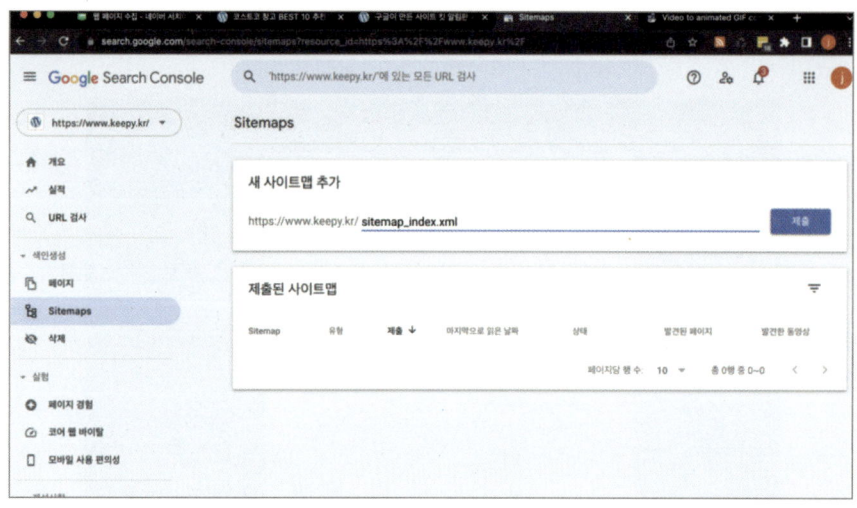

　　새 사이트맵 추가에 2가지를 등록합니다. / 뒷부분에 sitemap.xml을 입력하고 제출 버튼을 누릅니다. / 뒷부분에 rss를 입력하고 제출 버튼을 누릅니다. 참고해야 할 점은 제출 후 상태 값이 가져올 수 없음 > 성공 이렇게 되어야만 정상 제출된 것입니다.

　　이제 기본적인 등록은 모두 완료되었습니다. 구글이 이 자료를 바탕으로 사이트 글을 크롤링하기 시작합니다.

2) 색인 확인방법

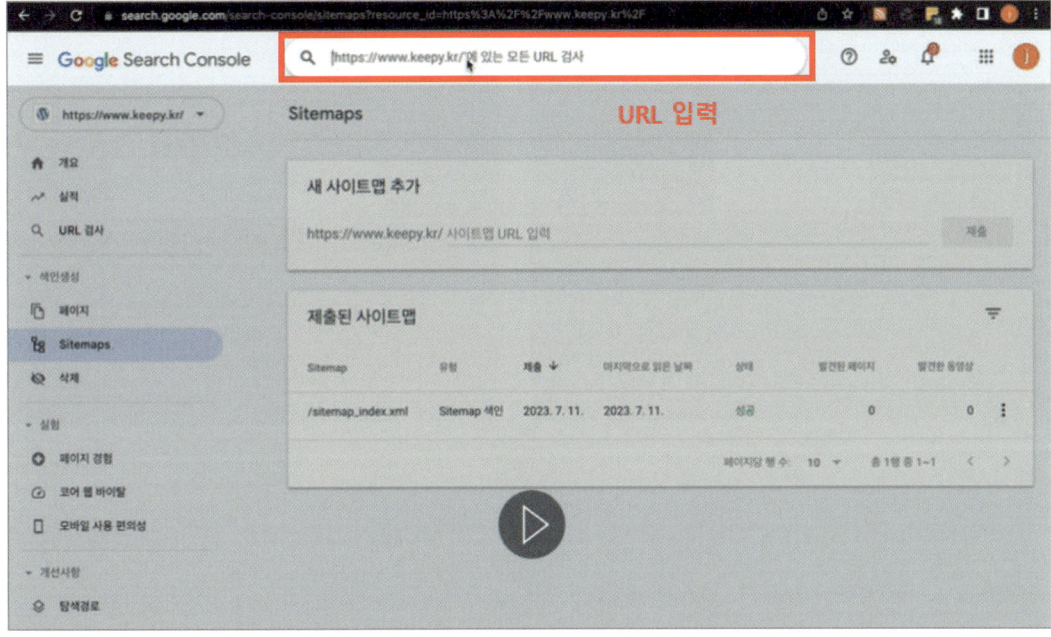

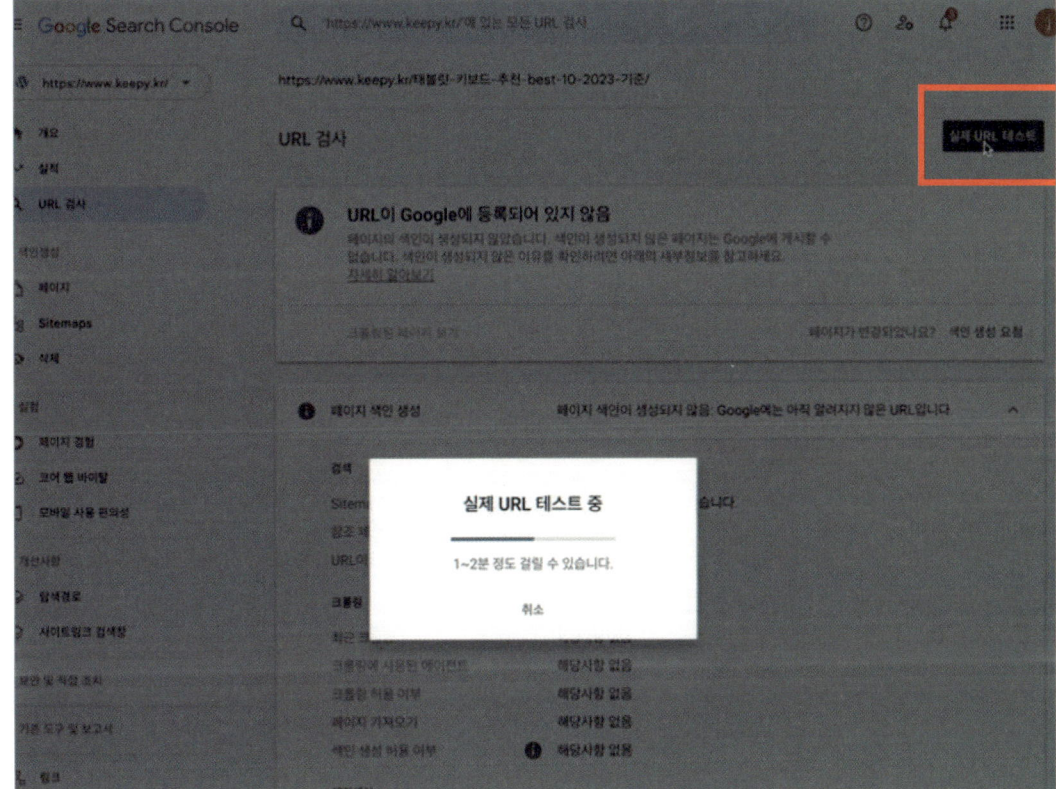

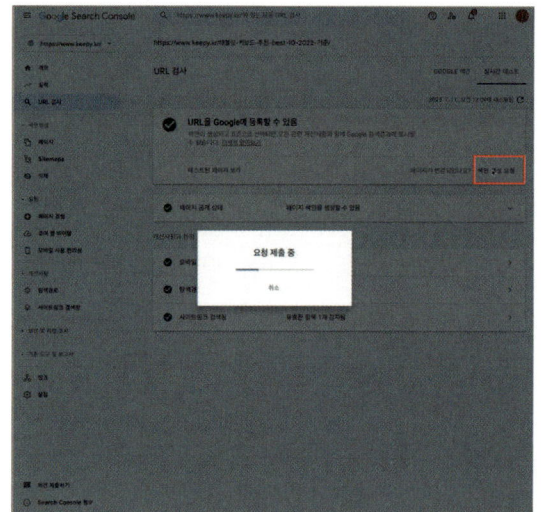 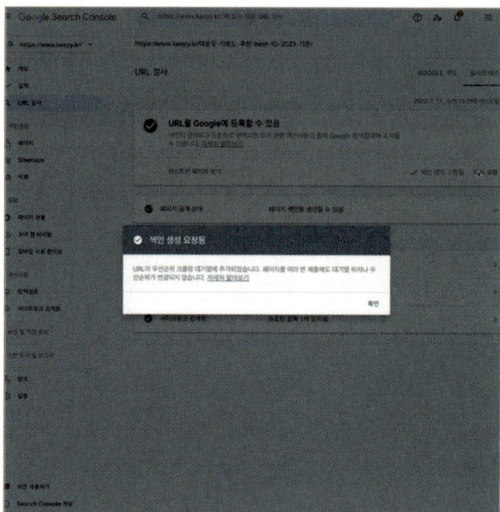

그 다음, 제일 위에 URL을 넣는 곳에 등록하고 싶은 URL을 〈복사 + 붙여 넣기〉를 통해서 넣어 줍니다.

URL을 넣으면 아래와 같이 URL이 등록되지 않았다는 것이 나오고, 여기서 〈색인 생성 요청〉을 누르면, 색인이 요청되었습니다는 메시지가 나옵니다.

이렇게 색인 생성을 요청하면 하루정도의 시간이 지난 후에는 '색인이 완료되었습니다.'는 메세지가 뜹니다

자주 묻는 질문 (FAQ)

1. sitemap이랑 sitemap.xml 똑같은 건가요?
- 거의 같지만, 서버 설정에 따라 다를 수 있어요.
- 확실하게 하려면 항상 sitemap.xml을 등록하세요!

2. 사이트맵은 어디서 만드나요?
- 워드프레스: Yoast SEO 플러그인 사용하면 자동 생성!
- 네이버 블로그: 자동으로 사이트맵 필요 없음.
- 직접 만들기: XML Sitemap Generator 사용.

3. 사이트맵 등록했는데 오류가 뜨면?

구글 처리 오류: 몇 시간 후 다시 확인.

URL 잘못 입력: 브라우저에서 URL을 직접 열어보세요.

XML 파일 문제: 생성 도구 또는 플러그인 설정 확인.

요약: 내 사이트에 맞는 주소 하나만 기억하세요!

- 블로그나 간단한 사이트: https://내사이트주소/sitemap.xml
- 페이지 많은 쇼핑몰/뉴스: https://내사이트주소/sitemap_index.xml

초보자 TIP:

1. 내 사이트 주소 뒤에 /sitemap.xml 붙여보고 열리면, 그걸 등록하면 끝!
2. 오류가 뜬다면 플러그인 설정 ⋯▶ 생성 도구 ⋯▶ 서버 설정 순으로 점검하세요(보통 시간이 해결해 줍니다)

주요 차이점

항목	sitemap.xml	sitemap_index.xml
용도	단일 사이트맵 사용	여러 사이트맵 관리
구조	페이지 URL 직접 포함	다른 사이트맵 파일들의 링크 포함
규모	소규모 웹사이트	대규모 웹사이트
관리 용이성	단순 관리 가능	섹션별로 나눠 관리 가능

사이트가 정상적으로 등록되었는지 확인

- 구글 서치 콘솔 & 네이버 서치 어드바이저에서 "사이트맵 상태" 확인 (한줄 추가) 성공으로 바뀔 때까지 몇 주 이상이 소요됩니다. 당장 오류가 보이더라도 안심하세요
- 색인이 누락된 글이 있으면 "수집 요청" 진행

Q. 등록 후 오류가 떠요. 어떻게 하죠?

✅ 답변추가

⋯▶ 등록 직후에는 옆의 사진과 화면들이 보이게 됩니다.

1. 구글 서치콘솔

[사이트맵 제출 화면: /rss, /sitemap.xml 모두 "가져올 수 없음" 상태로 표시됨 (2025. 3. 17.)]

2. 빙 웹마스터 도구

[사이트맵 URL 제출 화면: sitemap.xml과 rss 모두 2025-03-17 제출, 상태 "오류"]

정상이에요.
시간지나면
해결됩니다

⋯▶ 모두 무시하셔도 됩니다. 등록 직후에 나타나는 정상적인 화면이며 대부분 시간이 해결합니다. 몇 주 후 자연스럽게 해결되는 경우가 많습니다.

확실하게
등록해줘야 해!

2. 네이버에 사이트를 등록해야 하는 이유

네이버블로그는 네이버에서 제공하는 서비스이기 때문에, 글을 발행하는 동시에 네이버에서 자동으로 스크랩을 해서 가져가지만, 티스토리 블로그나 일반 홈페이지는 네이버에 따로 등록을 해야 합니다. 네이버에서도 자료가 많으면 많을수록 좋기 때문에, 네이버 '서치어드바이저' 서비스를 제공해서 사이트 등록을 유도하고 있습니다.

링크 이동 QR

1) 네이버 서치어드바이저에 등록하기

'네이버 서치어드바이저'에 접속 우측 상단에 있는 로그인을 클릭하여 로그인을 진행합시다. 로그인 후 상단에 있는 웹마스터 도구를 클릭합시다.

웹마스터 등록 ⋯▶ 사이트 관리 ⋯▶ 사이트 등록에서 웹사이트 등록을 진행할 수 있습니다. 본인이 소유하고 있고 자신의 웹사이트 HTML을 수정할 수 있으시면 웹사이트 최상위 URL을 입력하면 됩니다. 입력시 URL에 잡다한 쿼리 문자가 붙은 경우 제거하도록 합시다.

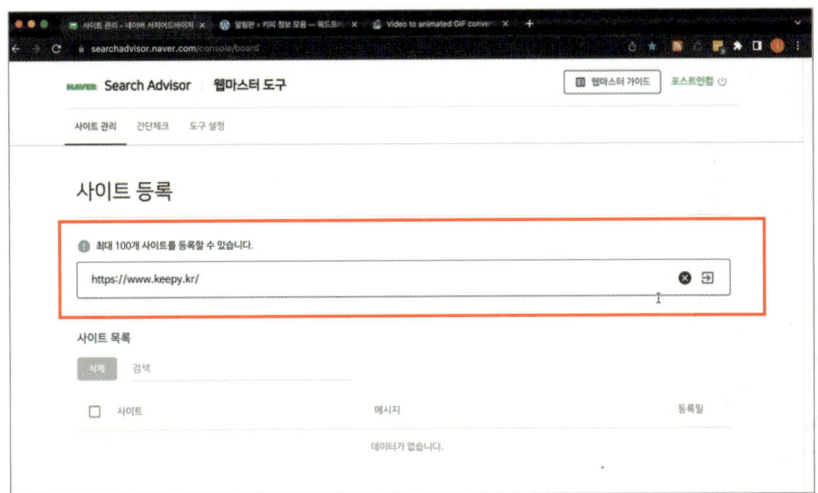

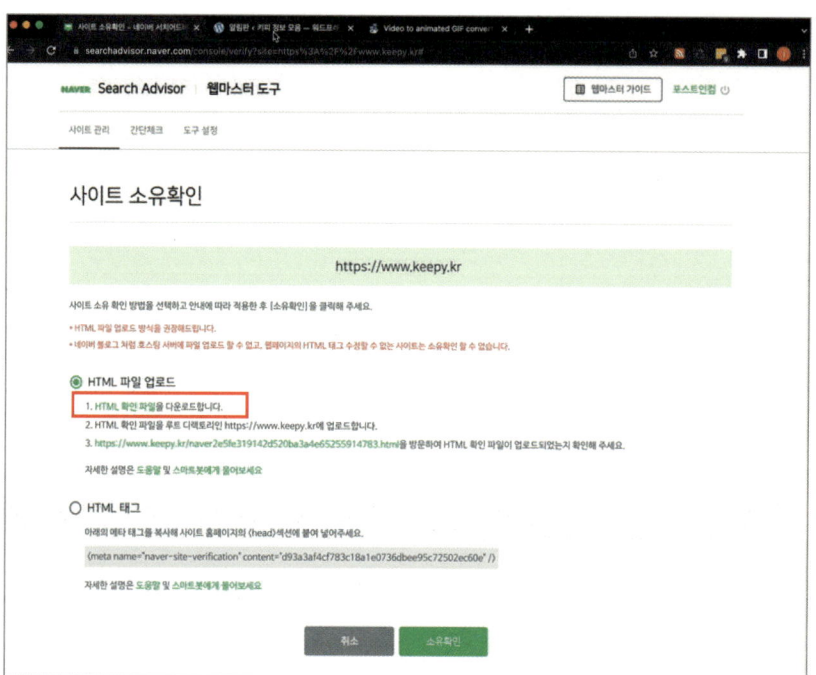

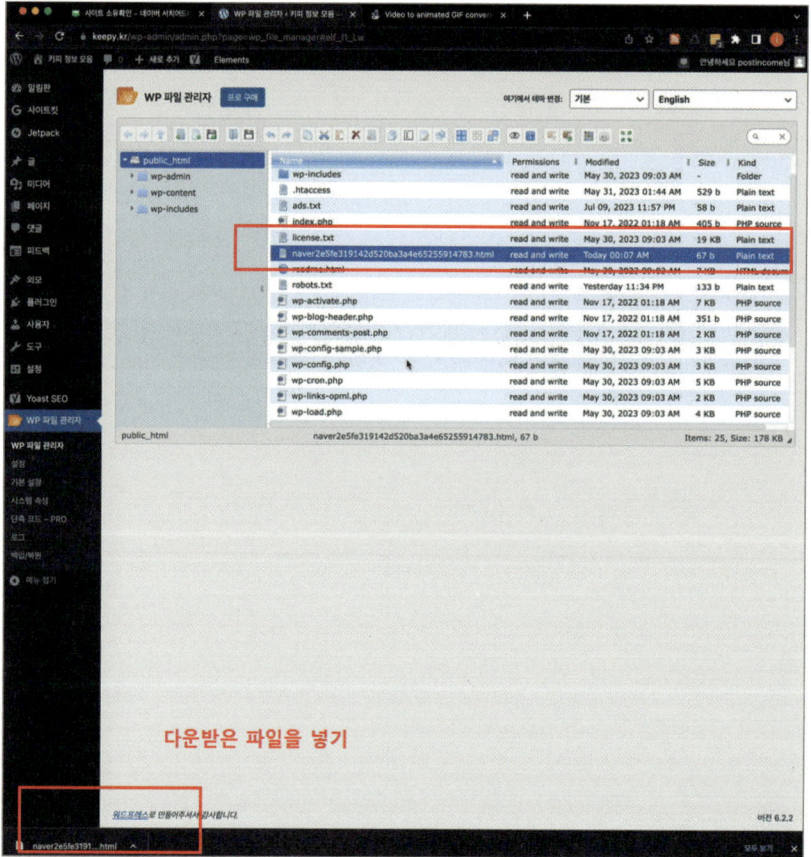

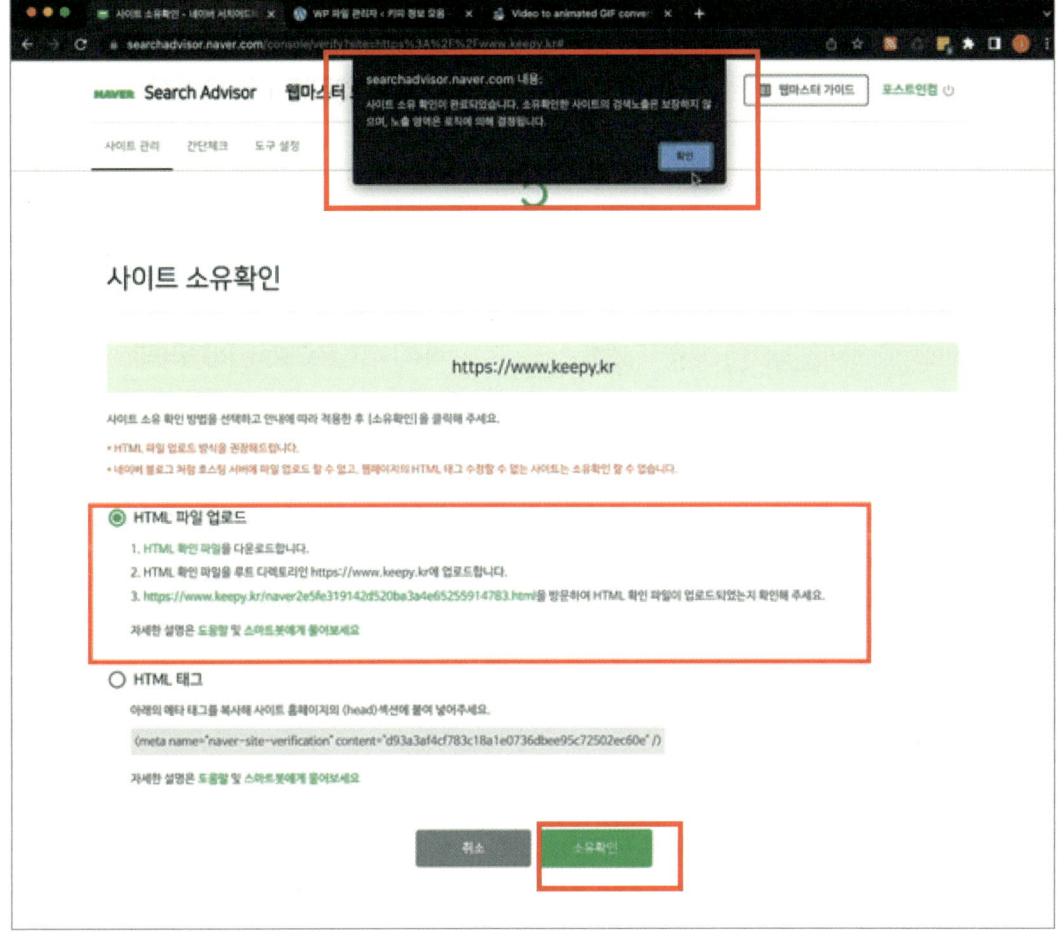

입력한 사이트의 URL이 본인 소유임을 증명하는 방법은 2가지로 나뉩니다.

1. **HTML 파일 업로드**: 이 방법은 웹사이트가 구동되는 서버에 네이버에서 주는 HTML 파일을 업로드하여 소유권을 확인하는 방식입니다. 개인 서버를 통해서 웹사이트를 구동하는 경우 이 방식을 사용합니다. 이방식의 장점은 1년마다 갱신이 필요 없습니다.

2. **HTML 태그**: 운영하는 웹사이트 대표 페이지 HTML 문서 내부 〈head〉 영역에 위 meta태그를 넣어서 소유권을 인증하는 방식으로 워드프레스나 티스토리와 같은 플랫폼에서 자주 사용됩니다. (1년마다 갱신이 필요합니다.)

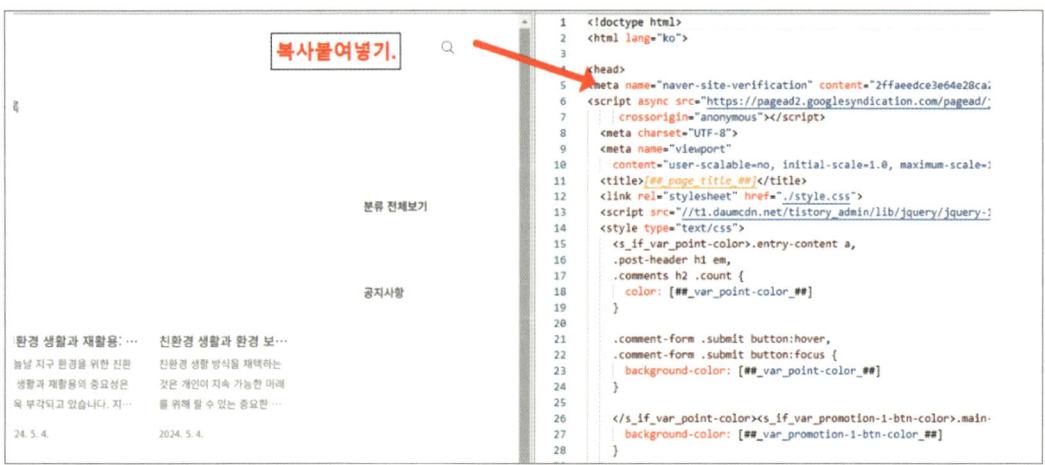

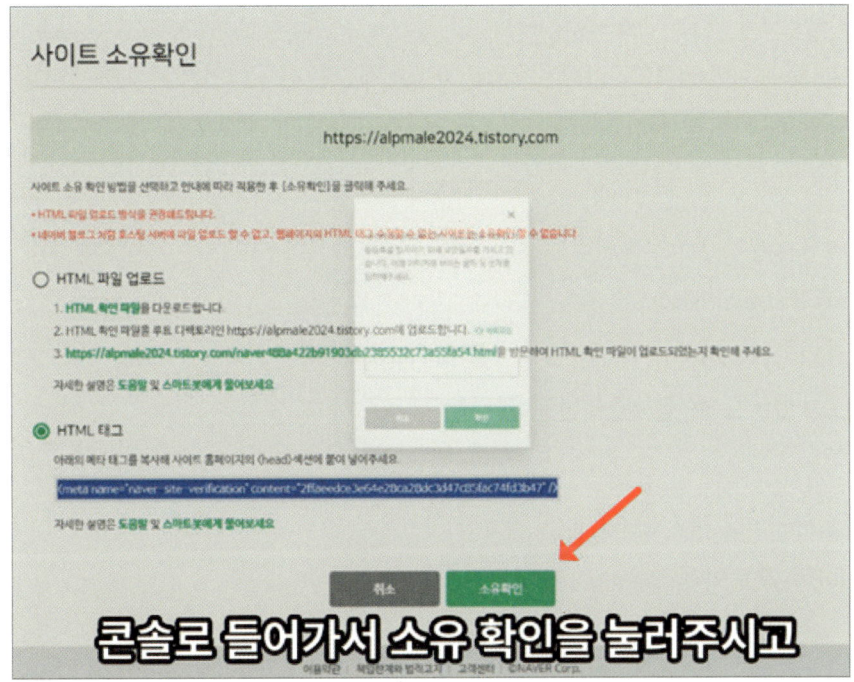

웹사이트 등록/ 등록하면 아래와 같은 화면이 나옵니다.

다음 단계로는 당연히 Sitemap과 rss를 등록해야 합니다. 방법은 어렵지 않습니다.

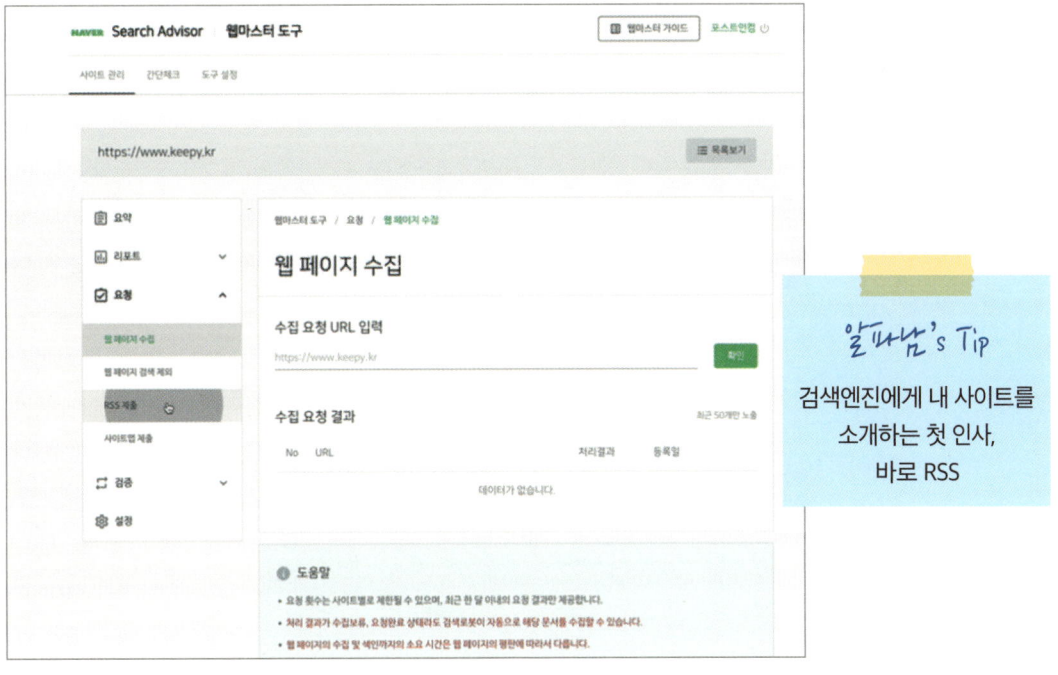

첫 번째로 진행할 작업은 RSS 제출입니다. RSS 피드는 사이트의 콘텐츠를 사용자에게 전달하는 데이터 방식으로 네이버 서치어드바이저에 RSS 피드를 제출할 경우 네이버 검색 봇이 더 쉽게 내 웹사이트의 콘텐츠들을 가져갈 수 있습니다.

RSS 피드의 주소는 대부분 웹사이트 메인 도메인 루트 아래에 feed라는 경로에 존재합니다.
https://TEST.COM/feed
https://TEST.COM/RSS
RSS 피드가 있는 도메인을 제출하면 됩니다.

두번째는 사이트맵 제출입니다. xml 확장자 형식으로 루트경로 아래에 존재합니다. 워드프레스 웹사이트의 경우 루트 아래에 sitemap_index.xml로 존재합니다.

티스토리의 경우 sitemap.xml입니다.
사이트맵이 존재하는 경로를 입력하고 확인을 눌러서 사이트맵 제출을 완료합니다.
사이트의 소유권 확인 ➡ RSS피드 제출 ➡ 사이트맵 제출을 완료하고 며칠의 시간이 지나면 네이버 검색 봇이 사이트 내부의 글을 색인할 확률이 높아집니다.

그리고 자동수집을 위해서 'robots.txt'도 등록해 주면 좋습니다.

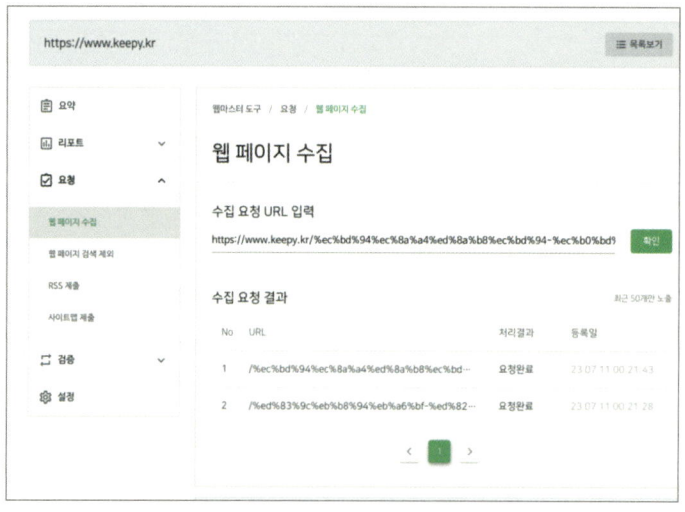

다음으로, 가장 중요한 URL 등록을 해보겠습니다. 좌측에 URL 검사를 눌러서 등록하고 싶은 URL을 넣고 확인버튼을 눌러줍니다.

그렇다면 아래와 같이 수집여부가 표시됩니다. 수집요청을 클릭하면 웹페이지 등록을 할 수 있는 페이지로 넘어갑니다. 물론, 〈요청〉⋯〈웹 페이지〉로 바로 가도 괜찮습니다.

네이버의 경우 초반에 수집 보류가 뜨는 경우가 종종 있는데, 이는 발행량이 많아지면 수집성공으로 자동 넘어갑니다. 웹페이지 수집은 어렵지 않습니다. 그냥 URL 검사와 같이 웹페이지 URL을 넣어서 확인버튼만 클릭하면 됩니다.

2) 네이버 웹사이트 색인 빠르게 하는 꿀팁

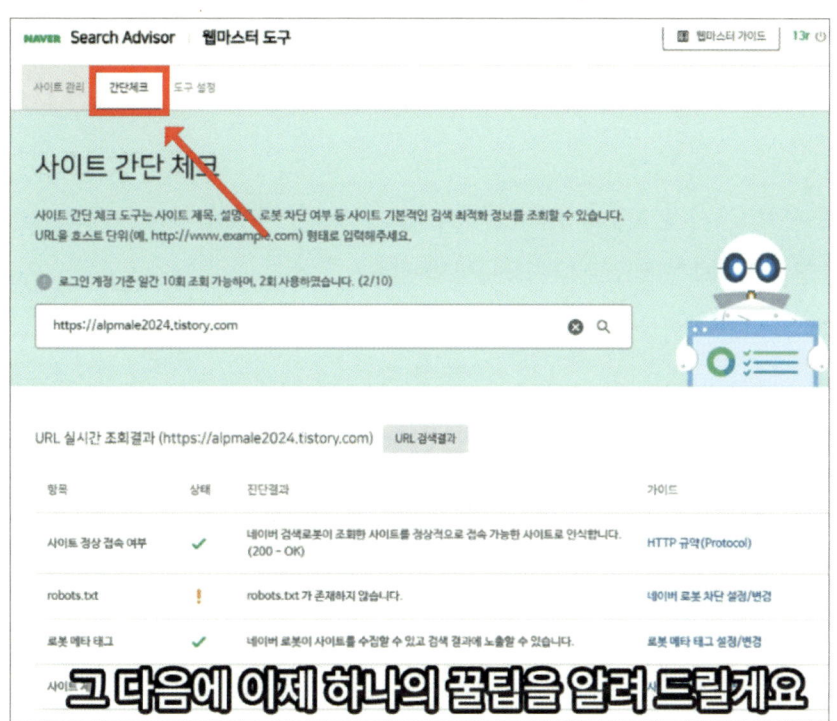

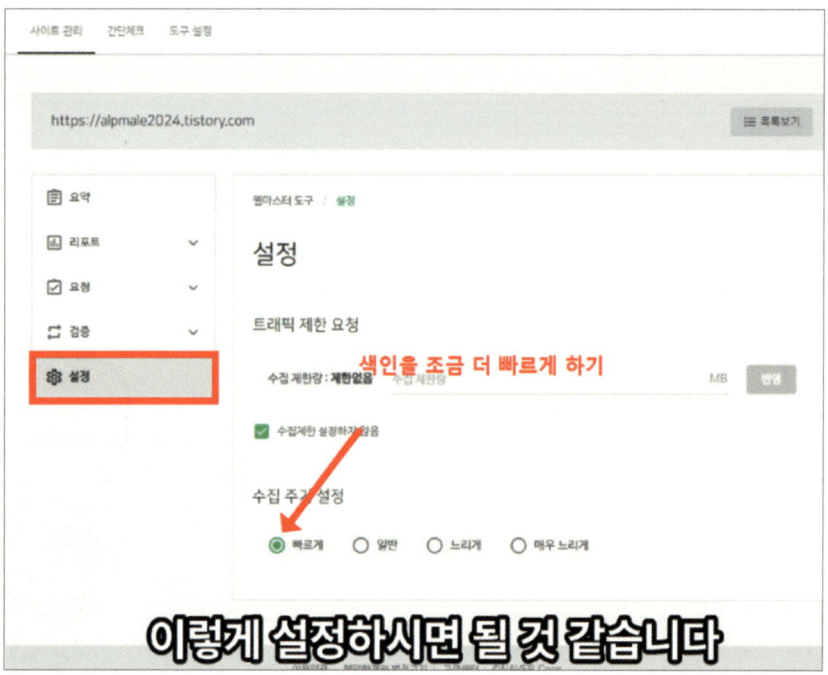

3. 다음 사이트 등록

다음에는 사이트 등록방법이 2가지가 있습니다. 2가지 모두 해 놓는게 좋으며, 최근엔 다음 웹마스터 도구를 통해 등록하는 게 조금 더 크롤링이 잘됩니다.

참고로 티스토리는 웹마스터 도구 등록이 불가능하니, 참고하시기 바랍니다.

1) 다음 사이트 등록: 네이버 블로그의 경우

내 사이트를 다음(Daum) 검색결과에 노출할 수 있습니다. 현재 다음(Daum)에서 사이트 등록을 할 경우 네이트(Nate)에도 동일한 검색결과가 노출됩니다. 다음 검색등록은 절차가 간단하고, 5일 이내 심사완료 후 바로 검색 결과에 반영됩니다.

등록방법: 아래 사이트 Daum 검색등록에 접속합니다.

https://register.search.daum.net/index.daum

- 신규 등록하기 버튼을 클릭한후 등록정보를 입력하고 확인버튼을 클릭합니다.

링크 이동 QR

- 검색등록 선택: 사이트 검색을 선택합니다.
- URL: 내 사이트 주소(도메인)을 입력합니다.
- 개인정보수집 동의 및 개인정보 취급 위탁에 대한 동의 안내, 서비스이용 동의에 동의하고, 확인 버튼을 클릭합니다.
- 사이트 상세정보를 입력합니다. 사이트 정보가 일치하지 않는 경우 등록 거절 되거나, 원하지 않는 카테고리에 등록될 수 있습니다.
- 모든 상세정보 입력을 마쳤으면 확인 버튼을 클릭합니다.
- Daum 검색등록 신청이 완료되었습니다. 심사가 완료되면 입력하신 이메일로 완료사실을 통보합니다.

○ 추가: 티스토리 블로그, 다음 사이트 등록 거절 - '홍보/스팸성 콘텐츠'로 분류되는 이유는 티스토리 블로그를 운영하면서 다음(Daum) 사이트 등록을 시도하는 경우가 많습니다. 하지만 등록 요청이 "홍보/스팸성 콘텐츠"로 거절되는 사례도 종종 발생하는데요. 이번 글에서는 다음 사이트 등록이 거절되는 주요 이유와 해결 방법에 대해 정리해 보겠습니다.

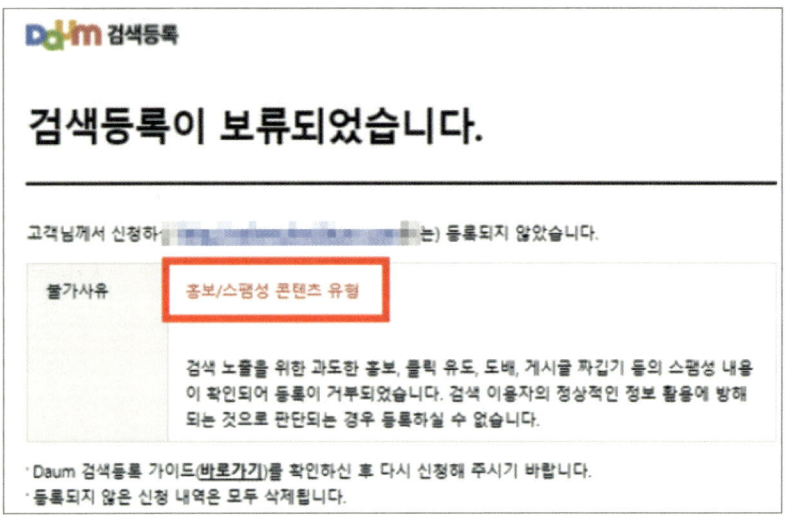

1. 홍보/스팸성 콘텐츠로 분류되는 이유

대부분 정부·공식 사이트가 아닌 경우 거절됨

다음 검색 등록은 공식적인 기관이나 신뢰할 수 있는 사이트를 우선 반영하는 경향이 있습니다. 티스토리 블로그나 개인 홈페이지는 대부분 이 기준에 부합하지 않기 때문에 거절될 확률이 높습니다.

2. 해결 방법 및 등록 승인받는 팁

✅ 티스토리는 굳이 신경 쓰지 않아도 됨

티스토리 블로그가 다음 사이트 등록에서 거절된다고 해도, 다음 검색에 노출되는 데에는 문제가 없습니다. 거절 메시지가 와도 무시해도 무방하며, 사이트 등록을 통해 유입을 기대하는 것이 아니라 검색 최적화를 통해 유입을 늘리는 것이 중요합니다.

✅ 워드프레스 사이트는 초반에 등록 시도하기

워드프레스 사이트의 경우, 초기에 최대한 빨리 등록을 시도해야 승인 가능성이 높습니다.
일정 규모 이상의 공식 사이트처럼 보이도록 신뢰도를 갖춘 후 신청하는 것이 유리합니다.

✅ 정부·공식 사이트처럼 신뢰도를 갖춘 구조로 보이게 하기

일부 웹사이트는 정부 기관이나 공식 서비스처럼 보이게 만들어 사이트 등록을 시도하기도 합니다.

'암보험 비교 사이트' 등 특정 키워드 검색을 통해 사이트 등록된 사례를 확인할 수 있습니다.

티스토리 블로그의 경우, 다음 사이트 등록 거절이 되어도 검색 노출에는 영향이 없습니다. 거절 메시지가 와도 무시해도 무방하며, 검색 최적화를 통해 유입을 확보하는 것이 더욱 중요합니다.

워드프레스는 초반에 등록을 시도해야 하며, 정부·공식 사이트처럼 보이도록 구조를 설계하면 승인 가능성이 올라갑니다.

사이트 등록을 통한 유입을 노리는 경우라면, 신뢰도를 갖춘 사이트 구조로 보이게끔 세팅하는 것이 핵심이라는 점을 기억하세요!

2) 다음 검색 등록: 워드프레스 및 홈페이지

네이버 블로그 검색등록에 이어 워드프레스 검색등록도 진행하겠습니다. 워드프레스로 진행하기 때문에 워드프레스라고 칭하였지만 블로그와 달리 개인 도메인(홈페이지)을 가지고 있는 경우 이 방법을 따라 검색등록을 진행하시면 됩니다.

링크 이동 QR

https://register.search.daum.net/index.daum

위 URL에 진입하여 "사이트 검색"을 선택하고 아래와 같이 URL을 입력 후 확인을 눌러 주시면 됩니다.

우측에 있는 "확인"을 누르시면 동의를 위한 페이지로 넘어갈 수 있습니다.

블로그 검색등록과 차이점은 추가로 "서비스이용 동의"란이 있습니다. 서비스 이용 동의는 신청자가 규격에 맞지 않는 URL을 제출할 경우 등록이 거부될 수 있다는 것을 알려 드립니다. URL의 경우 항상 메인 도메인을 제출하고 도메인에 쿼리 스트링이 있는 경우 제거하셔야 합니다.

허용 : https://www.example.com
불허 : https://www.example.com/pages
불허 : https://www.example.com?key1=value

위 사항을 모두 확인한 후 동의 항목을 모두 선택하시고 가장 아래쪽에 있는 "확인" 버튼을 누르시면 됩니다.

다음으로 공통정보 입력 페이지가 등장합니다. 공통 정보 입력 페이지는 웹사이트의 제목 및 설명을 기입할 수 있습니다.

- 제목: 등록을 원하시는 사이트의 제목을 입력하시면 됩니다.
- URL: 등록을 원하시는 사이트의 가장 메인 도메인(주소)를 입력하시면 됩니다.
- 모바일 URL: 추가로 모바일 전용 사이트가 존재하는 경우 입력하시면 됩니다.
- 설명: 사이트의 주제 및 간략한 설명을 입력하실 수 있습니다. (사이트 검색결과 bio 형태로 표시됩니다.)
- 설명-품목: 사이트가 상품을 다룰 경우 해당 상품의 주제를 기입하시면 됩니다.
- 설명-지역: 사이트와 연관된 사업장이 존재하는 경우 지역을 함께 등록하실 수 있습니다.
- 디렉토리: 등록하시는 사이트가 다루는 주제를 설정하시는 항목입니다.

등록 신청을 완료했습니다. 웹사이트 검색등록의 경우 약 5일 정도의 시간이 경과된다고 합니다. (자사 웹사이트를 검색등록을 진행한 결과 통보까지 3일의 시간이 걸렸습니다.)

블로그 검색 기준에 맞지 않아 거부당할 경우 불법적인 내용이 없는지 확인 후 거부되지 않을 수 있도록 수정 후 새로 한번 시도해 보면 됩니다.

3) 등록 조회 방법

웹사이트 검색 등록조회는 검색 등록이 되었는지 조회할 수 있습니다. 조회 방법은 아래의 URL을 참조해주세요.

https://register.search.daum.net/searchSite.daum

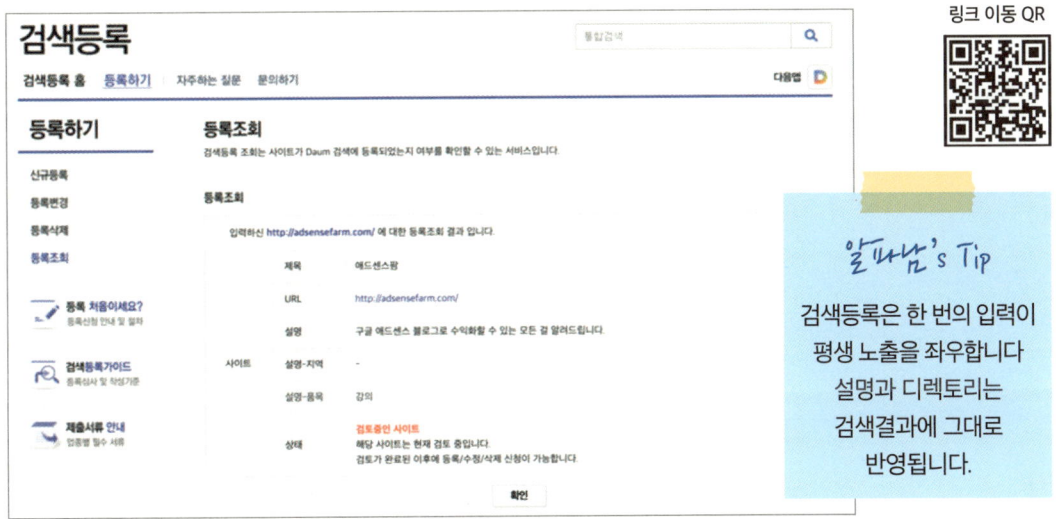

링크 이동 QR

알파남's Tip
검색등록은 한 번의 입력이 평생 노출을 좌우합니다
설명과 디렉토리는 검색결과에 그대로 반영됩니다.

등록 후 조회를 진행하면 검토중인 사이트라고 표기되어 있습니다. 추후 등록이 완료되면 "등록 완료"로 표기됩니다. 결과는 다음 검색 사이트란에 해당 제목 및 설명으로 웹사이트가 표시됩니다.

4) 다음 웹마스터 등록(티스토리는 안되니 건너뛰셔도 됩니다.)

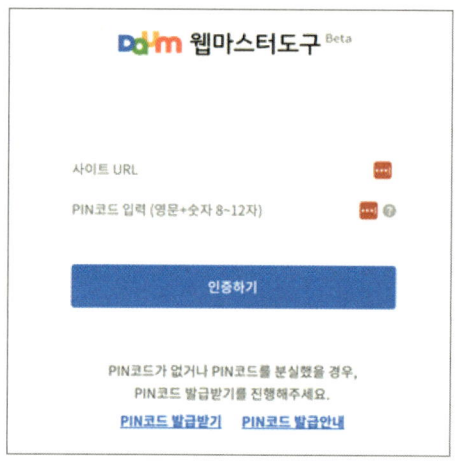

다음의 웹마스터 도구 페이지는 여전히 Beta 딱지를 붙이고 있습니다. 중요한 것은 웹마스터 도구에 등록하면 등록 전보다 노출을 더 잘 시켜준다는 것입니다.

1. https://webmaster.daum.net/ 다음 웹마스터 도구 사이트로 접속해 주세요.
2. PIN코드 발급받기 버튼을 클릭해 주세요.

링크 이동 QR

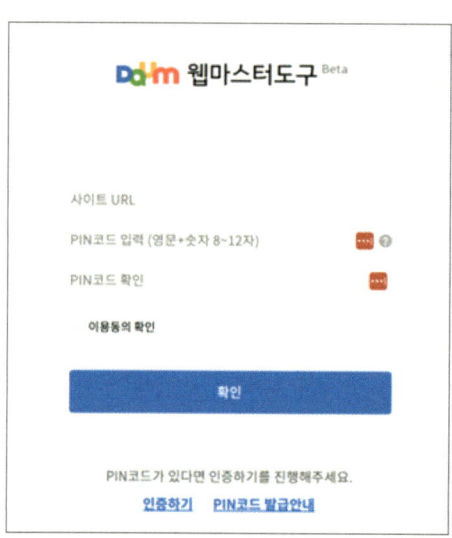

3. URL 주소(http 포함)와 PIN 코드 입력 메뉴에서 영문 + 숫자를 포함한 8~12자로 입력해 주시고 PIN코드 확인 항목에 그대로 다시 입력해 주세요.

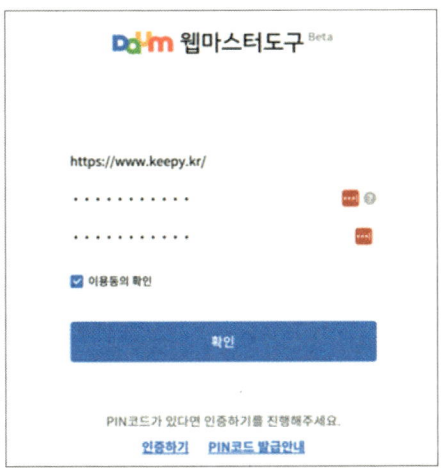

4. 이용동의 확인 버튼 클릭 후 확인을 클릭해 주셔서 [이용동의 확인] 체크되도록 진행해 주세요.

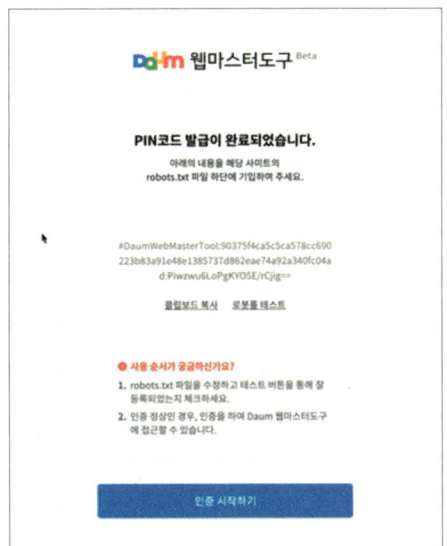

5. 정상적으로 PIN코드를 발급받으시면 해당 PIN 코드를 복사 해 주세요.

6. 관리자페이지 [검색엔진 > 검색 설정 > 검색 엔진 최적화 관리] 페이지의 '검색 엔진 관련 설정' 메뉴에서 검색 엔진 노출 범위 개별 설정 (robots.txt 직접 입력)으로 설정해 주셔서 해당 PIN코드를 입

력해 주세요.

7. 다시 다음 웹마스터 페이지에서 로봇 룰 테스트 진행하시고, 확인 버튼 클릭 후 '인증 시작하기' 버튼 클릭하셔서 URL 주소와 PIN코드를 입력해 주세요.

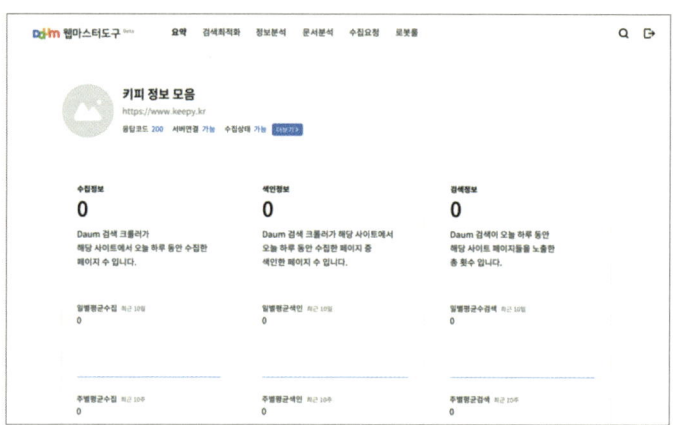

8. 아래와 같이 다음 웹마스터 도구 메인 페이지로 접속됩니다.

9. 초반 1주일~한달정도는 수동으로 수집요청을 해주면, 조금 더 빠르게 크롤링됩니다.

4. MS(Bing빙) 웹마스터도구(Bing WebMaster Tools)에 등록하는 법

먼저 'Bing웹마스터도구(Bing WebMaster Tools)'에 접속해 보도록 하겠습니다.
링크:https://www.bing.com/webmasters

링크 이동 QR

처음 접속하면 아래의 그림처럼 마이크로소프트, 구글, 페이스북 중에서 계정을 고르라고 합니다. 마이크로소프트나 페이스북 계정을 이용해도 괜찮지만, 이미 구글서치콘솔에 블로그를 등록 해놓았기 때문에, 구글계정으로 로그인해서 구글서치콘솔에서 블로그 정보를 가져오도록 하겠습니다.

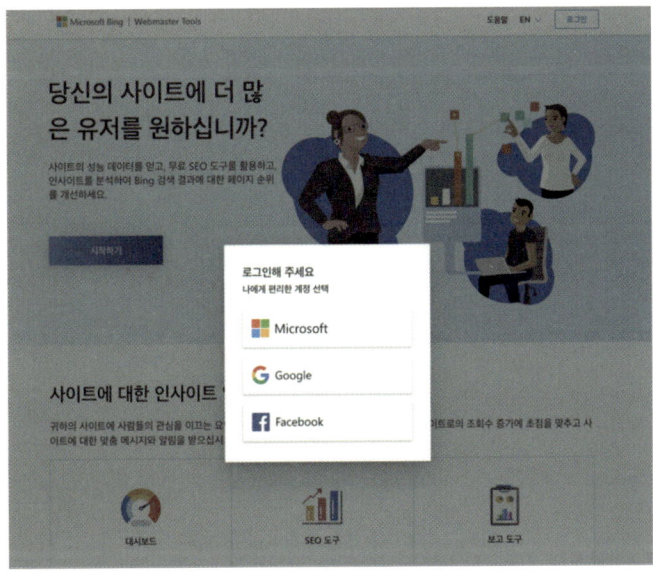

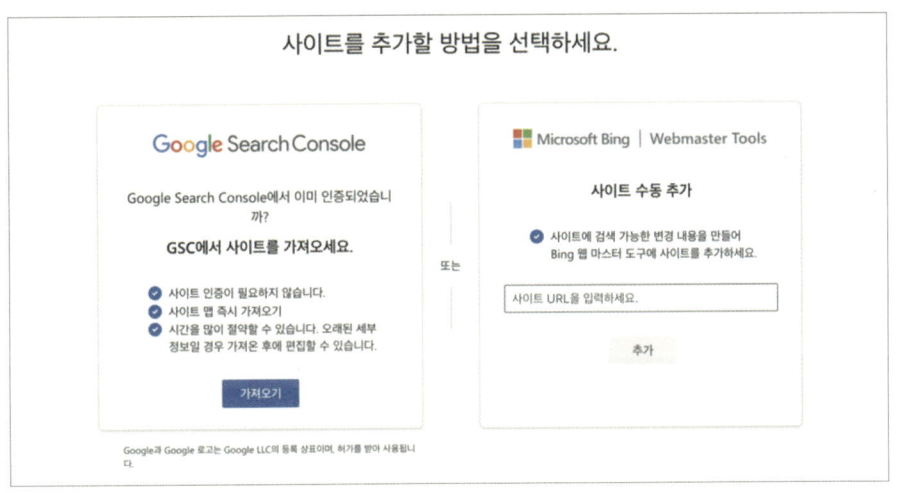

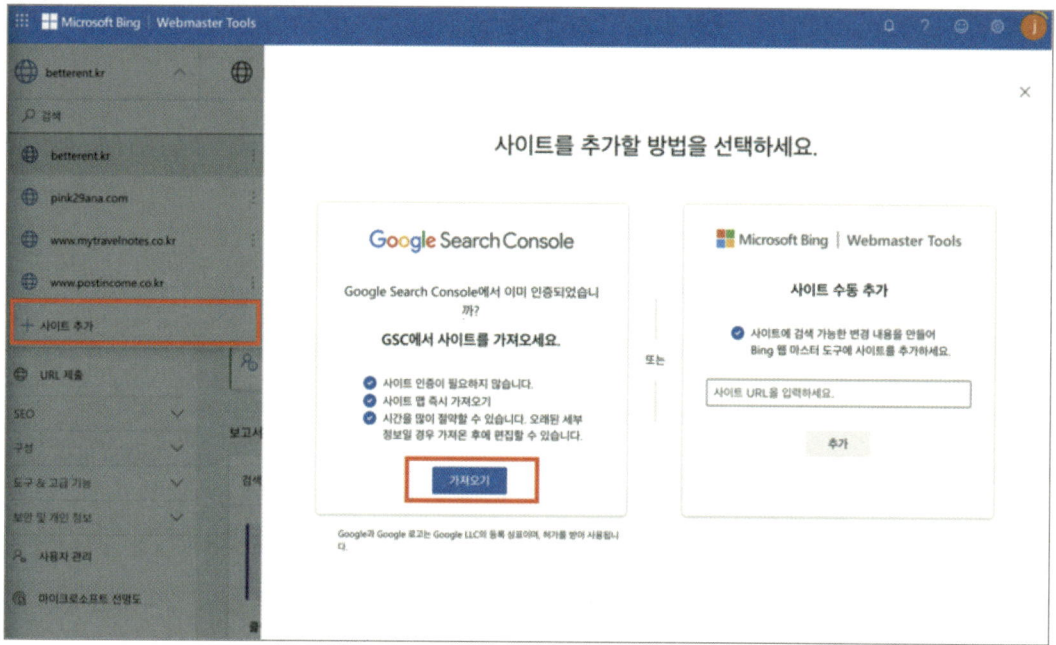

먼저, 구글 계정으로 로그인 후 접속합니다. 그 다음 좌측 상단 도메인 버튼을 누르거나 사이트 추가 버튼을 누르면 위와 같이 구글 서치콘솔 연동을 통해 정보를 가져올 수 있습니다.

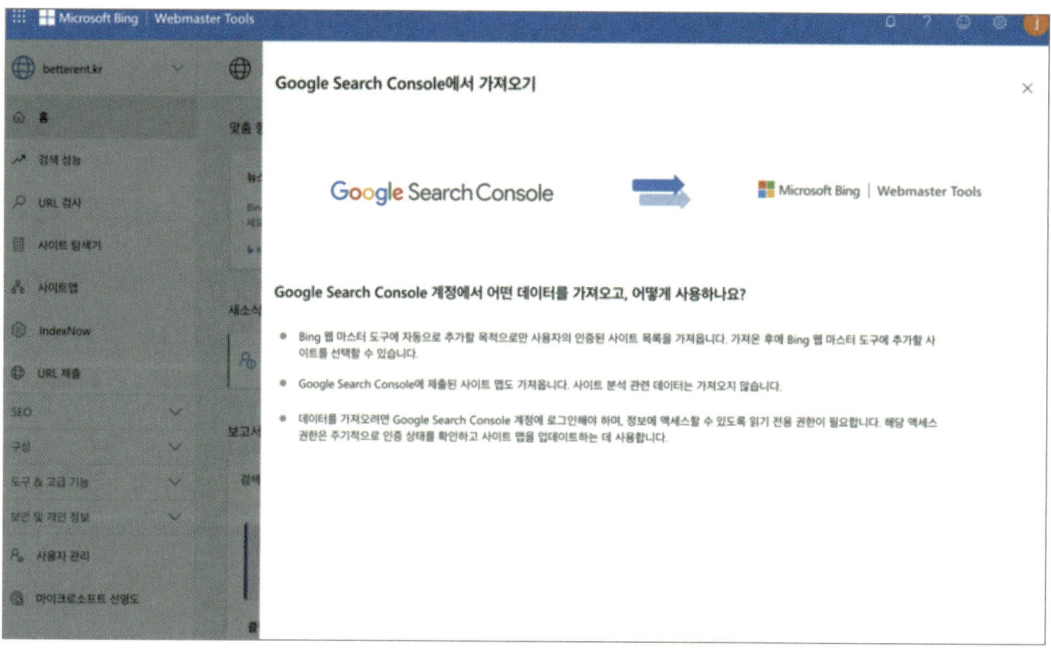

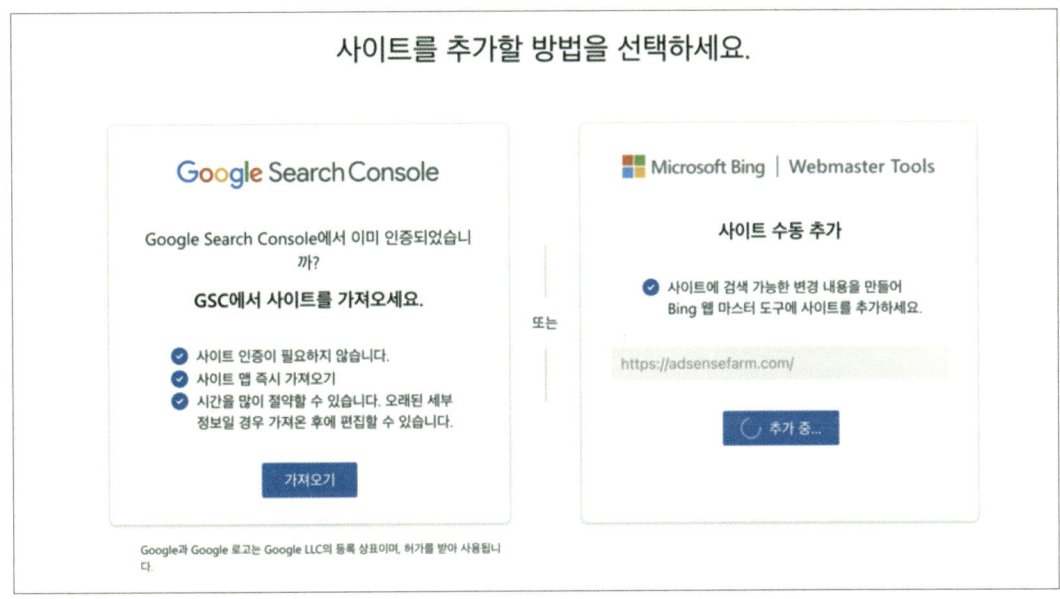

가져오기 > 계속 버튼을 누르면 구글 서치콘솔에 등록된 사이트목록이 나옵니다. 이중에서 원하는 사이트를 선택 후 가져오기를 누릅니다. 만약 목록에 없다면, 이전 단계로 넘어가 사이트 수동 추가 항목에 도메인 기재 후 추가하면 됩니다.

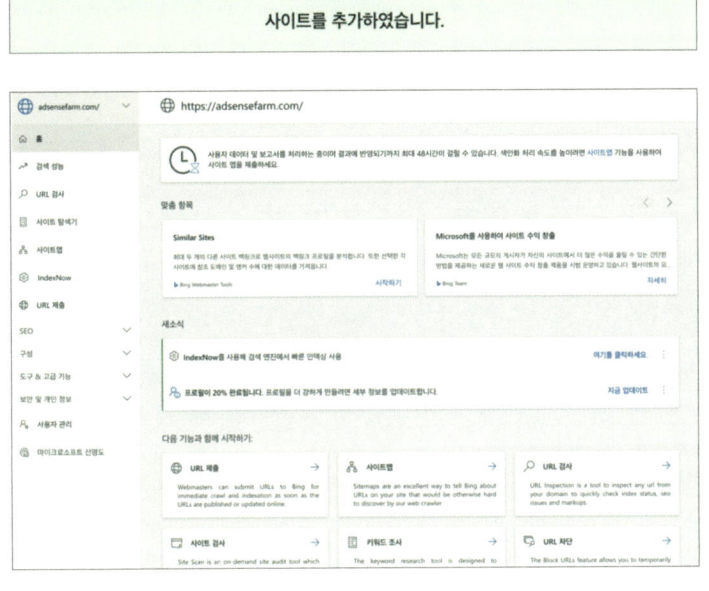

사이트 추가 완료 후 대시보드 화면입니다. 이제 Bing 웹마스터도구(Bing WebMaster Tools)에 블로그가 등록이 된 것입니다.

웹마스터도구(Bing WebMaster Tools) 화면

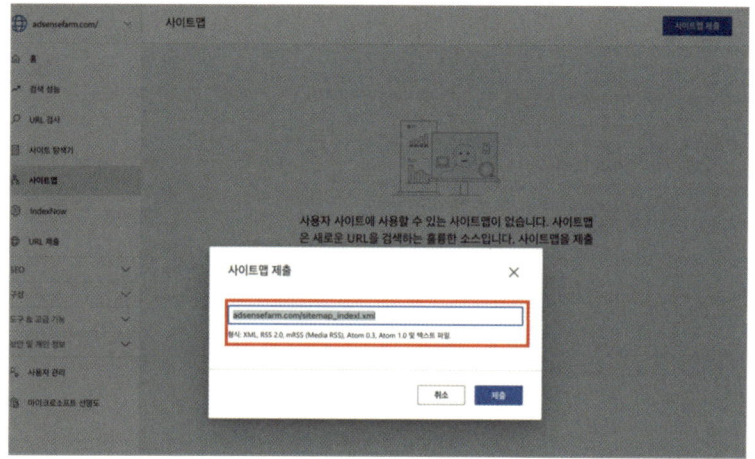

그럼, 먼저 사이트맵을 제출하러 가보겠습니다. 사이트맵을 마이크로소프트 검색엔진인 'Bing'에서 제 사이트 정보를 스크랩할 수 있는 거죠.

티스토리 사이트맵 구조: https://domain/sitemap.xml

워드프레스 사이트맵 구조: https://domain/sitemap.xml or https://domain/sitemap_index.xml

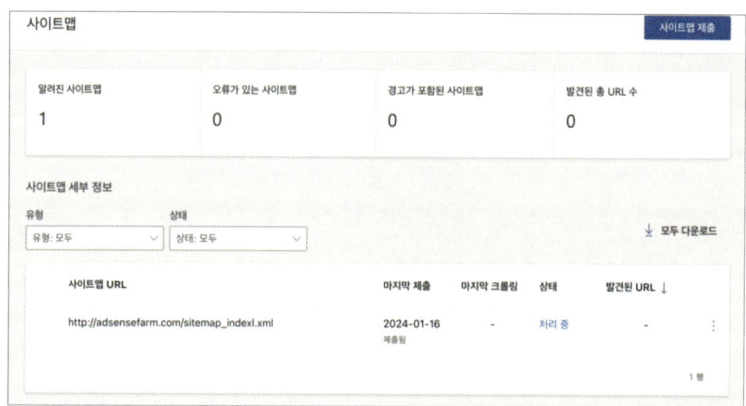

이제 사이트맵 구조는 이해가 되셨을 겁니다. 사이트맵을 제출하니 '처리중'으로 업로드 되었습니다.

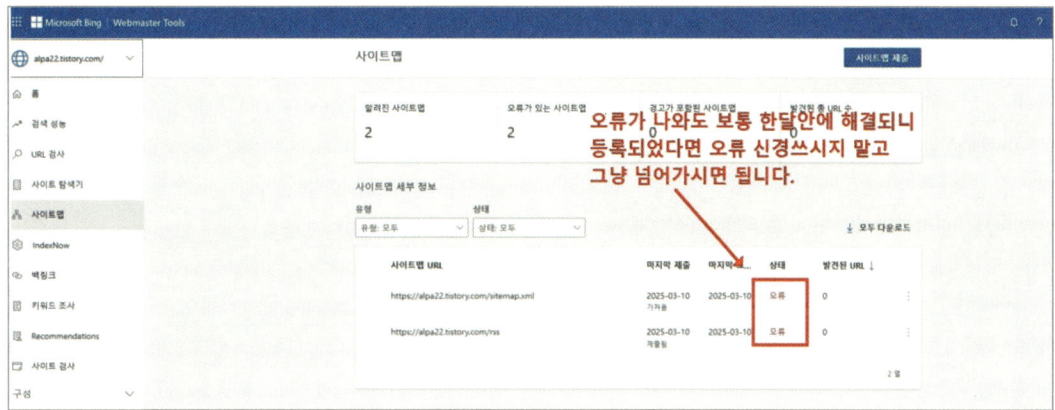

4. 다음으로는 'Bing 웹마스터도구'와 연계되어 있는 마이크로소프트 선명도(마이크로소프트 Clarity)를 사용해 보겠습니다. 마이크로소프트 선명도(마이크로소프트 Clarity)는 자신의 사이트의 노출에 대해서 자세히 알려주는 서비스입니다. 구글 애널리틱스라고 생각하면 됩니다. (월 100만 원 이하 초보자는 안 하셔도 되니 이 부분은 무조건 넘어가세요.)

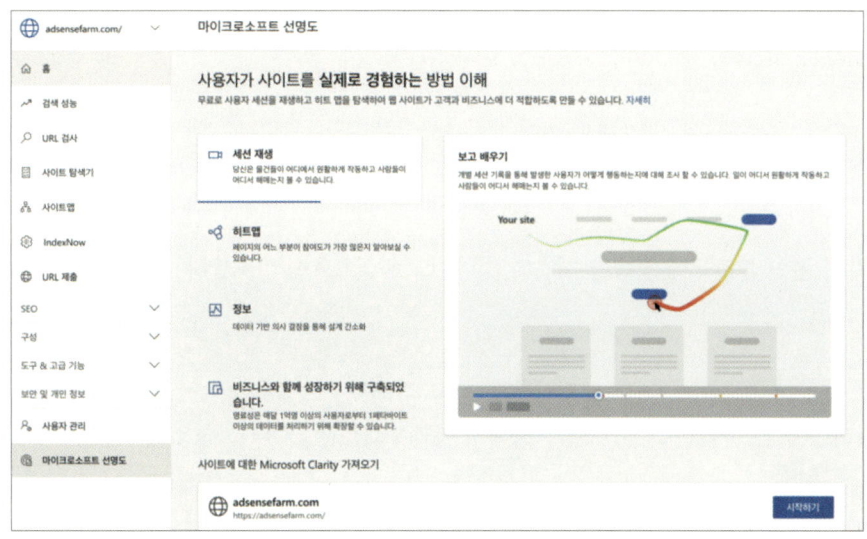

보시는 것처럼, 왼쪽 제일 아래에 보면 '마이크로소프트 선명도(마이크로소프트 Clarity)' 메뉴를 누르면 사이트를 등록할 수 있습니다. 여기서 히트맵을 클릭한다면, 유저들이 어디서 많이 머무는지 디테일한 분석도 가능합니다.

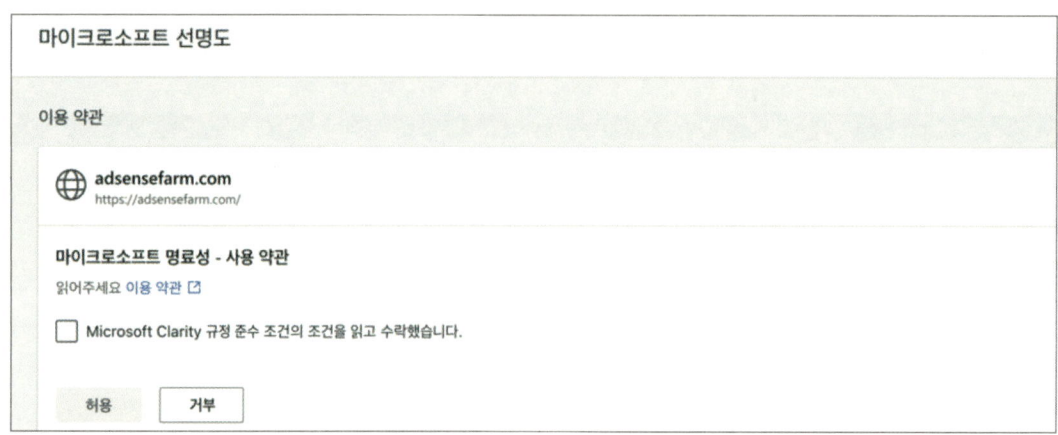

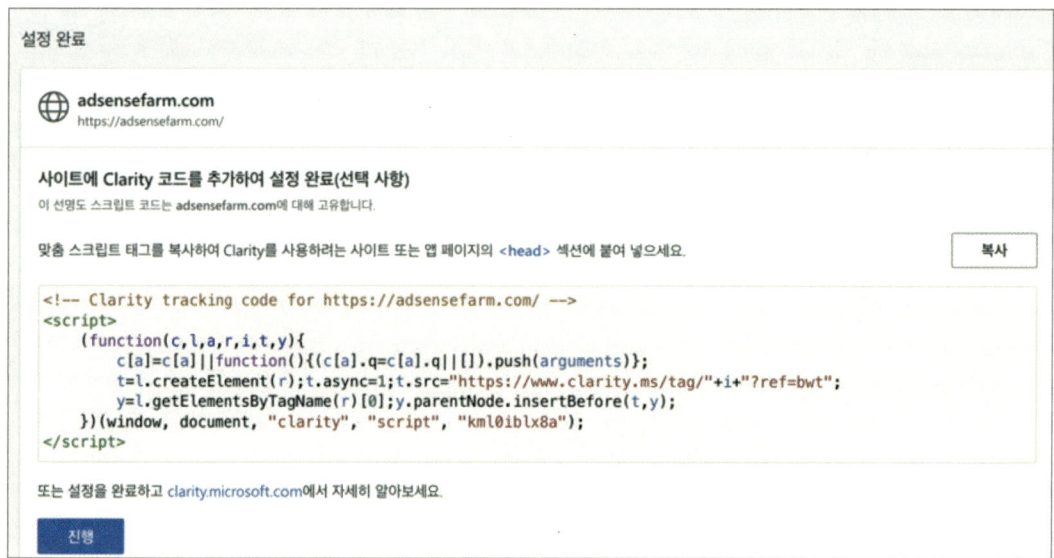

위와 같이 본인 블로그에 접속을 허용하면 마이크로소프트에서 제공하는 코드를 본인 사이트 안에 넣으라고 합니다.

티스토리를 하는 분들은 그 코드를 복사해서 아래 그림처럼 〈관리〉→ 〈스킨편집〉→ 〈HTML 편집〉을 통해서 〈head〉〈/head〉 삽입하시면 됩니다. 코드를 삽입을 했으면, 선명도로 이동이 가능해집니다!

워드프레스의 경우 wp code 플러그인 설치 후 설정 〉 header & footer 메뉴를 통해 header 영역에 스크립트 넣어주면 됩니다.

clarity 설치가 완료되면, 별도의 페이지 이동이 가능합니다. 여기서 차후 도메인 추가해서 이용이 가능하니 참고하면 됩니다.

빙(bing) 검색 등록을 하면 야후(yahoo)는 덤입니다. (bing) 웹마스터 도구에 사이트 등록을 하면 야후(yahoo)에도 동시에 사이트 등록이 됩니다. 야후 재팬은 일본에서 가장 많이 쓰는 검색 포털이며 일본에 거주하는 한국인(또는 재일교포)들이 많기 때문에 검색등록을 하면 방문자 수 늘리기에 도움이 됩니다. (2025년, 네이트(Nate)에서 별도의 사이트 등록 기능은 제공되지 않으며, 다음에 사이트를 등록하면 네이트에도 자동으로 노출됩니다.)

5. ZUM(줌 사이트) 등록
(티스토리는 불가능합니다. 워드프레스 또는 웹사이트 운영자분들만)

줌의 국내 점유율은 낮지만, 등록만 해도 꾸준한 유입을 얻을수 있습니다.
zum에도 홈페이지를 등록을 통하여 유입량을 늘릴 수 있도록 하겠습니다.
https://help.zum.com/submit
위 링크를 통하여 zum 검색등록으로 이동합니다.

링크 이동 QR

상단부터 * 표시가 되어 있는 항목은 필수 기입란이며 등록 사유는 필수항목은 아니지만 사이트를 등록하는 이유에 대해서 간략하게 기입하시는 것을 추천드립니다.

위 항목을 모두 입력하셨으면 "개인정보 수집 및 이용안내" 사항에 대해서 동의 체크를 하신 후 아래 신청하기 버튼을 누르시면 검색등록 신청이 완료됩니다. 검색등록 신청 이후 약 10일 이내에 처리가 완료됩니다.

(신청하기를 클릭하면 "전송이 완료되었습니다." 라는 문구만 표시되고 추가적인 페이지 전환은 없습니다.)

그동안 여러 웹사이트 또는 블로그를 검색등록 신청하면서 얻은 경험으로는 법적인 문제가 없고 줌 정책에 위배되지 않는 공식 사이트의 경우 높은 확률로 검색등록이 완료되었습니다. 추가로 개인 블로그의 경우도 일정량 이상의 포스트 개수가 있으면 거부되지 않고 등록되었습니다.

6. 구글상위노출 가장 효과적인 SEO최적화방법 4가지

사이트 등록이 끝났다면 내가 운영하는 사이트가 구글 상위 노출이 되려면 SEO최적화 과정이 필수적입니다. 이 과정은 자신이 웹사이트를 만들기 전부터 시작되며 사이트를 만든 이후의 관리 및 유지하는 과정에서 연속됩니다.

구글상위노출에 필수적인 검색엔진 최적화(SEO)를 1. 키워드 최적화 2. 내부 웹페이지 최적화 3. 외부 웹페이지 최적화 4. 백링크 구축과 콘텐츠 확산 이렇게, 구글 상위 노출에 가장 필요한 4가지 방법으로 나눠 설명하려합니다.

1) 키워드 최적화

자신이 운영하는 웹사이트에 대표할만한 키워드에 맞게 사이트를 최적화시키는 것이 필요합니다. 또한 자신의 서비스와 연관된 잠재 키워드를 찾는 것도 지금 살펴볼 '키워드 최적화'의 방향성입니다.

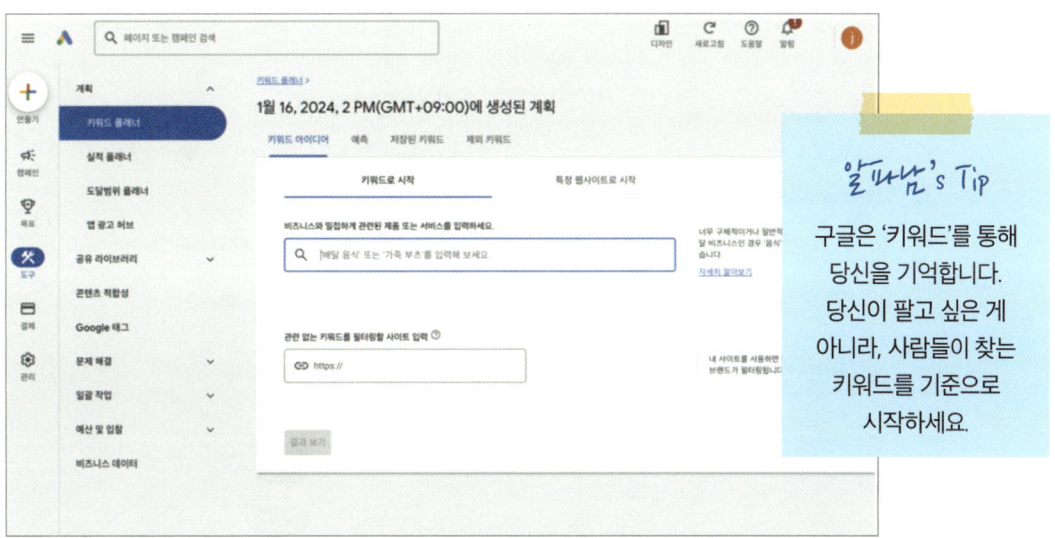

> **알파남's Tip**
> 구글은 '키워드'를 통해 당신을 기억합니다. 당신이 팔고 싶은 게 아니라, 사람들이 찾는 키워드를 기준으로 시작하세요.

구글 키워드 플래너

구글 키워드 플래너는 구글 애즈에서 제공하는 키워드 리서치 사이트로 개인이 사용하기에 적합합니다. 구글 애즈를 사용하지 않더라도 구글 계정만으로 확인할 수 있

링크 이동 QR

습니다.

링크 접속 > 새 구글 계정 만들기 > 상단 도구 및 설정 > 키워드플래너

원하는 키워드 혹은 참고 URL을 입력하면 키워드를 추천 받을 수 있습니다.

구글 트렌드

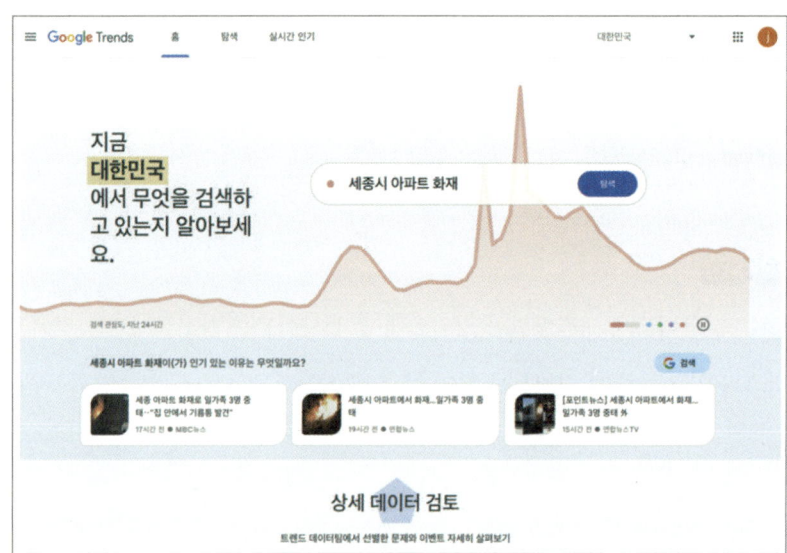

링크 이동 QR

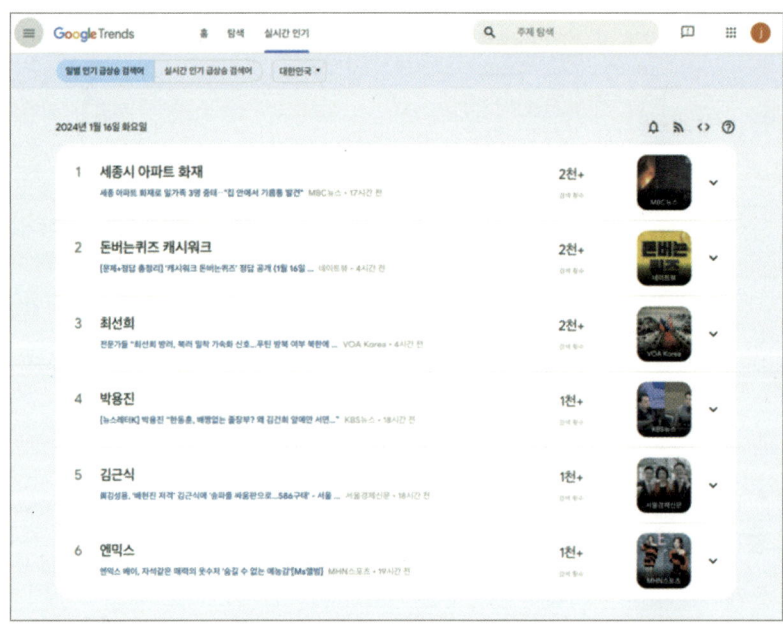

구글 트렌드 최근 사용자들의 동향과 탐색, 실시간 인기 주제 등 관심도 및 관련 검색어를 확인하기 좋은 사이트입니다. 시간 흐름에 따른 관심도, 지역별 관심도 그리고 관련 검색어를 함께 확인할 수 있습니다.

이렇게 구글 키워드플래너, 트렌드를 통해 키워드를 찾았다면, 본격적으로 키워드 최적화를 해야 합니다.

일단, 구글상위노출에 있어 자신의 웹사이트를 대표할만한 '키워드 최적화'가 우선시되어야 합니다. 더불어, 키워드는 다양해야 합니다.

몇몇의 사람들을 보면 하나의 키워드를 생각하고 오시는 분들이 있습니다. 물론 그 키워드의 노출이 직접적인 매출과 연관이 될 것이라고 생각하시기 때문이지만, 추천드리는 방법은 아닙니다.

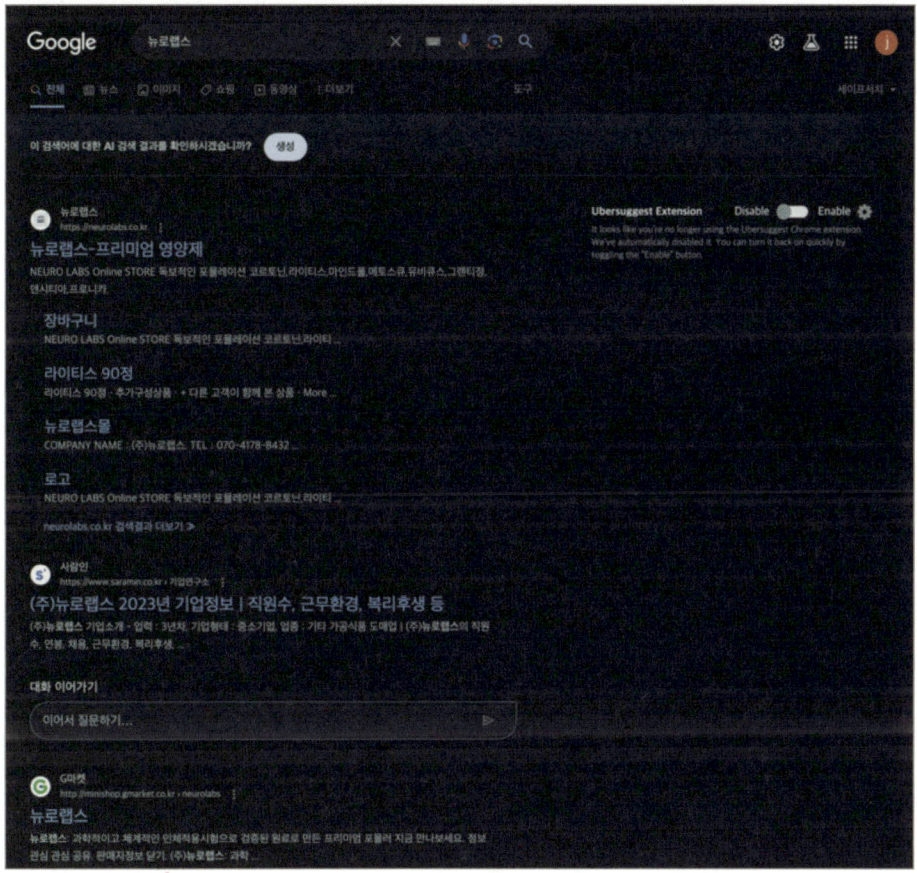

예를 들어, 브랜드명 '뉴로랩스'(건강식품 웹사이트 브랜드 예시)로 상위노출을 하는 것은 크게 어렵지 않을뿐더러 투자가 필요하지 않을 수 있습니다. 이는 핵심 키워드나 세부 키워드에 대한 투자가 이루어질 때 부수적으로 따라오는 요소이기 때문입니다. 반면, 메인 키워드 '건강관리식품'으로 상위노출을 노리고 있다면 생각해보아야 할 것들이 늘어납니다. 일단 G마켓, 쿠팡과 같은 대형 사이트의 점유율에서 해당 키워드에 대한 구글 1페이지 내용 상 빈틈을 찾기 어렵습니다.

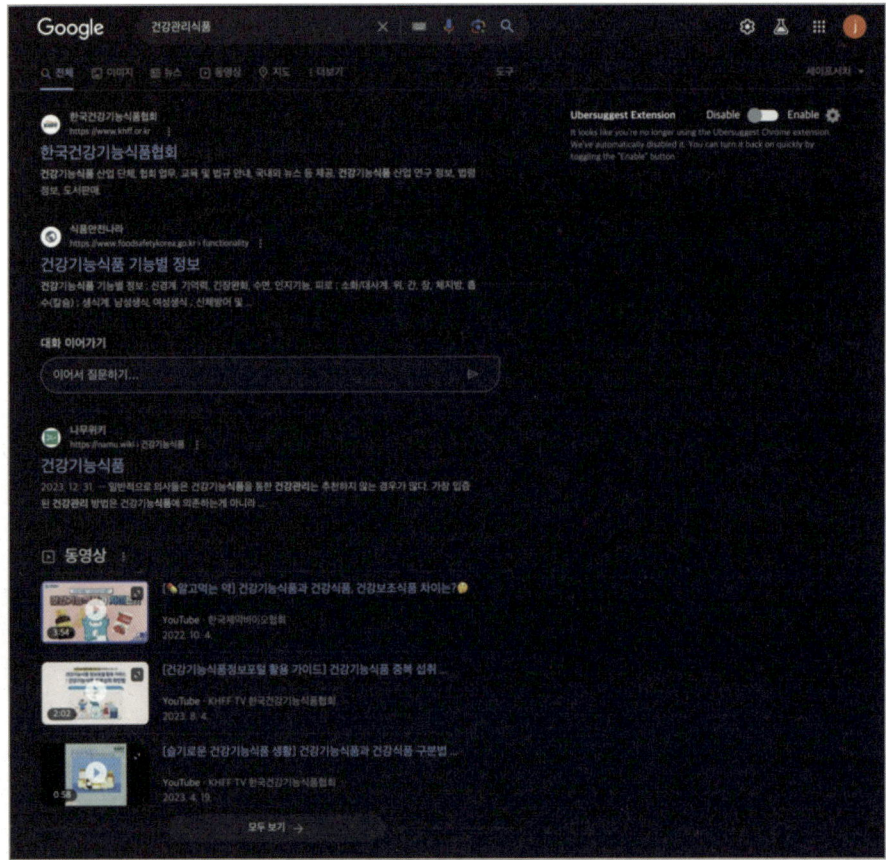

이에 대한 적절한 피드백은 롱테일 키워드입니다. 예를 들어 '30대 건강관리 식품'과 같이 사용자가 검색의 의도가 명확한 내용의 게시물을 롱테일 키워드로서 사용자의 의도에 적중시키는 것입니다.

하나의 예시입니다.
(1) 검색량이 적거나 중간인 낮은 경쟁 키워드를 찾는다.
(2) 검색 의도, 잠재적인 트래픽, 경쟁을 분석하여 올바른 주제인지 확인한다.

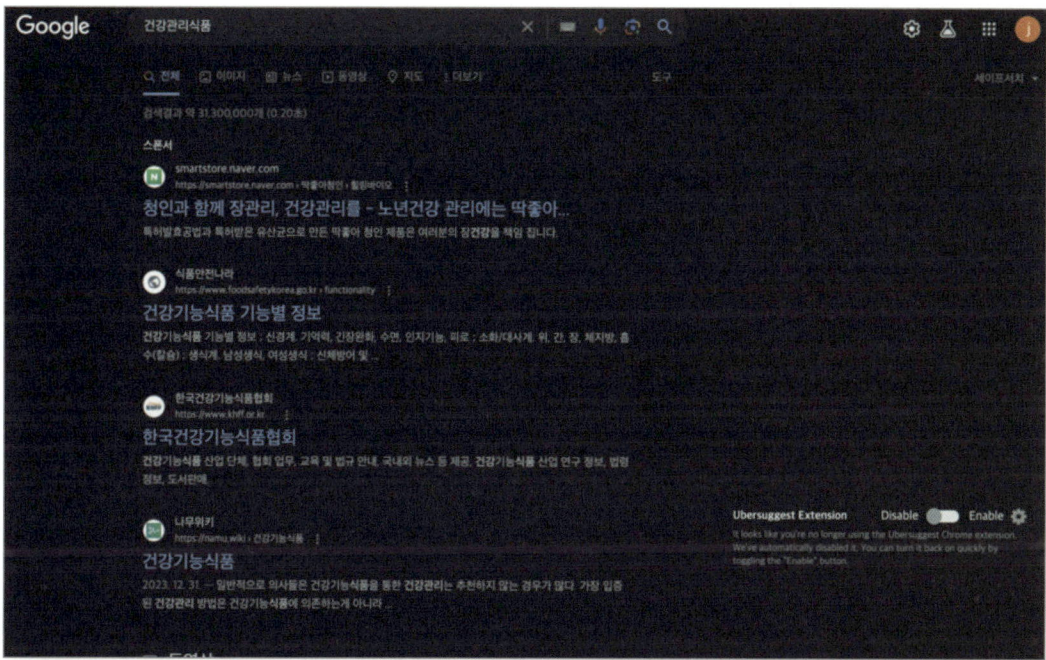

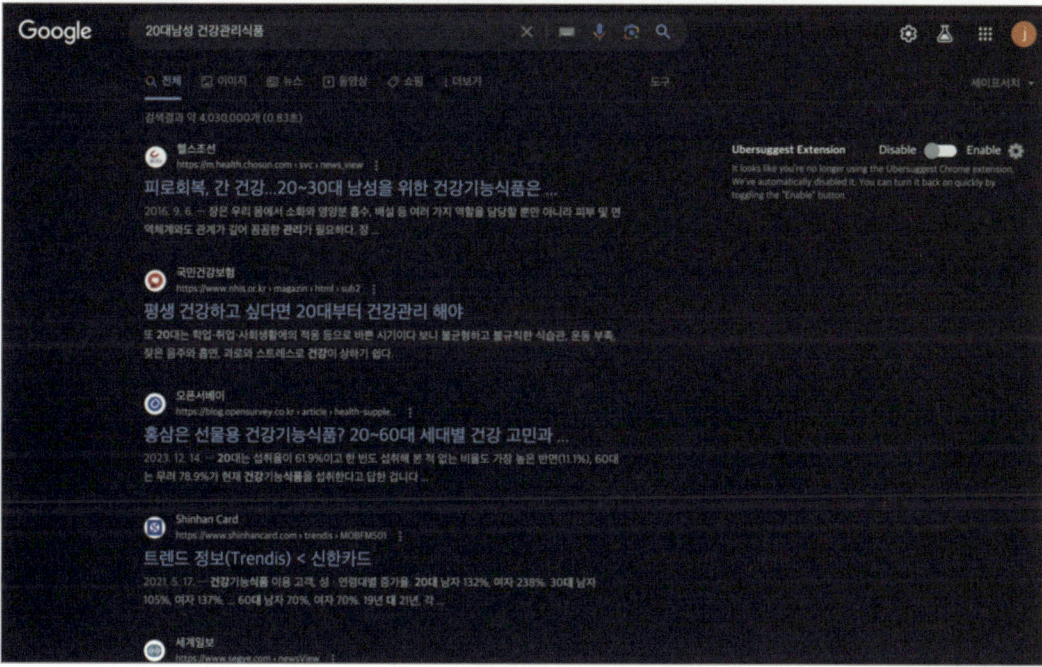

설명하자면, 위에 '건강관리식품'의 검색결과는 31,300,000개입니다. 반면, 키워드 건강관리식품 내에 "20대남성"이 포함된 글에 대한 검색결과는 4,030,000개입니다.

보시다시피 해당 핵심 키워드는 건강관리식품이지만, 앞에 대상자를 지정하거나, 기타 확장 키워드들을 넣어서 발행할 경우 오히려 메인 키워드보다 확장 키워드에 노출될 확률이 증가하게 됩니다.

자신의 키워드가 전문가의 입장에서 자신의 사이트와 연관되어 노출 및 상위노출까지 가능한지를 물어보셨으면 좋겠습니다.

정보 검색 의도에 맞추어 검색엔진최적화를 하는 방법

정보 검색 의도를 지닌 키워드를 타겟팅하기 위해서는, 사용자들이 주로 검색하고 찾고 있는 정보에 대해서 세심하게 주의를 기울여야 합니다.

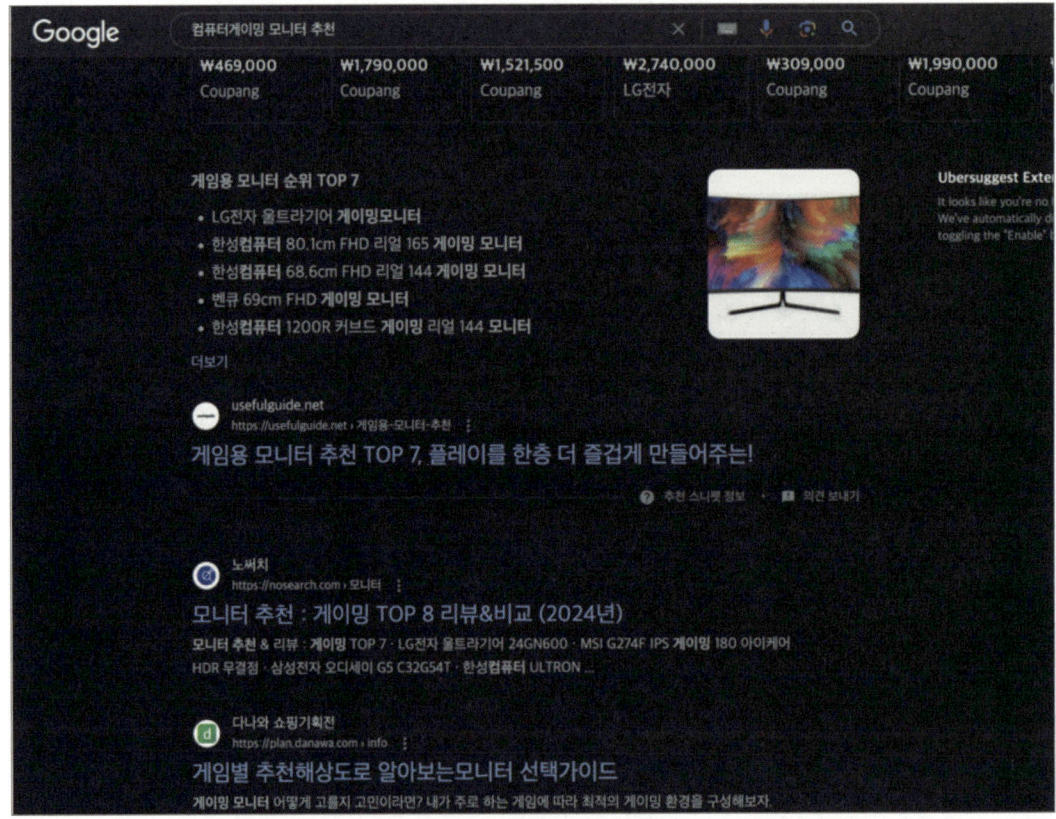

그리고 최대한 정보를 깔끔하고 정확하게 전달하는 것이 무척 중요합니다.

예를 들어서, "~하는 방법, ~잘 하는 방법, ~ 추천"과 같은 검색어는 구조화된 형식을 갖춘 아티클을 보여줍니다. 위의 검색엔진결과 페이지에서 리스트 형식의 추천 스니펫이 나타나는 모습을 잘 살펴보세요. 간결하고 보기 좋게 단계별로 나타나 있습니다.

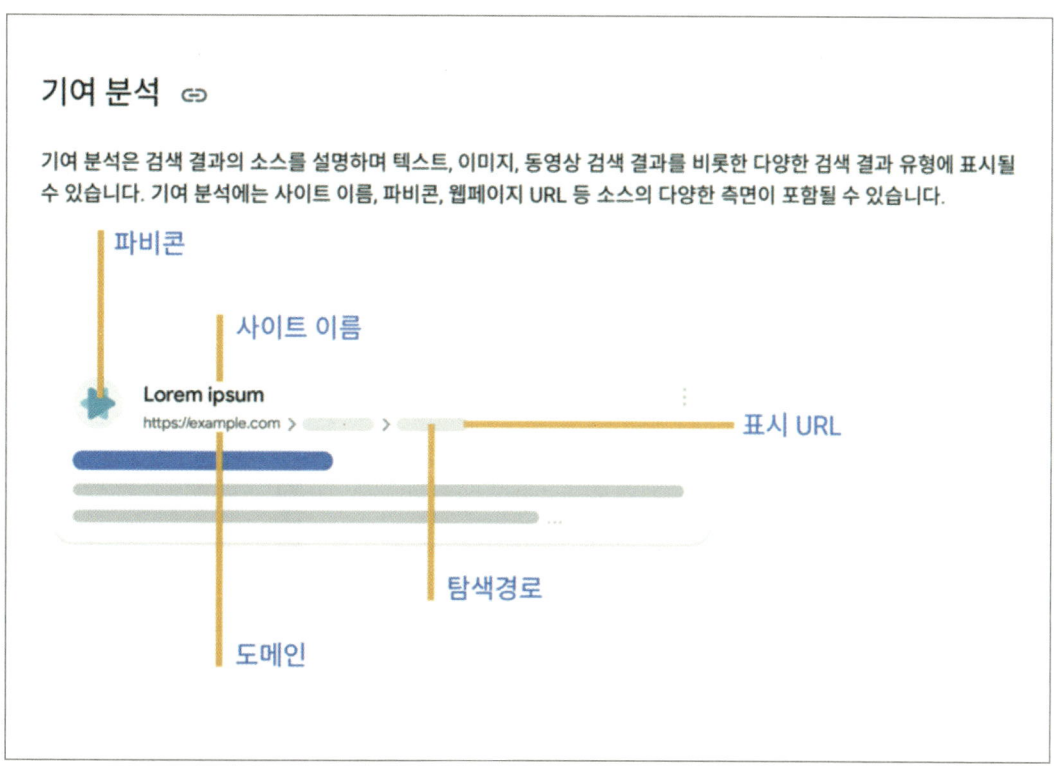

해당 아티클을 클릭하면 각 단계들이 서브 헤더 태그로 작성되어있는 것을 쉽게 아실 수 있을겁니다. 그리고 서브 헤더 태그 아래에는 상세한 정보들이 수록되어있죠. 구글은 해당 서브 헤더 태그들을 활용하여 추천 스니펫을 구성합니다.

링크 이동 QR

▶구글 검색 시각적 요소 정책 바로가기

2) 내부 웹페이지 최적화

내부 웹페이지 최적화(On-Page SEO)는 메타 태그, 사이트맵, 웹페이지 속도, HTTPS 보안 프로토콜, robots.txt 설정 등을 최적화하여 검색엔진이 웹사이트를 효율적으로 크롤링하고 색인할 수 있도록 하는 작업입니다.

1. 메타 태그(Meta Tag) 최적화: 구글 상위 노출 핵심 요소

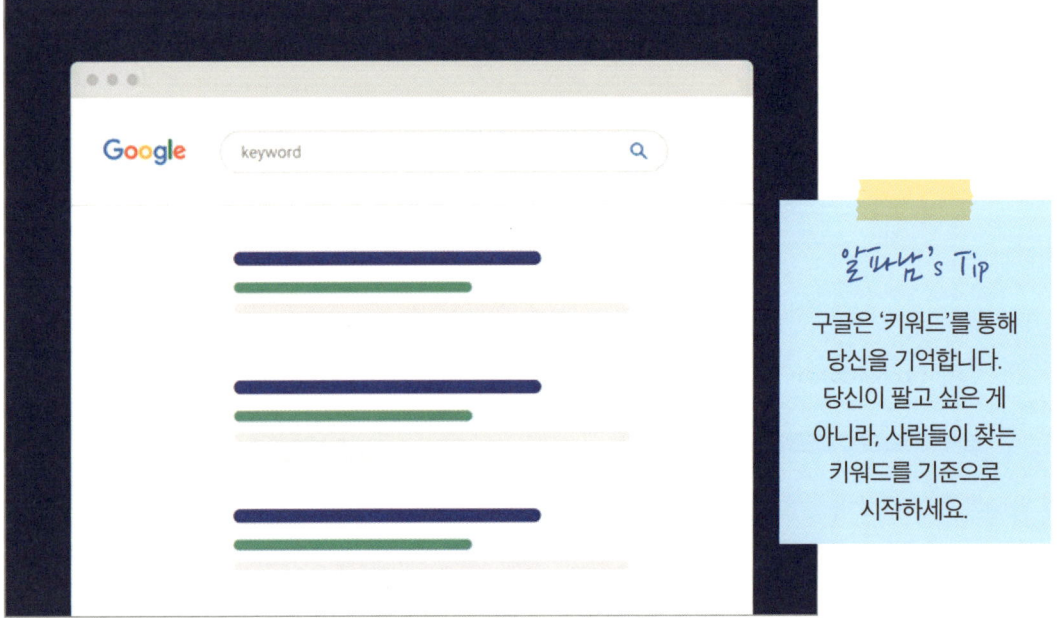

알파남's Tip
구글은 '키워드'를 통해 당신을 기억합니다. 당신이 팔고 싶은 게 아니라, 사람들이 찾는 키워드를 기준으로 시작하세요.

여기서 우리가 집중적으로 보아야 할 것은 〈title〉과 〈description〉입니다.

〈title〉 제목 태그는 웹페이지의 제목을 나타내는 요소로 SERP에서 확인할 수 있는 웹페이지의 제목으로 표시됩니다.

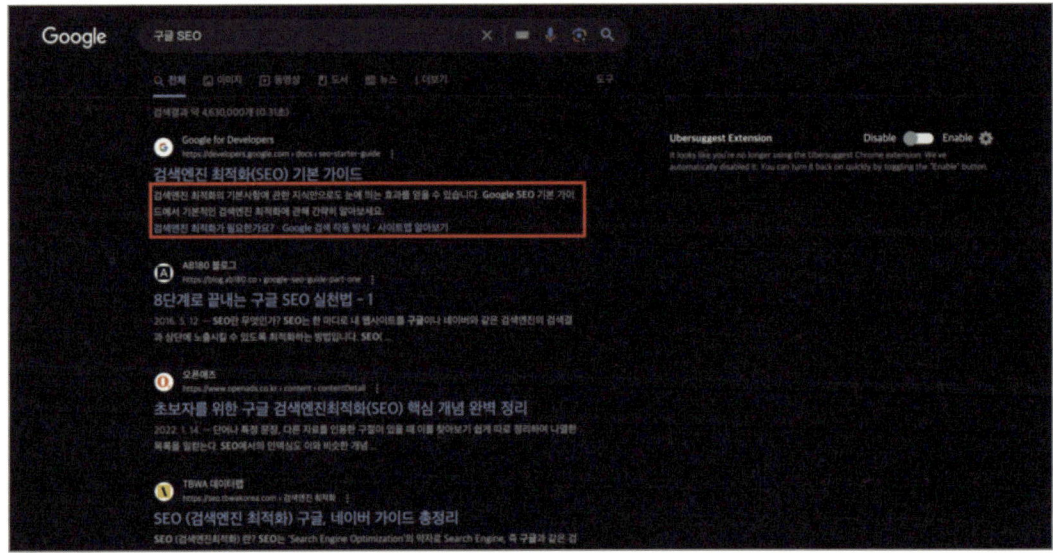

◆ **Title(제목 태그) 최적화**
- 페이지의 핵심 키워드를 포함하고, 검색자의 클릭을 유도하는 매력적인 제목 작성
- 최적 길이: 50~60자 이내
- 예시:
  ✅ "구글 SEO 최적화: 검색 상위 노출을 위한 5가지 핵심 전략"
  ✅ "구글 SEO 가이드 | 검색 트래픽을 늘리는 내부 최적화 방법"

◆ **Meta Description(설명 태그) 최적화**
- 페이지 내용을 요약하면서도 클릭을 유도하는 문장 구성
- 핵심 키워드를 포함하여 검색결과에서 강조되도록 설정
- 최적 길이: 120~160자 이내
- 예시:
  ✅ "구글 SEO 최적화 방법을 소개합니다. 메타 태그, 사이트맵, HTTPS 설정 등 검색 상위 노출을 위한 필수 작업을 확인하세요!"

2. 사이트맵 제출: 구글 검색 색인 최적화

◆ **구글 서치 콘솔(Google Search Console)에서 사이트맵 제출 방법**

1. XML 사이트맵 생성 (예: https://www.example.com/sitemap.xml)
2. 구글 서치 콘솔 접속 ⋯▶ 'Sitemaps' 메뉴 선택
3. 사이트맵 URL 입력 후 '제출' 버튼 클릭
4. 크롤링 오류 확인 및 수정

✅ 사이트맵 생성 팁: Yoast SEO(워드프레스) 또는 Screaming Frog와 같은 도구를 활용하여 자동 생성 가능

3. HTTPS 보안 프로토콜 적용 (필수 작업)

◆ **왜 HTTPS가 중요한가?**
- 구글은 HTTPS(SSL 인증서 적용된 사이트)를 더 신뢰하며, 검색 순위에서 우대함
- 사용자 데이터 보호 및 신뢰도 향상

- HTTP 사이트는 '안전하지 않음' 경고 표시로 인해 방문자 신뢰도 하락

✅ SSL 인증서 적용 방법:
- Let's Encrypt(무료) 또는 유료 SSL 인증서 구매
- 웹 호스팅 또는 CDN(Cloudflare) 설정에서 HTTPS 활성화

4. robots.txt 최적화: 검색 엔진 크롤링 관리

◆ robots.txt란?
- 검색 엔진이 크롤링할 수 있는 페이지와 차단할 페이지를 지정하는 파일
- 사이트 최상단 루트 디렉토리에 위치

3) 외부 웹페이지 최적화

외부 웹페이지 최적화(Off-Page SEO)는 웹사이트 외부에서 검색 엔진 순위를 높이기 위한 전략입니다. 이는 백링크(링크 빌딩), 소셜미디어 최적화, 브랜드 언급, 리뷰 관리 등을 포함합니다.

이는 내부 SEO작업과 연관된 부분이 많습니다. 그렇기에 개인이 자신의 웹페이지 노출 여부를 확인하는 색인 방법과 구글에 색인을 요청하는 부분을 위주로 담았습니다.

1 site: 도메인 검색으로 색인 여부 확인

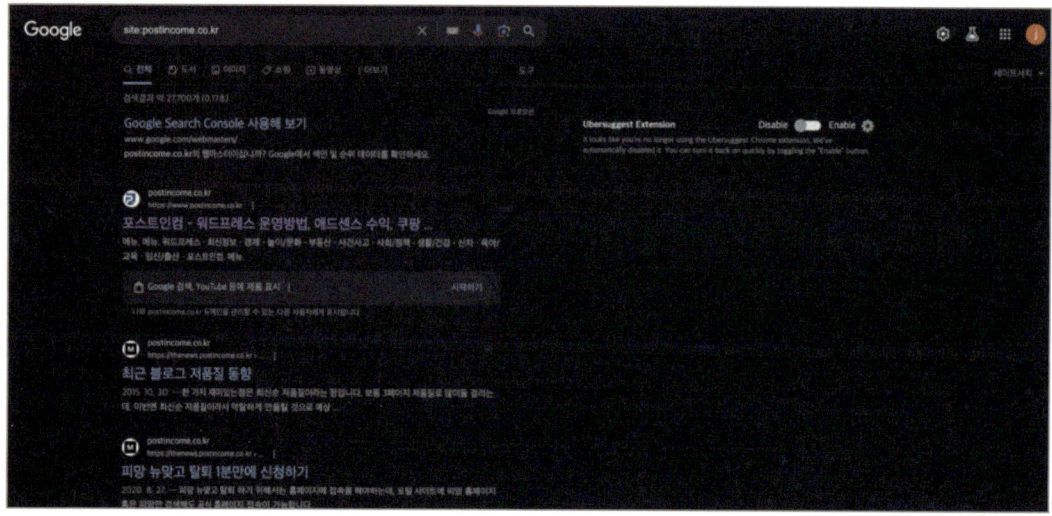

구글에서 자신의 웹페이지를 색인하고 있는지 확인하는 가장 빠르고 쉬운 방법은 'site: 도메인주소'를 구글에서 검색하는 것입니다. 혹 색인이 되지 않는다면 다음 사항을 통해 구글에 색인을 요청할 수 있습니다.

2. 구글 색인 요청하기

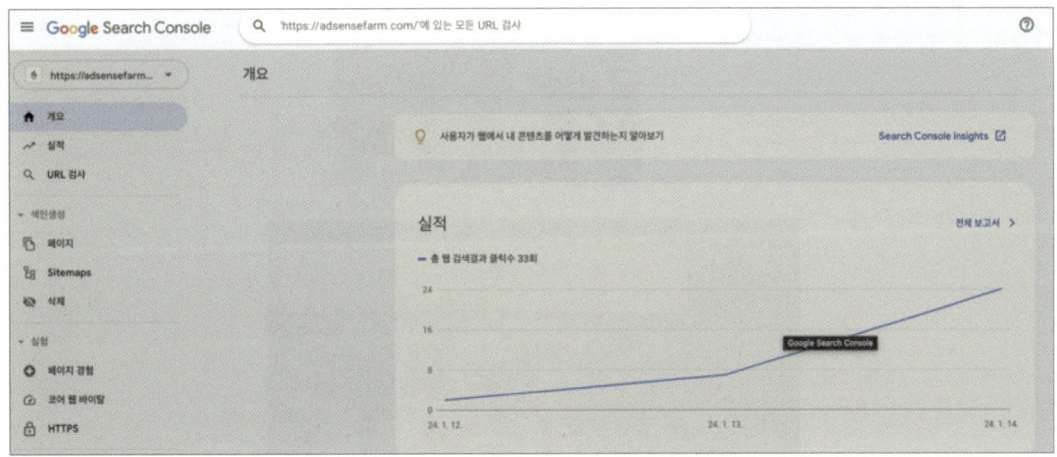

구글서치콘솔에서 일단 속성에 대한 색인이 완료되고 새롭게 추가된 콘텐츠 색인여부를 확인하려면 해당 url을 검색창에 입력 후 검사를 하면 됩니다.

검색결과 다음과 같은 요청이 있다면 오른쪽 밑에 색인 생성 요청을 눌러 색인을 요청하면 되겠습니다.

3. 오픈 그래프 태그 확인하기
facebook - 공유 디버거

링크 이동 QR

페이스북과, 카카오톡을 예로 들어 설명했지만 각 SNS에는 오픈 그래프 태그를 확인할 수 있는 사이트를 갖추고 있습니다.

물론 해당 페이지에서 검색되기 위해서는 게시글이 SNS에 업로드 되어야 합니다. 해당 사이트에서 자신의 게시글 전체 URL을 넣어 각 SNS에서 자신의 페이지가 사용자들에게 어떻게 노출되는지 확인하실 수 있으실 겁니다.

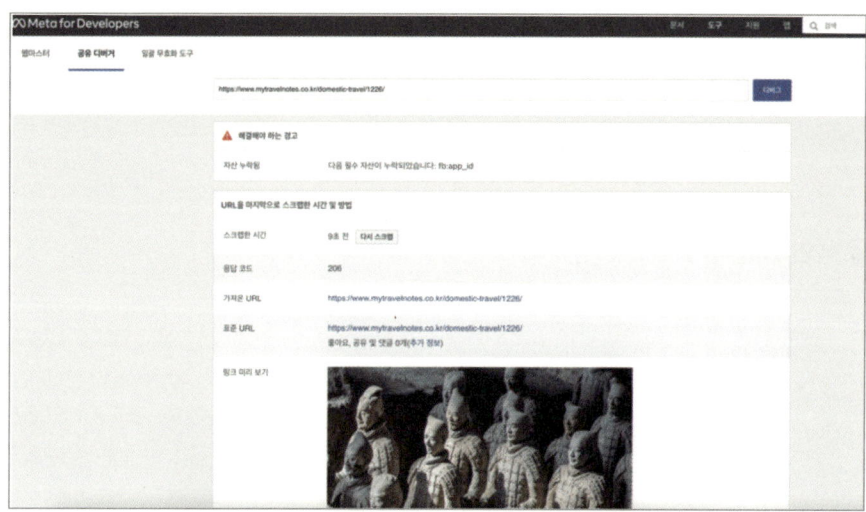

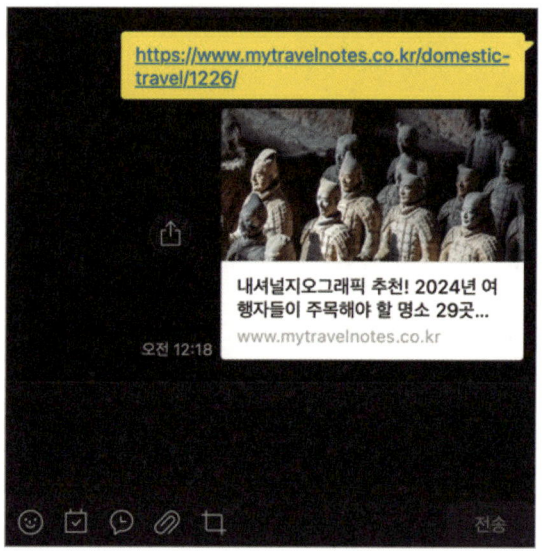

◆ **소셜미디어 활동이 SEO에 미치는 영향**

• 직접적인 SEO 랭킹 요소는 아니지만, SNS 공유가 많을수록 유입 트래픽 증가

⋯ 검색 순위에 긍정적인 영향

• 브랜드 신뢰도 향상 및 링크 빌딩 기회 증가

✅ **소셜미디어 SEO 전략:**

1. SNS에서 블로그 콘텐츠 공유 (페이스북, 트위터, 링크드인 등)

2. SNS 프로필 최적화 (웹사이트 링크 포함)
3. 해시태그 활용 (#구글SEO, #SEO최적화 등)
4. 커뮤니티 및 그룹 활동 (페이스북 그룹, 레딧, Quora 등에서 답변 제공)

4) 백링크 구축과 콘텐츠 확산

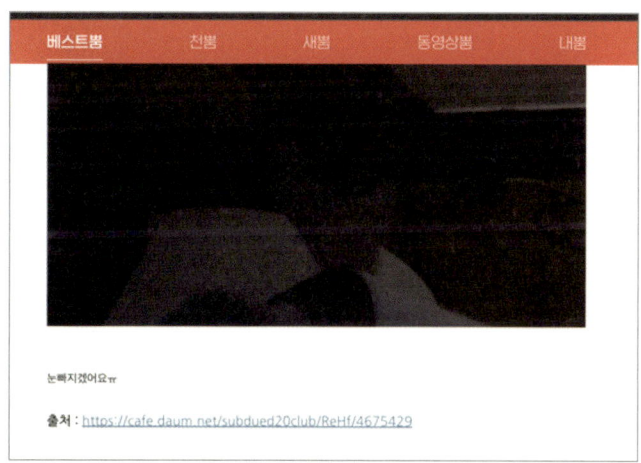

백링크는 단순히 내 사이트를 방문하는 모든 사람을 다른 웹사이트로 리디렉션하는 링크입니다. 이것은 SEO에 매우 중요한 요소입니다. 왜냐하면 사이트가 더 많은 백링크로 연결될수록 사람이 정보를 찾거나 인터넷에서 제품을 구매할 때마다 내가 운영하고 있는 사이트를 찾을 가능성이 더욱 높아지기 때문입니다.

◆ **백링크란?**

다른 웹사이트에서 내 웹사이트로 연결된 링크를 의미하며, 품질 높은 백링크를 확보하는 것이 가장 중요한 외부 최적화 전략입니다.

✅ **백링크의 품질을 결정하는 요소:**
- 도메인 권위(DA, DR): 신뢰도 높은 사이트에서 링크를 받을수록 SEO 점수 증가
- 자연스러운 링크 획득: 강제적인 링크 삽입(예: PBN, 유료 링크)은 구글 패널티 위험
- 연관성 높은 사이트에서 링크 확보: 내 사이트와 주제가 유사한 곳에서 링크를 받을수록 효과적

✅ 백링크 구축 방법:

1. 게스트 포스팅(Guest Posting):
- 관련 블로그나 웹사이트에 기고하고, 내 사이트 링크 포함
- 예시: IT 관련 블로그에 "SEO 최적화 방법" 글을 작성하고 링크 추가

2. HARO (Help a Reporter Out) 활용
- 기자 및 블로거들에게 전문가 의견 제공 ⋯› 링크 포함된 기사 게재 가능

3. 고품질 콘텐츠 제작 ⋯› 자연스러운 링크 유도
- 가이드, 연구 자료, 통계 등 참고할 만한 콘텐츠 제공

4. 블로그 댓글 및 포럼 활동
- SEO, 웹마케팅 관련 포럼에서 활동하며 내 사이트 링크 공유

5. 고객 및 파트너 사이트 활용
- 협력 업체나 고객 웹사이트에 추천 링크 요청

여기서 이야기하는 백링크는 같은 웹사이트에서 서로 연결하는 내부링크(Internal link)와 다른 웹사이트에서 연결하는 외부링크(External link) 모두를 이야기합니다.

내부링크를 사용하게 되면 사용자의 편의성이 좋아지는 것은 물론, 검색엔진이 크롤링(Crawling)하기 쉬워지기 때문에 따로 사이트맵(Sitemap)을 제출하지 않아도 색인(index) 될 수 있습니다.

외부링크는 인바운드 링크(Inbound link) 라고도 하며, 거꾸로 나의 웹사이트에서 다른 웹사이트로 나가는 링크를 아웃바운드 링크(Outbound link) 라고 합니다.

보통은 이런 외부링크를 통해서 웹사이트의 점수(rank) 가 매겨지는 중요한 요소로 작용하는데 이러한 점수의 결과로 내 사이트와 연관된 검색어로 검색결과 상단에 노출된다면 방문 트래픽이 늘어나기 때문에 효과적이고 비용을 지불하지 않는 구글 마케팅이라고도 할 수 있습니다.

검색엔진에서는 백링크의 품질과 양에 따라 웹사이트에 더 높은 순위를 매기고 있으며 사용자에게 얼마나 인기 있는지를 나타내는 지표로 간주됩니다.

블로그 글 하나라도 자신이 알고 있는 지식(전문성)과 사용자의 의도와 연결된다면 그 글 하나로 자신의 웹사이트 전체에 긍정적인 영향을 주는 것입니다.

백링크 구축 및 관리에 대한 분석이 검색엔진 최적화(SEO) 및 SEO전략의 중요한 측면이 되는 이유이기도 합니다.

검색엔진의 주목을 받기 위해서는 온페이지와 오프페이지 SEO에 투자가 필수적이며 웹사이트 내용을 검색엔진과 사용자가 이해하기 쉽도록 콘텐츠를 만드는 과정도 필요합니다.

1. 피해야 할 백링크

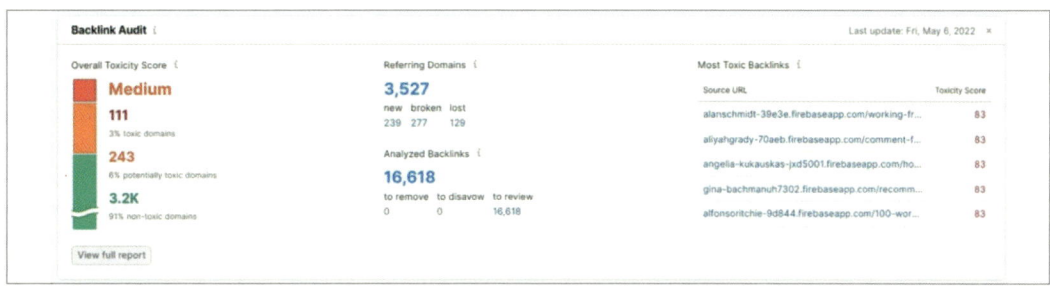

검색 엔진 순위를 높이려고 할 때 피해야 하는 몇 가지 유형의 백링크가 있습니다. 바로 스팸과 링크 팜입니다. 이들 각각은 검색 엔진 순위와 경우에 따라 웹 사이트 자체에 해를 끼칠 수 있는 링크 유형입니다.

스팸 링크란 페이지의 콘텐츠 또는 웹사이트의 틈새에 크게 관련이 없는 링크를 게시하는 것을 의미하며 간혹 링크가 달린 위치를 확인해 보면 쌩뚱 맞게 여백 한가운데 위치하기도 하는 의미 없는 링크도 발견될 때가 있습니다.

단순히 외부에서 참고하는 링크가 많아지면 점수가 올라간다고 '무지성' 또는 '자동발행' 등을 이용하여 개수만 증가시키는 행위를 하곤 하는데 Google 및 기타 검색 엔진은 알고리즘을 조작하려는 이러한 시도에 당연히 플래그를 지정해 스팸 사이트로 등록해버립니다.

링크 팜은 애초에 하이퍼링크용으로만 만들어진 저품질 웹사이트에서 백링크하여 자신의 사이트의 권위와 순위를 인위적으로 높이려는 기술을 말합니다.

요즘은 여러가지 방법으로 백링크를 시도하고 사용할 수 있는 여러 서비스가 있어서 저런 노골적인 방법은 잘 사용되진 않지만, 링크 팜은 가장 피해야 할 블랙햇(Black Hat SEO) 이기 때문에 주의가 필요합니다.

2. 고품질 백링크를 얻는 방법

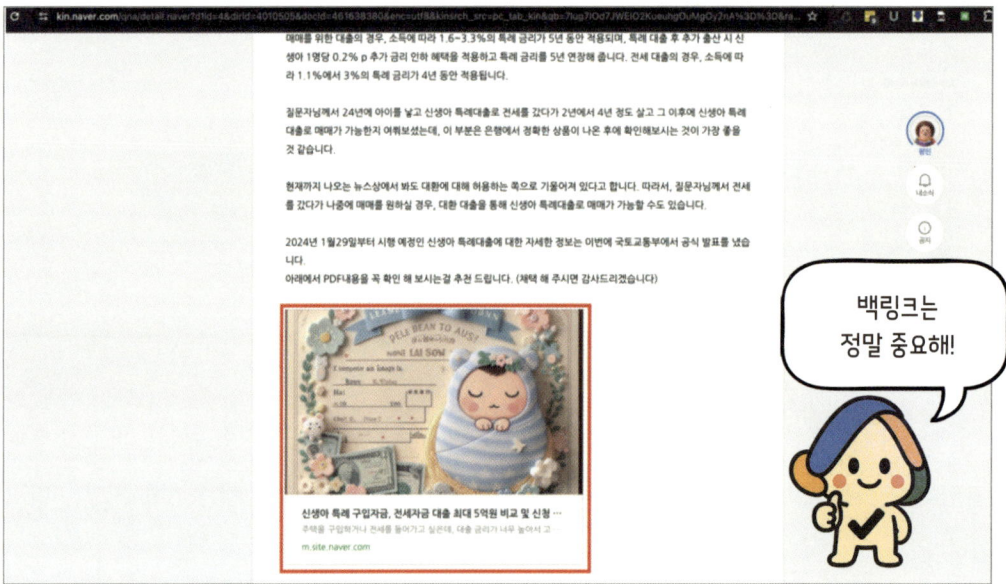

모든 검색 엔진에서 높은 순위를 얻으려면 양질의 백링크를 만드는 것이 중요합니다. 아시다시피 수많은 검색 엔진과 수백만 개의 웹사이트가 있고 서로 치열한 경쟁을 벌이고 있습니다.

따라서 검색 엔진 최적화(SEO)를 최대화하는 것이 중요하며 백링크는 그 프로세스의 중요한 요소 중 하나입니다. 당연히도 불법적이고 정당하지 않은 방법으로 백링크를 얻는 방법은 패널티를 받습니다. 그렇다면 고품질 백링크를 얻는 방법도 한번 알아볼까요?

일반적으로 백링크 구축과 콘텐츠 확산을 위한 가장 기본적인 방법으로는 다음 4가지가 있습니다.
- SNS를 통한 확산(페이스북, 트위터 혹은 링크드인 업로드)
- 콘텐츠의 정보성을 바탕으로 다른 블로그 글의 첨부로서의 사용
- 네이버 블로그, 지식인, 포스트 브런치와 같은 신뢰성이 바탕 된 장소에 링크
- 기사, 학회 단체 혹은 커뮤니티 사이트의 글 기고

3. 참조 도메인

참조 도메인(Referring Domains)은 검색 엔진 최적화(SEO)에서 중요한 요소 중 하나입니다.

참조 도메인은 다른 웹사이트들이 어떻게 내가 운영하고 있는 사이트로 연결되는지를 나타냅니다. 즉, 다른 웹사이트에서 내 사이트로 연결하는 링크를 가지고 있다면, 그 웹사이트는 나의 참조 도메인이 됩니다. 이러한 링크들은 '백링크(Backlinks)'라고도 불립니다.

4. 위키피디아, 나무위키, 위키백과 활용하기

백링크 빌딩 시 권위가 높은 웹사이트로부터 받는 백 링크가 많을수록 자사 웹사이트의 권위 또한

개선될 수 있다고 말씀드렸는데요, 그렇다면 구글이 가장 신뢰하는 웹사이트는 어디일까요? 바로 위키피디아, 나무위키, 위키백과 입니다. 실제로 구글에서 검색어를 입력하게 되면 검색 결과 첫 페이지에서 최다 상위 노출하는 웹사이트가 바로 위키피디아입니다. 국내에는 위키백과입니다.

물론 위키피디아가 누구나 수정이 가능한 오픈형 웹사이트이기 때문에 스팸성 링크가 증가함에 따라 위키피디아는 위키피디아 상에 추가된 모든 링크에 대해 rel="nofollow"를 적용하여 검색 랭킹에 영향을 주지 않게 만들었지만, 여전히 위키피디아로부터 유입되는 백 링크가 랭킹에 유리하게 작용하는 여러 가지 실사례가 있으므로 SEO 관점에서는 위키피디아를 활용하는 것이 좋은 백 링크 빌딩 전략 중 하나입니다.

자사 브랜드 혹은 제품/서비스를 설명하는 위키피디아 페이지가 없다면 개설하여 최적화하는 작업이 필요하며, 이미 위키피디아 페이지를 보유하고 있다면 위키피디아 페이지 내에 자사 웹사이트 URL을 삽입하는 등 최적화 작업을 수행할 수 있습니다. 국내에 경우 위키피디아와 더불어 나무위키 페이지를 최적화하는 것도 좋은 백링크 빌딩 전략 중 하나라고 할 수 있습니다.

1. 위키피디아 계정 만들기

링크 이동 QR

먼저 위키백과-한국편을 접속하여 우측 상단에 위치한 '계정 만들기' 혹은 'Create account' 버튼을 클릭합니다. (공식 위키피디아 홈페이지)

2. 페이지 작성하기

링크 이동 QR

먼저 위키백과 글쓰기 페이지로 이동한 후 스크롤하다보면 "새문서 만들기"라는 파란색 버튼이 보입니다.

링크 이동 QR

파란색 버튼을 눌러, 자사에서 운영하는 내용을 설명하고 관련된 링크들을 걸어주면 좋습니다.

자사 위키피디아 페이지를 작성할 때 특히 유의해야 할 점은 중립적인 시각에서 글을 작성하여 페이지가 무분별한 홍보를 하지 않도록 주의해야 합니다. 만약 광고성 페이지라고 인식된다면 위키피디아 측에서 바로 페이지 삭제를 강행합니다. (참고: 위키피디아 문서 등재 기준)

3. 양질의 출처 제공하기

위키피디아는 엄연히 '백과사전'이기 때문에 페이지에 대한 정당성, 객관성을 증명해야 하고, 그것을 증명하기 위해서는 제삼자가 제공하는 다양한 양질의 출처를 추가해야 합니다.

위키피디아는 "생성하고자 하는 페이지의 주제가 페이지의 주체와는 무관하고 신뢰할 수 있는 제삼자의 출처로부터 이미 다루어져있어야 한다. 이때의 출처는 권위가 있는 저널, 책, 신문, 잡지 혹은 웹사이트가 될 수 있다. 소셜 미디어, 보도 자료, 기업/개인 프로필은 자격이 없다"라고 입장을 밝혔습니다.

그러므로 양질의 출처를 제공하기 위해 자사를 언급한 잡지, 신문 기사 혹은 자사 웹사이트에게 백링크를 제공한 다른 웹사이트를 인용하는 것이 바람직합니다.

4. 지속적으로 관리하기

위 4가지 단계를 성공적으로 완료하여 자사의 위키피디아 페이지가 구글 검색 결과 상위에 노출이 되기 시작했다면 위키피디아 페이지의 내용을 최신 정보로 지속적으로 업데이트해야 합니다.

지속적인 위키피디아 페이지 관리는 자사의 고객과 잠재 고객에게 기업 투명성을 제공하여 긍정적인 효과를 가져다 줄 수 있습니다.

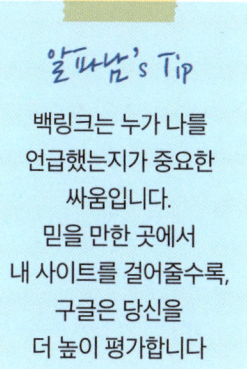

알파남's Tip

백링크는 누가 나를 언급했는지가 중요한 싸움입니다.
믿을 만한 곳에서 내 사이트를 걸어줄수록, 구글은 당신을 더 높이 평가합니다

번외 - 위키백과 이용해 블로그 점수 향상 시키기

```
한국어 기반  [편집]
• 삼성전자 뉴스룸 (Samsung Newsroom)
• 현대자동차그룹 (Hyundai Motor Group) 기술 블로그  Archived 2020년 2월 19일 - 웨이백 머신
• 신세계그룹 인사이드 공식 홈페이지
• 제일기획 매거진 (Cheil Magazine)
• 카카오·테크 (Kakao·Tech) 기술 블로그
• 카페24 (Cafe24) 공식 홈페이지
• KG이니시스 (KG Inicis) 공식 홈페이지

영어 기반  [편집]
• 미국 백악관 공식 홈페이지 (The White House)
• 루이뷔통 모엣헤네시 그룹 (LVMH Moët Hennessy Louis Vuitton)
• 배틀그라운드 게임 (PlayerUnknown's Battlegrounds) 공식 홈페이지
• 스탠포드 대학교 (Stanford University) 공식 홈페이지
• 테크런치 (TechCrunch)
• ZESYIT  Archived 2022년 3월 9일 - 웨이백 머신
```

기자신이 작성한 글과 연관된 글을 넣고 싶다면 편집을 통해 자신의 URL을 삽입해 줍니다.

다른 사이트의 링크 걸기

[URL]의 형식으로 입력하면 다른 사이트의 링크가 연결됩니다.

[http://ko.wikipedia.org] ⋯▶ [1]

문서에 표시되는 글을 설정하려면, [URL 설명]과 같이 URL 뒤에 한 칸을 띄워 준 다음에 설명을 적어 줍니다.

[http://ko.wikipedia.org 한국어 위키백과] ⋯▸ 한국어 위키백과

또는 단순히 문서의 주소만을 입력하면 위키백과에서 자동으로 인식합니다. 이 경우에는 인식이 잘못될 경우 링크가 잘못 걸린다는 것을 주의해야 합니다.

http://ko.wikipedia.org ⋯▸ http://ko.wikipedia.org

사이트 주소에 특수기호가 포함된 경우 퍼센트 인코딩을 사용해야 할 수도 있습니다.

예를 들면 파이프 문자(|)가 포함된 주소를 틀 안에서 사용할 경우, 틀 매개변수를 구분하는 문자로 잘못 처리될 수 있습니다.

따라서 이러한 주소는 다음과 같이 써야 합니다.

{{웹 인용 |제목=예문 |url=http://example.org/pipe_%7C_pipe}} ⋯▸ "예문". (올바른 예.)

{{웹 인용 |제목=예문 |url=http://example.org/pipe_|_pipe}} ⋯▸ "예문". 다음 글자 무시됨: '_pipe' (도움말) (잘못된 예, 주소 일부가 잘림.)

어느 페이지에 기여를 해야할지 막막하시다면 위키피디아에서 제공하는 '개선이 필요한 페이지'를 참고해보세요.

위와 같은 작업을 나무위키도 똑같이 해주면 효과가 2배입니다. (다만 나무위키는 단속이 심함)

백링크의 좋은 예는 무엇입니까?

검색에 대한 결과로 '나무위키'를 들어가보면 파란 글씨로 다른 링크로 이동할 수 있도록 돕는 키워드가 있습니다. 그와 같은 링크들을 우리는 백링크라고 부릅니다.

백링크는 어떻게 SEO를 개선합니까?

백링크는 웹사이트의 권위를 높여 검색엔진 결과 페이지에서 해당 키워드의 높은 순위를 차지할 수 있는 토대가 됩니다. 이는 SEO에 백링크가 얼만큼 영향력있는 요소인지 보여주고 있습니다.

PART 5.

다음 티스토리
최적화 방법 총 정리

티스토리 블로그 포스팅을 네이버와 구글에 노출시키기 위해서는 일정 기간과 기술이 필요하기 때문에 단기간에 수익을 얻고 싶은 분들이나 초보자 분들은 최적화 블로그가 굉장한 무기가 될 수 있습니다.

1. 티스토리 블로그 최적화의 중요성

다음에서 검색 상위 노출을 목표로 한다면, 반드시 "최적화된 티스토리 블로그"를 사용해야 합니다.

✅ **티스토리 최적화 블로그란?**
- 다음 검색에서 상위 노출될 수 있는 자격을 갖춘 블로그
- 일정 기간 운영 후 자동으로 최적화되는 경우가 많음
- 상위 노출이 가능해지면 검색 트래픽을 활용한 애드센스 수익 창출이 가능

✅ **예시**
"재난지원금 신청하기" 키워드로 검색했을 때 뷰탭 3번째에 위치한 블로그는 최적화 블로그로 볼 수 있음.

2. 티스토리 블로그 최적화 방법

다음 최적화는 네이버 최적화처럼 어렵지 않고 굉장히 간단합니다. 메인 티스토리 블로그의 경우 애드센스 승인을 받기 위해 계속해서 포스팅을 작성하고 승인신청을 해야 하기 때문에 저절로 최적화 작업이 이루어질 수 있습니다.

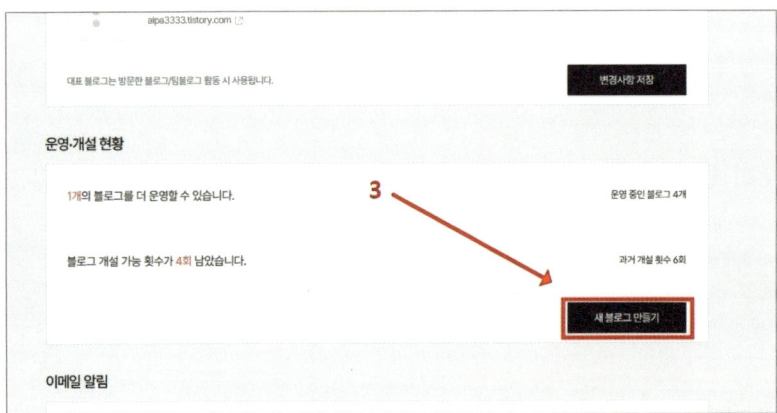

다만, 티스토리 블로그는 다음 검색엔진에 포스팅이 노출되었다가 누락되어 버리는 저품질이라는 상황이 일어날 수 있기 때문에 여러 개의 블로그를 미리 최적화 작업을 진행하시길 추천드립니다.

티스토리 블로그는 카카오톡 계정 1개당 최대 5개까지 운영이 가능하기 때문에 위와 같은 방법으로 4개의 서브 블로그를 개설하시는 걸 추천드립니다. (개설 후 공개 발행으로 아무 글이나 작성해두면 한 달 뒤 최적화됨)이는 저품질에 대비하기 위함인데, 자세한 개념은 '운영편'에서 설명하고 있습니다.

애드센스 승인을 진행하는 메인 블로그를 제외하고 추가로 개설한 블로그를 최적화시키는 방법은 자유형식으로 글 1개와 사진 1장을 첨부하고 1달에서 2달가량 기다리면 최적화가 적용됩니다.
2025년 기준 글자수는 20자 내외만 작성해도 최적화가 될 확률이 높습니다.

> 알파남's Tip
> 티스토리는 결국 '운영의 내공 싸움'입니다. 미리 서브 블로그를 최적화해두면, 위기에도 흔들리지 않는 구조가 만들어집니다!

본문을 작성하실 때는 30자 이상 아무 글이나 작성하고 주제 상관없이 작성해서 공개발행(티스토리 초기세팅이 비공개니 꼭 확인하세요)을 하시고 기다리시면 됩니다. 다만 저품질 키워드(대출, 보험 등)

을 넣어서 작성하는 경우 최적화 적용이 되지 않을 수 있습니다.

서브 블로그 개설 절차 간단 요약
- 우측 상단 프로필 아이콘을 누른 후 '계정 관리'로 접속
- 운영·개설 현황의 아래쪽에 '새 블로그 만들기'로 블로그 만들기
- 블로그 이름 (나중에 변경 가능)과 블로그 주소 (나중에 변경 불가능)을 입력 후 블로그 개설
- 블로그 관리 페이지로 들어가서 글자수 20자 내외 '글쓰기'로 '공개' 상태로 발행
- 작성하는 글은 아무 내용이나 쓰되 저품질 단어인 '대출, 보험'등이 안들어가게 하기
- 이후 아무런 활동하지 않고 최소 1개월 방치하기
- 1개월 이후 다음 주소 창에 만들어준 블로그의 주소를 https를 포함 전체 주소로 검색
- '사이트'란에 개설한 블로그가 뜨는 것을 확인하면 최적화 완료

3. 2025년 버전 티스토리 최적화 블로그 제작 과정 간략하게 정리

(1) 티스토리 블로그 개설
- 새롭게 블로그를 개설하고, 기본적인 설정 완료

(2) 첫 글 작성 (챗GPT 활용 가능)
- 글 제목: 20~30자
- 본문 내용: 500자 이상
- 초기 글은 간략하게 작성해도 무방

(3) 블로그 묵히기 (45~60일 대기)
- 아무런 글을 작성하지 않고 최적화 기간을 기다림

(4) 키워드 테스트 진행

2025-01-15	2025-02-18
2025-01-15	
2025-01-15	2025-02-18
2025-01-15	2025-02-18
2025-01-15	
2025-01-15	
2025-01-16	
2025-01-16	2025-02-18
2025-01-16	2025-02-18
2025-01-16	2025-02-18
2025-01-16	2025-02-18
2025-01-16	
2025-01-16	2025-02-18
2025-01-16	
2025-01-16	2025-02-18
2025-01-16	
2025-02-05	2025-03-04
2025-02-05	
2025-02-05	2025-03-04
2025-02-05	
2025-02-05	

- 45일이 지난 후, 경쟁이 낮은 키워드로 글 작성
- 상위 노출이 되면 최적화 블로그로 인정됨

(5) 추가 테스트 및 사이트탭 확인
- 1~2주 후 사이트탭에 블로그가 노출되는지 확인
- 사이트탭에 정상적으로 뜨면 본격적인 운영 시작 가능

▶ TIP: 만약 최적화가 되지 않았다면 한 달 후 다시 테스트, 여전히 안 된다면 새로운 블로그 개설을 고려

2025년 위 방법으로 실험한 최적화 데이터 결과. 최적화 평균 소요 시간은 약 32일이였습니다. 중간 공백은 최적화가 안되거나 중간에 풀렸을 가능성이 있습니다.

4. 티스토리 다음 최적화 확인방법

블로그 최적화를 확인하는 방법은 매우 간단합니다.
다음(Daum)에서 내 블로그 주소 검색

예를 들어,
내 블로그 주소가 myblog.tistory.com이라면
▶ 다음 검색창에 myblog.tistory.com 입력

다음 검색 결과에 사이트 탭에 본인 주소와 블로그 포스팅이 함께 조회된다면 블로그가 최적화되어 다음 검색엔진에 노출이 잘 되고 있다고 판단하시면 됩니다.

1) 블로그 최적화 후 해야 할 일

◆ **벤치마킹 블로그 수집**

- 다음 검색에서 상위 노출되는 블로그를 분석
- 어떤 키워드를 사용하고, 글을 어떻게 작성하는지 연구
- 티스워드를 이용하면 편함(구글에 티스워드 검색)

◆ **트래픽 높은 키워드 선정**

- 다음 검색에서 검색량이 높은 키워드 찾기
- 인기 있는 뉴스, 이슈, 자동차, 금융 관련 키워드 활용

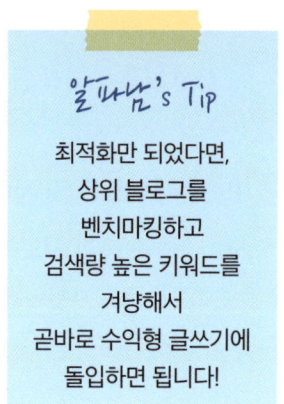

알파남's Tip

최적화만 되었다면,
상위 블로그를
벤치마킹하고
검색량 높은 키워드를
겨냥해서
곧바로 수익형 글쓰기에
돌입하면 됩니다!

5. 저품질 확인 방법

블로그가 갑자기 방문자가 줄거나, 다음에서 검색이 잘 안 되는 것 같다면? 혹시 저품질에 빠진 건 아닌지 확인해봐야 합니다.

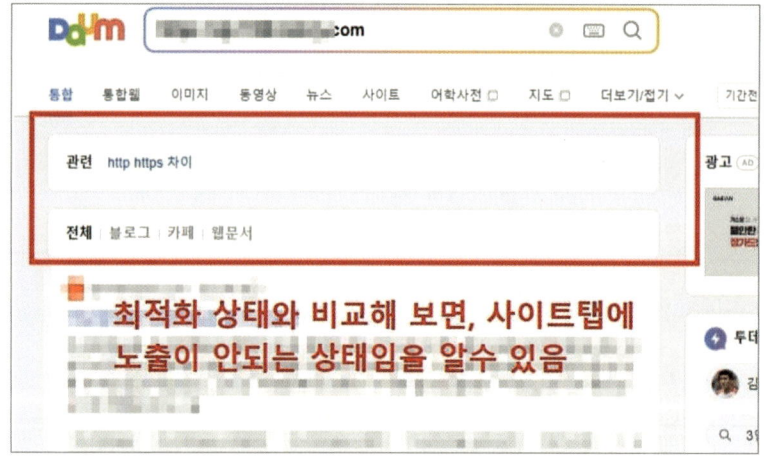

최적화 상태와 비교해 보면, 사이트탭에 노출이 안되는 상태임을 알수 있음

1단계. 방문자 통계 체크하기

- 방문자 통계에서 '다음 검색 유입'이 거의 없거나,
- 갑자기 평소보다 유입량이 확 줄었다면,
- ➡ 저품질 가능성을 의심해볼 수 있습니다.

2단계. 다음 검색창에서 블로그 주소 검색하기

- 다음(Daum) 검색창에 내 블로그 주소 입력

예: myblog.tistory.com

3단계. 검색 결과 확인하기

- 정상 블로그라면 검색 결과에 블로그 주소 + 블로그 설명이 함께 나옵니다.
- 하지만 주소나 설명이 뜨지 않고, 단순한 URL 텍스트만 보인다면?

➡ 저품질 상태 확정입니다.

저품질 종류 중 하나인 통누락

- 글과 사이트가 모두 나타나지 않는 현상, 글 제목을 그대로 입력해도 검색되지 않음
- 이 블로그는 살리기 어려움

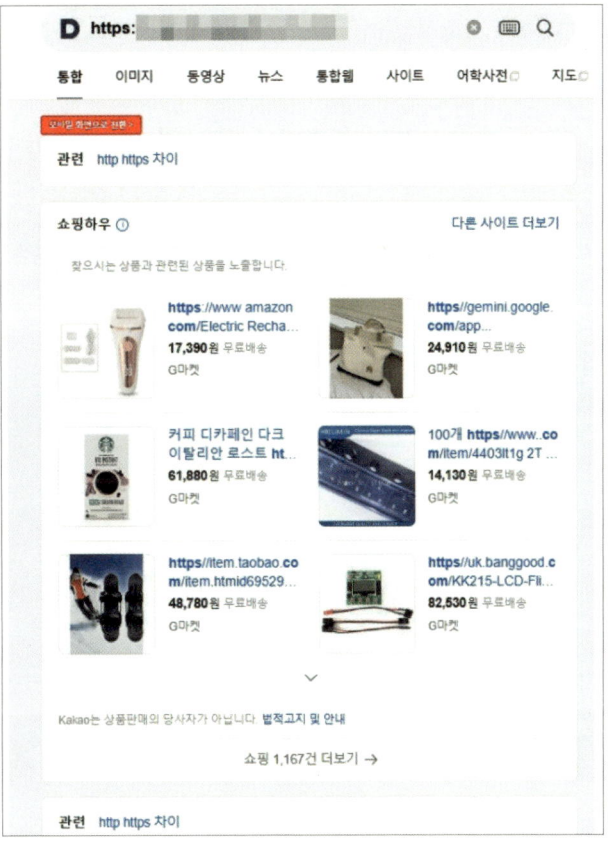

PART 6.
티스토리 블로그
구글 애드센스 승인 조건

일명 애드고시로 불리는 애드센스 승인. 왜 나는 자꾸 승인 안된다는 메일만 받을까요? 구글 입장에서는 당연히 돈 벌어주는 사이트에 자신들의 광고를 넣고 싶어할 겁니다. 그건 당연한 시장 흐름이니까요. 하지만 일기로만 활용하는 글에 과연 애드센스 광고를 넣을 수 있을까요?

물론, 언젠가 승인을 받을 수 있지만, 최단기간 내에 애드센스 승인받기 위해서는 무조건 돈이 되는 글을 써야 합니다. 일명 승인 글이라고 불리는 콘텐츠들의 부분들을 살펴보자면

과학, 논문 등 주제가 어렵고 희소성있는 콘텐츠를 올리면 애드센스 승인받을 수 있다는 이야기가 있습니다. 하지만 이러한 주제들은 애드센스 승인 당시 희소성 콘텐츠로 높은 관심도로 인해 **빠른 승인**을 받을 수 있겠지만, 시간이 지나면 지날수록 관련 주제들은 승인받는 기간이 길어질 수 있습니다.

단면적으로 보면, 애드센스 승인은 돈이 되는 글을 쓰고 있는지, 지금 바로 광고 등록해도 수익이 날 수 있는지, 가능성이 있는지를 보고 애드센스 계정 승인을 해줍니다.
이 부분을 꼭 숙지해서 애드센스 승인을 받아보시기 바랍니다.

PART 7.
5일만에 애드센스 승인받은 핵심 세팅(30만 원 가치)

티스토리 설정을 마친 후, 승인신청을 준비하기 위해 승인글을 작성해야 합니다. 승인글은 승인을 받기 위한 목적으로 작성되며, 수익을 위한 글과는 구분되어야 합니다. 일반적으로 티스토리 수익화에서 가장 어려운 부분은 애드센스 승인을 받는 것입니다.

애드센스 승인을 받기위해, 과거 전문서적을 편집하며 많은 시간을 소요했던 경험이 있을 수 있습니다. 하지만 이 방법을 알게 된 후에는 하루 30분만 투자해 승인을 받을 수 있게 되실 겁니다.

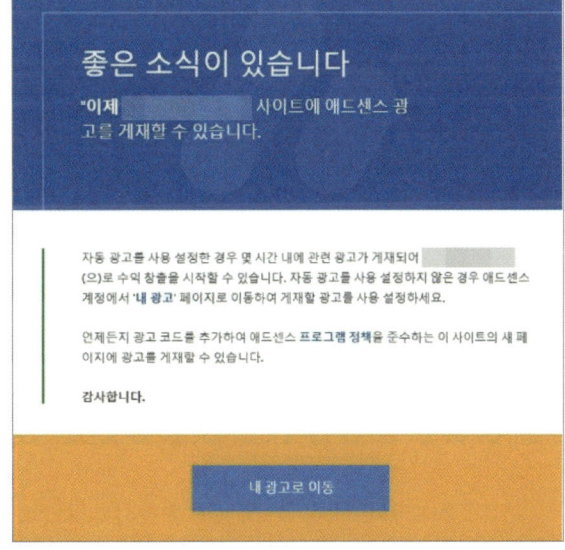

애드센스 승인을 받기 위한 글은 단순히 텍스트를 옮기는 것으로 생각하면 됩니다. 승인을 받기 위한 글과 수익을 내기 위한 글은 전혀 다릅니다.

초보자의 경우(구글&티스 1번계정)

ex) 티스 계정 1개 = 승인용 글(30개 가량 예약발행 해놓고 승인대기 하기)

티스 계정 1개 = 실제 운영하는 것처럼 글써보기(보통 아래의 방법대로 꾸준히 운영하면 3달안에 승인 됨)

나머지 3개 = 글 1개만 써서 최적화 시켜놓기

링크 이동 QR

위에서 언급했듯이 애드센스를 신청하기 전에 꼭 구글 서치콘솔 등록이 우선입니다.

1. 구글 애드센스 승인을 받을 수 있는 예시 주제 7가지 추천

1. 건강과 웰빙: 다이어트 팁 / 운동 루틴 / 건강한 식단 및 레시피 / 스트레스 관리 방법
2. 여행: 인기 여행지 정보 / 여행 가이드 및 조언 / 여행 경험 공유 / 호텔 및 항공편 리뷰
3. 개인 금융: 저축 및 투자 전략 / 신용 관리 팁 / 부동산 투자 조언 / 세금 및 재무 계획
4. 레시피 및 요리: 다양한 요리 레시피 / 조리 팁과 기술 / 음식 및 식재료 리뷰 / 식당 리뷰
5. 패션과 뷰티: 패션 스타일 팁 / 화장품 리뷰 / 뷰티 관리 조언 / 의류 및 액세서리 추천
6. 기술과 소프트웨어: 최신 기술 소식 / 앱 및 소프트웨어 리뷰 / 기술 사용법 안내 / 기기 비교 및 추천
7. 엔터테인먼트: 영화 리뷰 / TV 드라마 추천 / 음악 아티스트 및 음반 리뷰 / 이벤트 및 공연 정보 / 자동차 및 운송수단:

위 7개 주제 중에 한가지 주제를 선택합니다. 승인받을 때까지 한 가지 주제로만 글을 쓰셔야 합니다.

2. 애드센스 승인 시간 줄여주는 세팅 방법

1) 카테고리 만들지 않기

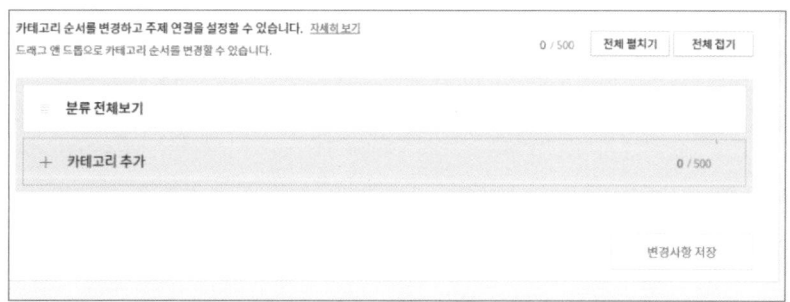

빈 카테고리도 하나의 빈 페이지기 때문에 의미 없는 웹페이지로 구글봇이 이해하기 때문에 차라리 없는 편이 좋습니다. 그래서 보통 많은 승인 대행사들은 모든 글을 카테고리 없이 글을 작성합니다. 아무런 카테고리를 만들지 말고, 카테고리 없이 포스팅을 합니다. (승인이 된 이후에 카테고리를 여러개 나누어 운영해도 상관없습니다)

2) 글의 구조(H 태그)

구글은 기본적으로 구조화된 글을 좋아합니다. 즉, 짜임새 있게 글을 구성해 주게 되면 이는 구글 SEO에 맞춰 상위 노출에 유리한 글이라고 판단되기 때문에 좋은 점수를 받을 수 있습니다.

그렇기에 글의 구조에도 신경 써야 합니다. 네이버 블로그와 달리 티스토리 블로그에는 H 태그라는 개념이 있습니다. 제목과 본문을 구분하는 것이 바로 H 태그인데, 이 H 태그를 활용해 글을 구조적으로 작성해야 합니다. 기본적으로 제목 1, 2, 3 / 본문 1, 2, 3 으로 구분되는데 상위 제목과 하위제목, 본문을 구분하여 작성해야 합니다.

티스토리 승인용글 H태그 예시

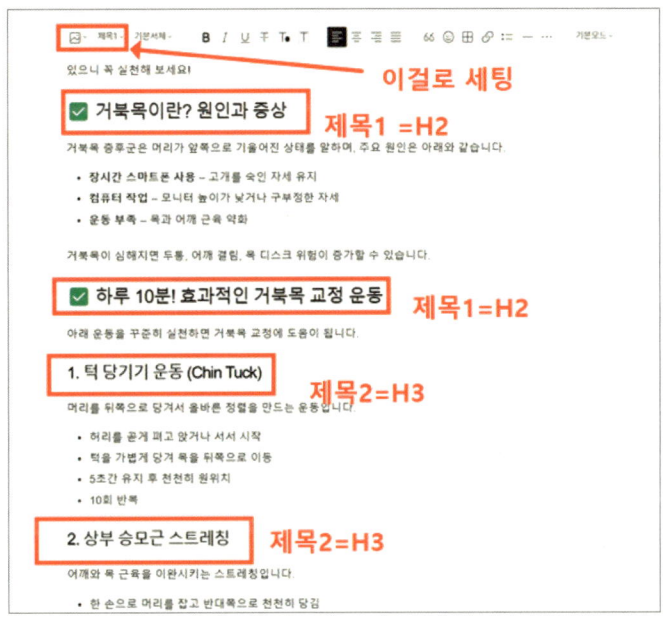

상단의 포스팅과 이미지를 참고해 티스토리 기준 제목 1은 h2, 제목2는 h3, 제목3은 h4라는 것을 보다 쉽게 이해하면 좋습니다. 본문에 제목1을 넣고 본문 글 작성 후 다시 주요한 제목이 되는 글을 작성하면 제목2를 넣은 후 본문작성 이렇게 넣어 주시면 좋습니다.

즉, 제목1은 서론, 제목2는 본론, 제목3은 결론 이런 식으로 넣어 보다 더 짜임새 있는 글을 작성할 수 있으며 글의 문맥과 흐름이 좋아져 방문자로 하여금 글을 읽는데 편안함을 가져다주게 됩니다.

해당 글쓰기 방식은 구글 SEO에도 유리해 해당 방식의 글쓰기를 기본으로 가져가는 게 좋습니다. 이를 통해 블로그 글의 체류시간을 늘리며 광고 유입 확률 또한 높아지게 됩니다.

3) 포스팅 수, 사진 개수, 방문자 수

'구글애드센스 승인' 관련 유튜브 등 관련 정보를 확인하시다 보면, 승인을 받기 위한 글쓰기 개수에 대해서 다양한 의견이 있습니다. 유튜브를 보다 보면, 글 3~4개를 쓰고 승인을 받았다는 분도 있고, 30개 이상의 글을 썼다는 사람도 있습니다.

이처럼 애드센스 승인을 받기 위해 정해진 포스팅 수는 없지만, 최소한의 포스팅 수는 갖추는 것이 좋습니다. 위 조건을 모두 갖춘 글로, 보통 15~20개 이상의 포스팅을 하면 애드센스 승인의 최소 조건을 갖춘 것이라고 볼 수 있습니다. 글의 경우 승인용을 3시간 간격으로 15개 예약발행 후 예약발행이 끝나는 시점 신청하면 됩니다.

추가로 사진 개수는 아무 의미 없습니다. 하나도 안 넣어도 되고, 넣고 싶다면 1개 정도만 넣어도 충분합니다. 또한 방문자수도 크게 의미 없습니다. 하루 0명이 와도 승인되기도 합니다.

3. 애드센스 승인 관련 초보자 FAQ

1. 애드센스 승인까지 얼마나 걸리나요?

승인 심사 기간은 일반적으로 1일~2주 정도 소요됩니다. 하지만 경우에 따라 한 달 이상 걸리는 경우도 있습니다. 준비된 사이트라면 가장 짧은 기간은 1일 만에 승인이 나기도, 오래걸릴 땐 3개월 이상 걸리기도 하니, 너무 승인이 안되면, 계정이나 도메인을 변경해서 신청 또는 한 번에 2~3개 신청하는 걸 추천드립니다.

2. 애드센스 승인 기준은 무엇인가요?

구글 애드센스는 다음과 같은 기준을 바탕으로 심사를 진행합니다.
- 고유하고 가치 있는 콘텐츠: 복사된 콘텐츠 없이 독창적이고 유용한 글이 있어야 합니다.
- 충분한 게시글 수: 최소 20~30개의 포스팅을 권장합니다. (짧은 글보다는 길이가 적절한 글이 좋음)
- 사이트 구조 및 디자인: 모바일 최적화가 되어 있고, 사용자가 편하게 볼 수 있어야 합니다.
- 구글 정책 준수: 성인, 도박, 저작권 위반 등의 내용이 포함되면 승인되지 않습니다.

3. 애드센스 승인이 거절되면 어떻게 해야 하나요?

승인 거절 시 구글에서 보내주는 이메일을 확인하면 거절 사유가 나옵니다. 다음을 확인해 보세요.
- 콘텐츠 부족: 글이 너무 짧거나, 개수가 적다면 1~2개 이상의 글을 추가하고 재신청하세요.
- 복사 콘텐츠: 다른 사이트에서 복사한 콘텐츠가 없는지 확인하고, 원본 콘텐츠로 수정하세요.
- 사이트 오류: 웹사이트가 정상적으로 작동하는지 확인하세요. (404 오류 페이지가 많으면 문제됨)
- 구글 정책 위반: 성인 콘텐츠, 도박, 폭력적인 콘텐츠가 포함되어 있으면 삭제해야 합니다.

수정 후 다시 신청하면 1~2주 내에 재심사가 진행됩니다. (저는 글 1~2개 쓰고 바로 재신청 하는 편입니다.)

4. 승인 후 바로 광고가 나오나요?

승인이 되었다고 해서 바로 광고가 뜨는 것은 아닙니다.
- 승인 후 애드센스 계정에서 광고 코드를 삽입해야 합니다.
- 광고가 표시되기까지 최대 24시간이 걸릴 수 있습니다.

5. 승인이 되지 않았는데 광고가 뜨는 이유는?

애드센스 승인이 나지 않았는데도 광고가 보이는 경우, 티스토리의 자체 광고일 가능성이 높습니다.
- 티스토리는 자체적으로 '다음 애드핏' 등의 광고를 삽입할 수 있습니다.

6. 애드센스 승인이 완료되면 어떻게 알 수 있나요?

애드센스 승인이 완료되면 구글에서 승인 메일을 보내줍니다.

- 메일 제목: "축하합니다! 애드센스 승인이 완료되었습니다."
- 메일을 받았다면 애드센스 계정에서 광고 코드를 확인하고 삽입하세요.
- 승인 후 애드센스 대시보드에서 광고를 자동 삽입할 수도 있습니다.

7. 하나의 애드센스 계정으로 여러 개의 사이트에 광고를 넣을 수 있나요?

네, 가능합니다.

- 애드센스 승인된 계정 1개로 여러 개의 사이트에 광고를 삽입할 수 있습니다.
- 다만 사이트 추가 시에도 구글의 검토가 필요할 수 있음.

8. 도메인은 꼭 구매해야 하나요?

아니요, 꼭 도메인을 구매할 필요는 없지만, 유료 도메인(예: .com, .net 등)을 사용하면 여러가지 장점이 있습니다. 이전 내용에 다뤘으니 복습해보세요.

- 무료 도메인(예: blogspot.com, 티스토리 기본 도메인)은 승인이 어렵거나 시간이 오래 걸릴 수 있음.
- 장기적으로 블로그를 운영할 계획이라면 유료 도메인을 구매하는 것이 유리함.

9. 내 블로그에 방문자가 없으면 애드센스를 해도 의미가 없나요?

방문자가 적어도 승인을 받을 수 있지만, 수익이 낮을 가능성이 큽니다.

- 방문자 수를 늘리려면 SEO(검색 최적화), SNS 공유, 외부 유입 전략이 필요함.
- 초기에는 방문자를 모으는 것이 더 중요! 애드센스보다는 트래픽 증가에 집중하세요.

10. 승인이 어렵다면 어떻게 해야 하나요?

애드센스 승인이 계속 거절된다면, 이런 방법도 고려해 보세요.

1. 다른 블로그 플랫폼 활용 (티스토리, 워드프레스 등)
2. 도메인 변경 후 재신청
3. 양질의 콘텐츠를 1~2개월 더 쌓은 후 신청
4. 애드센스 승인 대행 서비스 활용 (비추천하지만 급할 경우 고려 가능)

PART 8.

30분만에 애드센스 승인 글 작성하는 법

1. Chat GPT 사용방법

제일 먼저 챗지피티는 별도의 프로그램 설치 없이 PC의 경우 사이트에서 바로 사용할 수 있습니다. 다만, 안드로이드, IOS와 같은 모바일 디바이스의 경우 앱 다운로드 후 이용 가능합니다.

2. Chat GPT를 활용한 애드센스 승인받는 법

알파남 GPTS

1. 한가지 주제를 정하고 티스토리 카테고리를 생성합니다.
2. 하나의 주제로 글을 20개~30개 작성합니다.

챗 GPT, 바드, 뤼튼 등의 AI를 이용하여 쓸 글에 제목을 뽑아달라고 요청했습니다. 저희 경우 30개를 뽑아 달라고 했으며 그 중 쓸만한 15개를 선택하여 글을 작성했습니다. 저는 제가 개발한 gpts를 이용해 승인 받습니다.

질문방법

① 애드센스 승인용 주제 추천해줄래?

② 3번째 주제로 승인용 글 15개 작성해줘.

③ 좋아. 첫 번째 글 2000자 내외로 작성해줘.

④ 두 번째 글 작성해줘.

⑤ 세 번째 글

......

이렇게 15개 작성해달라 하고, 4시간 간격으로 예약발행을 합니다. 이후 3일이 지나면 전부 콘텐츠가 업로드 될 때 애드센스 신청을 해줍니다. 승인에는 html모드, 일반모드 상관없습니다. 편하신 대로 하시면 됩니다. 사진 개수도 상관없습니다. 자세한 건 영상에 설명해놨습니다.

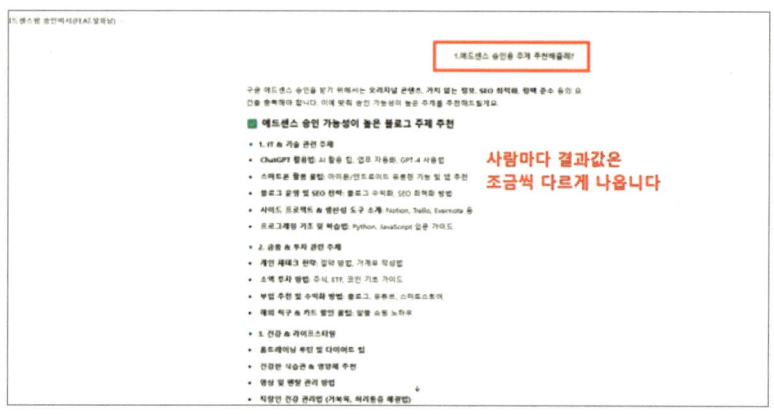

예시
승인 사이트

이후 그냥 챗지피티가 써준 글 그대로 옮겨 적었습니다. 복붙해도 됩니다. 순도 100% 인공지능 글이며, 사진 없이 오로지 텍스트로만 이루어져 있습니다.

그렇게 애드센스 신청 시작부터 최종 승인까지 1주 기간 동안 글 작성(예약발행으로 20분 걸림) 등록까지 하루 평균 1~3분 투자해 5일만에 승인받게 된 경우도 있습니다.

보충) 5분만에 애드센스 승인 글 작성하는 법(최초 개발 업데이트)

위 설명이 어려우신 분들은 영상을 보고 천천히 따라하시면 됩니다.

해당 방법으로 승인받은 사이트입니다.

https://alpaaigpt.tistory.com

링크 이동 QR

PART 9.

네이버와 30배 차이나는
광고 수익 받는 방법

링크 이동 QR

이제 세팅이 되었으니, 애드센스 승인을 받으면 됩니다. 위에서 언급했듯이 애드센스를 신청하기 전에 꼭 구글 서치콘솔 등록이 우선입니다.

1. 기본 정보 세팅

1. 애드센스 접속 애드센스 사이트를 접속한 뒤 "시작하기" 버튼을 클릭합니다.

2. 애드센스 계정으로 사용할 구글 아이디를 선택해주세요.

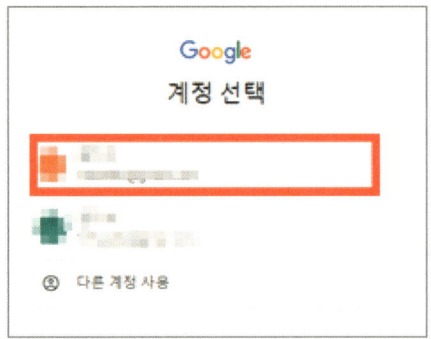

3) 사이트 정보 입력-애드센스 시작 전 간단한 정보를 입력합니다.

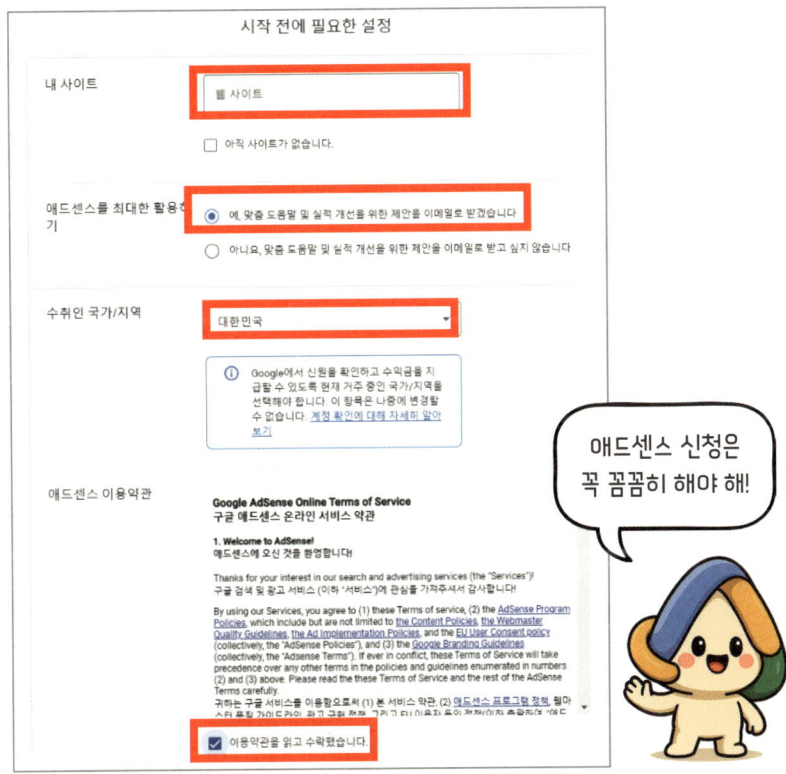

4) 고객 정보 입력- 아래 "정보 입력"을 눌러 개인정보를 입력해 줍니다. (이건 승인 이후에 해주셔도 됩니다)

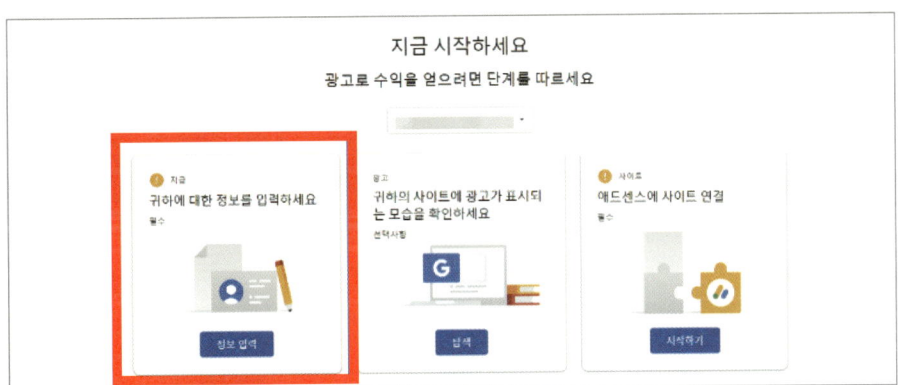

추후 애드센스 합격 후 해당주소로 PIN번호가 전달되야 하고 PIN번호를 못 받으면, 수익을 지급하지 못하니 정확히 입력해야 합니다.

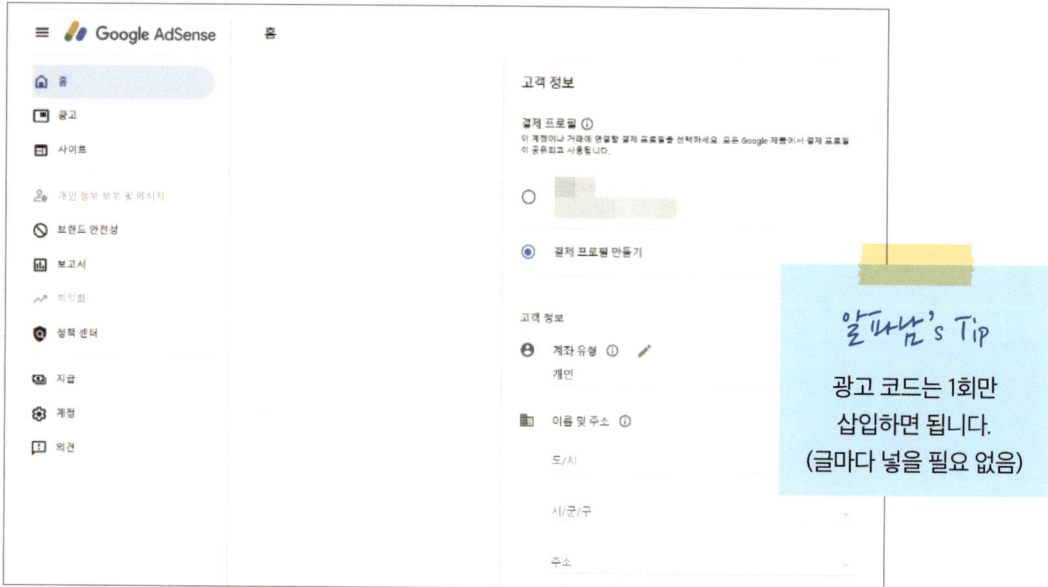

알파남's Tip
광고 코드는 1회만 삽입하면 됩니다.
(글마다 넣을 필요 없음)

2. 애드센스 승인 신청 확실하게 하기

1. 애드센스 코드 가져오기-좌측 사이드바에 위치한 "광고"를 클릭

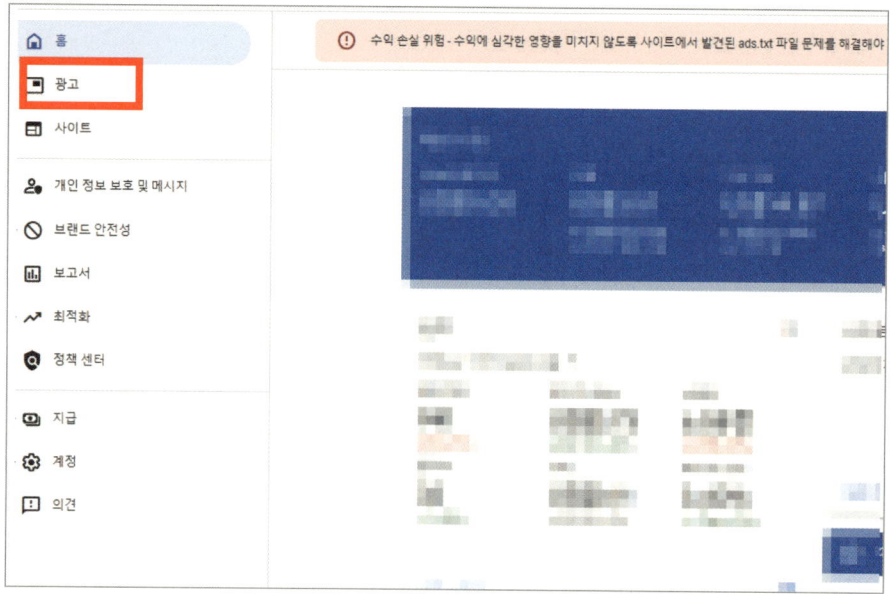

2. 사이트 기준 ⋯ "코드 가져오기"를 클릭

3. "복사하기"를 클릭하고 해당 코드를 복사합니다.

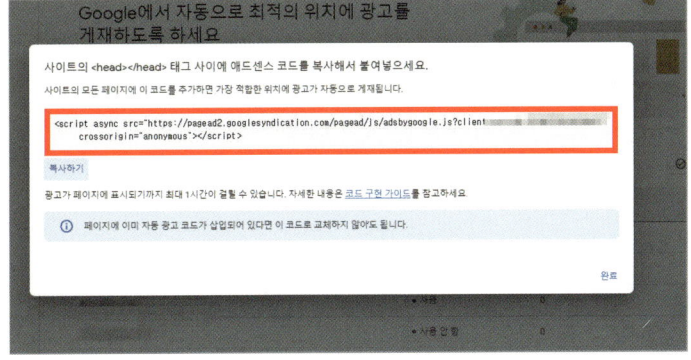

4. 티스토리 스킨 편집

스킨 편집으로 이동 ⋯ 스킨 편집의 'html 편집 탭' 클릭

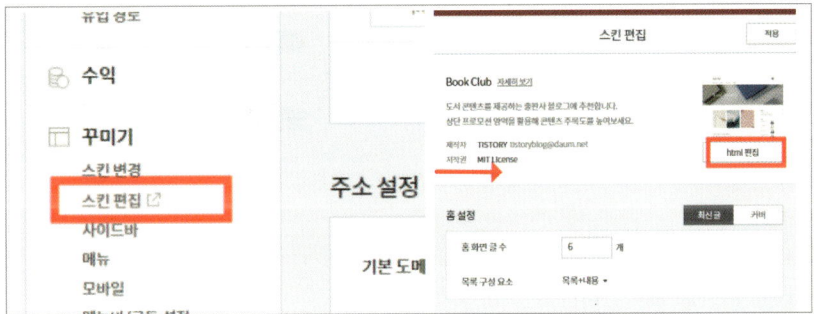

최상단에 〈head〉 태그가 보이시나요?

- 〈head〉와 〈head〉 사이에 복사한 코드를 삽입합니다.
- 완료가 되면 '적용하기' 버튼을 꼭 눌러주세요.

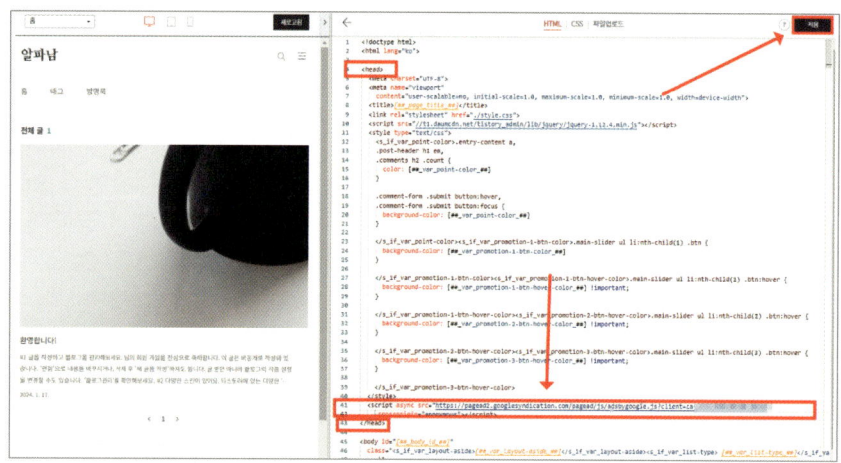

5. 티스토리 애드센스 탭 활성화

아래 절차를 통해 애드센스 연동을 완료해 주세요.

애드센스 데이터 보기와 관리를 클릭

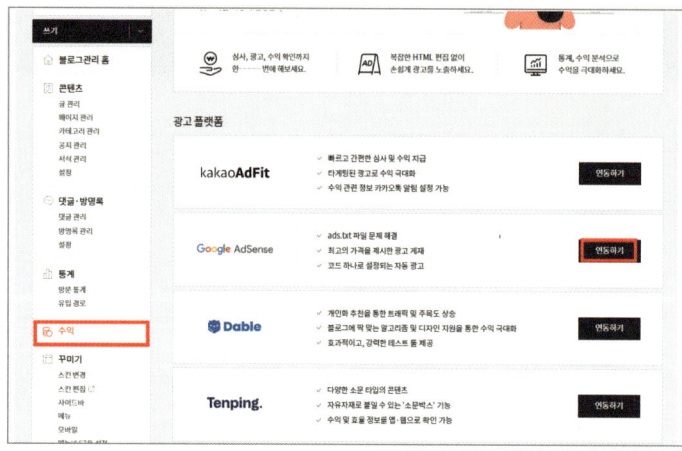

정상적으로 완료가 되었다면 연동이 되면 상세 보기 버튼이 활성화되며 "수익" 탭 아래에 "애드센스 관리" 버튼이 새로 생길 겁니다.

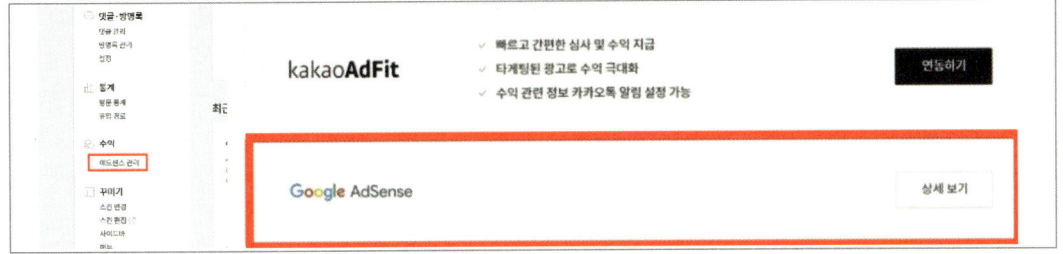

애드센스 세팅을 마쳤으니 이제 본격적으로 애드센스 신청하는 법을 알아보겠습니다.

3. 구글 애드센스에서 티스토리 연결

1. 애드센스 홈으로 들어갑니다. 3번째 항목인 애드센스에 '사이트연결 시작하기'를 클릭합니다.

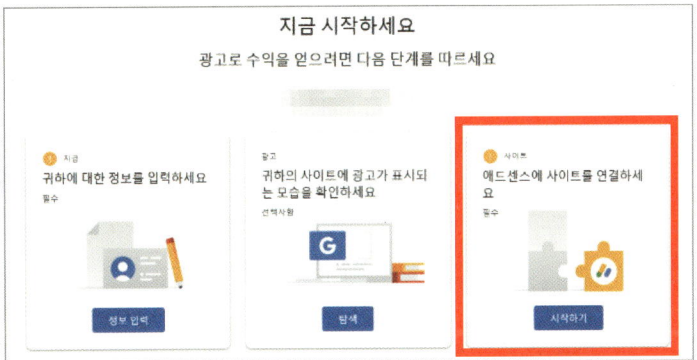

2. 티스토리 연결을 완료했으니까 체크박스를 체크한 후 "확인"버튼을 클릭합니다.

3. 마지막으로 "검토 요청"을 클릭합니다. 이것으로 애드센스 신청까지 마쳤습니다.

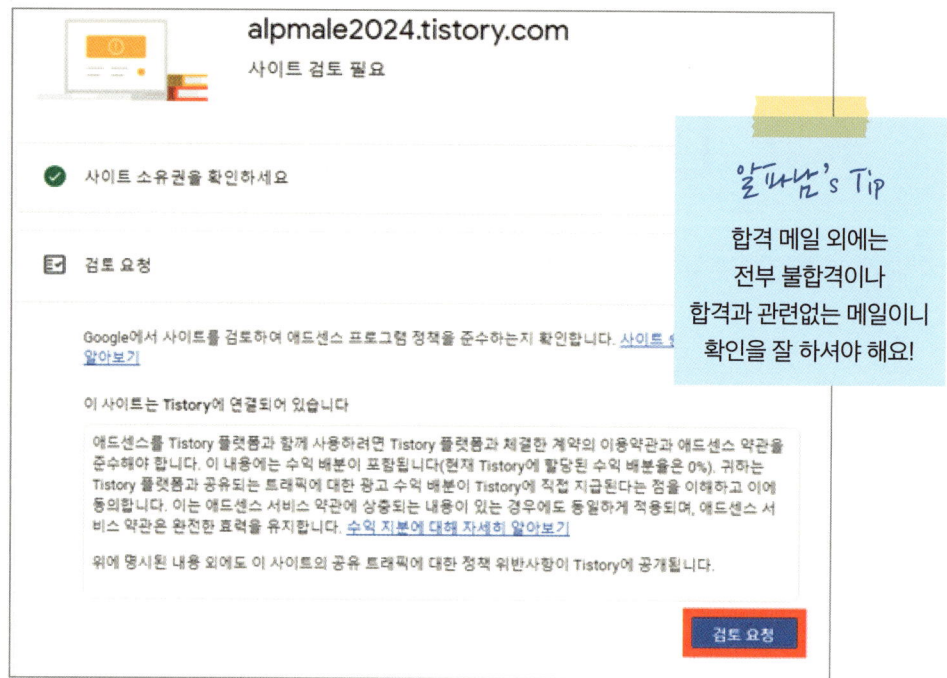

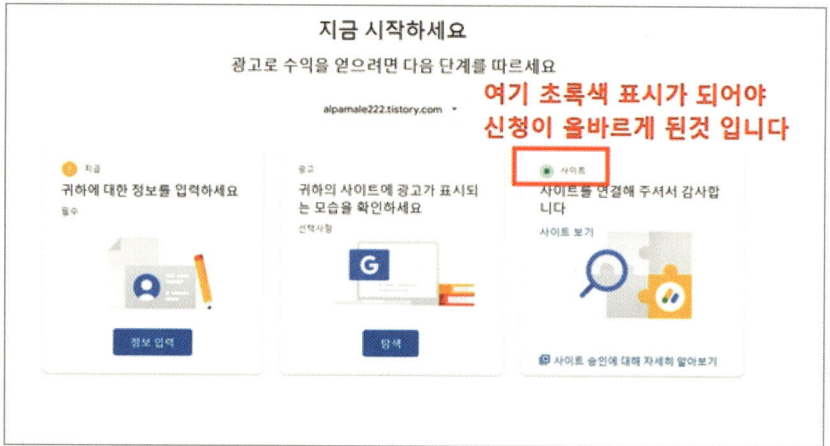

4. 구글 애드센스 승인

애드센스 승인이 되면 메일로 알려줍니다.

보통 7일~21일 사이에 합격 OR 불합격 메일이 오게 됩니다.

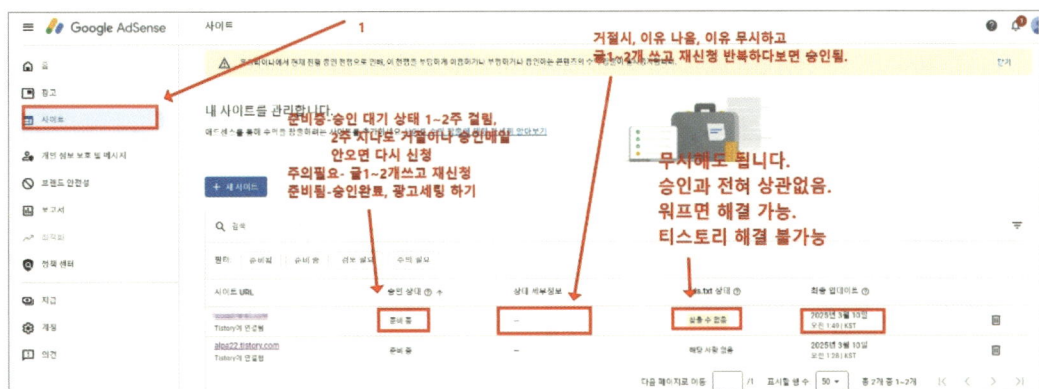

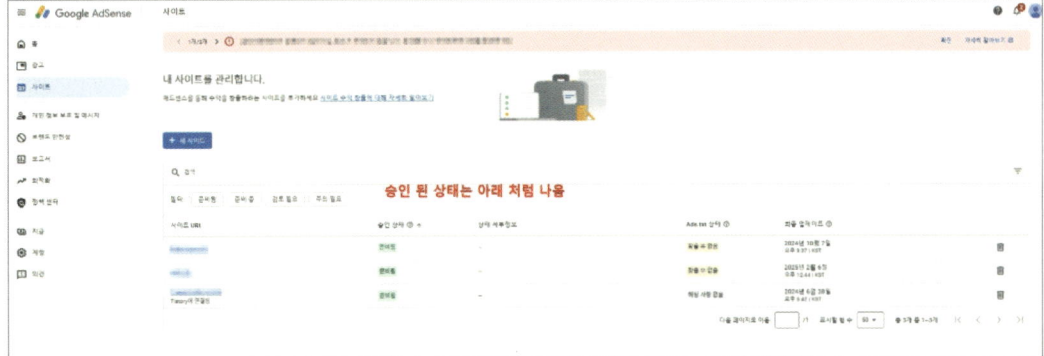

Google 애드센스 사이트 승인 과정 및 해결 방법

Google 애드센스를 통해 광고 수익을 창출하려면 사이트 승인이 필요합니다. 위의 스크린샷을 기반으로 승인 과정과 해결 방법을 정리해 보겠습니다.

1. 애드센스 사이트 승인 과정

① 애드센스에 새 사이트를 추가하면 다음과 같은 상태로 진행됩니다.

- 준비 중: 사이트가 승인 절차를 거치고 있으며, 보통 1~2주 정도 소요됨. 이 상태에서 2주가 지나면 '거절' 또는 '승인' 메일이 오는데, 거절되면? ⋯▶ 글 1~2개 추가 작성 후 재신청하시면 됩니다.
(이 과정을 반복하면 보통 승인됩니다)
- 준비됨: 애드센스 승인 합격이 되었으며 광고가 게재되는 상태입니다.
- 검토 필요: 승인 신청에 더 필요한 정보가 있습니다. 지급 정보 미 입력, 광고 코드 미확인 등이며 승인 신청 과정을 한 번 더 강의를 보며 빠진 게 없는지 확인해보시면 됩니다.
- 승인 완료: 사이트가 애드센스 광고를 게재할 수 있는 상태.
- 주의 필요: 승인 거절입니다. 승인 재 신청을 하시면 됩니다.
- 거절됨: 콘텐츠가 애드센스 정책을 위반하거나, 사이트 품질이 부족할 경우 발생.

② 상태 세부정보

승인이 거절되었을 때 어떤 사유로 거절되었는지를 보여줍니다. 보통은 가치가 없는 콘텐츠, 사이트 다운 등의 사유가 표시되는데 무시하고 글 1~2개 더 쓰고 재신청하세요. 이 과정을 반복하시면 됩니다.

③ ads.txt

아래와 같은 4가지의 형태중 하나가 보여집니다.

- 찾을 수 없음: 사이트가 마지막으로 크롤링되었을 때 ads.txt 파일을 찾지 못했습니다.
- 승인됨: 사이트의 ads.txt 파일에서 게시자 ID를 찾았습니다.
- 승인되지 않음: ads.txt 파일에서 게시자 ID를 찾지 못했으며 애드센스에서 광고를 게재할 수 없습니다.
- 해당 사항 없음: ads.txt 파일에 게시자 ID가 필요하지 않습니다

2. 사이트 승인 거절 시 해결 방법

① 거절되었을 때 대응 방법

- 거절 이유는 표시되지만, 특별한 수정 없이 글 1~2개를 추가한 후 재신청하면 승인이 될 가능성

이 높음.
- 반복적으로 거절될 경우, 사이트의 콘텐츠 품질을 개선하고 다시 신청 필요.

② 승인 대기 상태에서 해야 할 일
- 보통 1~2주 후 승인 여부가 결정됨.
- 2주가 지나도 응답이 없으면 다시 신청 가능.

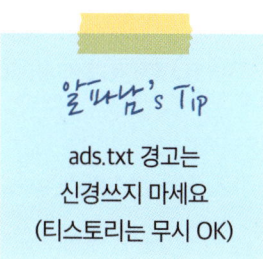

알파남's Tip
ads.txt 경고는
신경쓰지 마세요
(티스토리는 무시 OK)

3. 애드센스 Ads.txt 문제 해결
- "찾을 수 없음" 상태: 사이트가 애드센스에서 ads.txt 파일을 찾을 수 없는 경우 표시됨.
- 해결 방법: ads.txt 파일을 생성하고 올바르게 업로드한 후 다시 확인.
- 워드프레스는 해결 가능하지만, 티스토리는 해결 불가능 (티스토리는 자체적으로 ads.txt 파일을 관리하기 때문).

4. 최종 승인 상태 확인 방법
- 승인된 사이트는 "준비됨" 상태로 표시됨.
- 승인된 사이트에서도 ads.txt 상태는 "찾을 수 없음"으로 나올 수 있지만, 광고 송출에는 문제가 없음.

5. 결론 및 팁
- 반복적으로 거절될 경우, 글을 추가하고 다시 신청하면 승인 가능성이 높음.
- ads.txt 관련 경고는 워드프레스에서만 해결 가능하며, 티스토리는 해결할 수 없음.
- 승인까지 최대 2주 소요되므로 기다리는 것이 중요함.

이 가이드대로 진행하면 Google 애드센스 승인을 보다 수월하게 받을 수 있으실 거예요.

자주 하는 질문 티스토리 & ads.txt 문제
티스토리 블로그는 애드센스 승인 이후에도 ads.txt 문제를 직접 해결하기 어렵습니다.

왜냐하면:

1. 티스토리는 서버에 직접 접근할 수 없음
- 워드프레스나 개인 서버 블로그는 내가 직접 서버에 ads.txt 파일을 올릴 수 있지만,
- 티스토리는 카카오(티스토리)에서 제공하는 플랫폼이라

루트 디렉토리에 ads.txt 파일을 직접 올릴 권한이 없습니다.

2. 애드센스에서 ads.txt 문제 경고 계속 표시
- 애드센스 대시보드에 'ads.txt 문제 있음' 이라고 계속 뜨지만,

티스토리 블로그 운영자 입장에선 해결할 방법이 없습니다.

3. 승인과 광고 게재엔 영향 없음
- 이 경고는 티스토리 블로그의 애드센스 승인이나 광고 송출에는 전혀 영향이 없습니다.
- 무시하고 그냥 광고 사용하면 됩니다.

5. 애드센스 신청 시 사이트에 사용할 동의 메시지 만들기
(24년 11월 16일 업데이트)

2024년 11월부터 애드센스 신청 시 아래와 같은 문구가 나오는데요. 해당 메시지는 유럽 경제 지역(EEA), 영국, 스위스의 데이터 보호 규정(GDPR)을 준수하기 위해 요구되는 동의 관리 플랫폼(CMP) 설정 안내입니다. 사용자의 데이터를 처리하기 위해 동의를 받는 과정이 필요한 경우 아래 단계를 따라 설정할 수 있습니다.

25년까지만 해도 설정 방법이 어렵게 나왔는데, 이번에 구글에서 간편하게 원클릭으로 신청할 수 있게 해놨습니다.

GDPR이란 무엇인가요?

GDPR(General Data Protection Regulation)은 유럽연합(EU)이 2016년 5월에 채택한 개인정보보호 관련 법령입니다. 일상적으로 접하는 개인정보보호 동의와 유사하며, 사용자가 명시적으로 개인정보 활용에 동의해야만 해당 정보를 마케팅이나 영업 목적으로 사용할 수 있도록 규정하고 있습니다.

*CMP는 Consent Management Platform의 약자로 Google의 인증 동의 관리 플랫폼을 뜻합니다.

애드센스 신청 시 사이트에 사용할 동의 메시지 만들기

1. 권장 방법

초보자나 기술 지식이 부족한 경우 Google의 CMP를 사용하는 것이 가장 쉬운 방법입니다. 다만, 자체적인 브랜드 경험을 중시하거나 커스터마이징이 필요하다면 대체 CMP를 고려하세요.

2. Google의 CMP를 사용하여 메시지 생성

Google에서 제공하는 CMP를 활용하는 방법은 가장 간단합니다.

1. 애드센스 관리자 페이지에 로그인합니다.
2. 설정 화면에서 "CMP 생성" 옵션을 선택합니다.
3. 두 가지 중 하나를 선택합니다:
   - 2가지 선택사항: 동의 및 옵션 관리

- 3가지 선택사항: 동의, 동의하지 않음, 옵션 관리

4. 선택 후 메시지 디자인과 언어를 설정하고, 완료 버튼을 클릭합니다.

5. 생성된 코드를 복사하여 사이트에 삽입합니다. (보통 〈head〉 태그에 추가)

3. Google 인증을 받은 대체 CMP 사용 ➡ 클릭해서 제출하면 끝!

PART 10.
미승인
완벽 대처방법(+정책위반 검토요청)

애드센스 승인 과정, 정말 어렵죠? 구글에서 알려주는 매뉴얼만 믿고 하다 보면 거절 메일만 여러 통 받기 일수입니다.

애드센스 승인, 거절 이유로 대표적으로 "애드센스 전문가가 신청서를 검토한 결과 프로그램 기준을 충족하지 못한 부분이 있어 애드센스 이용 신청이 거부되었음을 알려 드립니다.", "애드센스 정책 위반이 발견 되었습니다 사이트가 다운되었거나 사용할 수 없음", "애드센스 사이트 검토 요청 가능 횟수 초과 그리고 ads.txt질문", "사이트 검토 요청 가능 횟수가 모두 사용되어 더 이상 사이트 검토를 요청할 수 없습니다" "가치가 별로 없는 콘텐츠 해결 방법 문의"를 가장 많이 찾아봅니다.

이때 인터넷에서 찾으면 정말 다양한 팁들이 쏟아져 나옵니다. "게시글을 수정해라" "이미지에 알트태그를 넣어라" "수동으로 서치콘솔 등록해라" 같은 말들요. 하지만 저는 이 모든 걸 직접 경험해본 결과, 대부분 큰 의미 없습니다.

괜히 인터넷 글만 보면 더 헷갈리고 루틴만 늘어납니다. 그래서 실제로 애드센스를 100회 이상 승인받은 경험을 바탕으로, 애드센스 심사의 진짜 원리와 실전 대처법을 정리해드리겠습니다.

많은 사람들이 애드센스 승인을 받을 때 "승인 기준이 명확하다"고 생각하지만, 실제로는 그렇지 않습니다. 같은 조건, 같은 블로그라도 어떤 계정은 승인되고, 어떤 계정은 거절되기도 하죠. 이는 구글의 복불복 심사 특성 때문입니다. 따라서, 한 번 거절됐다고 너무 깊게 고민할 필요가 없습니다.

1. 구글 애드센스, 복불복 인정해야 한다

애드센스는 자동화된 AI 심사 + 일부 수동 검토로 이뤄집니다. 대부분의 케이스에서 초기 심사는 AI가 자동으로 처리하고, 일부 계정이나 케이스에서만 사람(수동 심사관)이 검토하게 됩니다.

그렇다면 애드센스는 어떤 원리로 승인 심사가 이뤄질까요?

자동화 심사의 핵심 요소는 다음과 같습니다:
- 블로그의 전반적인 구조(카테고리, 페이지 구성)
- 콘텐츠의 품질 및 규정 준수 여부
- 정책 페이지 존재 여부 (개인정보처리방침, 이용약관 등)

실제 승인 심사에서 SEO 최적화나 이미지 수 같은 요소는 큰 영향을 주지 않습니다. 구글은 AI로도 충분히 '괜찮은 블로그인지'를 판단합니다

2. 흔한 조언, 정말로 효과 없는가?

- 게시글 수정 ⋯ 무의미. 애초에 큰 문제없다면 글 하나 수정한다고 승인이 바뀌지 않습니다.
- 알트태그 삽입 ⋯ 영향 없음. 이미지 자체가 필수가 아닌데 알트태그가 영향 있을 리가 없습니다.
- 서치콘솔 수동 등록 ⋯ 애드센스 승인과 직접적인 상관없음. (물론 SEO 측면에서는 긍정적)

차라리 이 시간에 새로운 글 1~2개 추가하고 재신청하는 것이 훨씬 빠릅니다

3. 승인거절 후 실전 대처법

✅ **1단계: 거절되면 바로 1~2개 글 추가 후 재신청**
- 굳이 2~4주 기다릴 필요 없습니다.
- 승인 거절 메일 받고 바로 1~2개의 새 글을 작성하고 재신청하는 것이 더 효과적입니다.

- 재신청은 거절 후 바로 가능하며, 실제로 많은 사람들이 이 방식으로 승인받습니다.

✅ 2단계: 이미지? 꼭 없어도 승인된다
- 블로그에 이미지가 없어도 승인에 큰 영향이 없습니다.
- 실제로 텍스트만으로 승인된 사례도 매우 많습니다.
- 만약 이미지가 필요하다면 1~2장 정도만 넣어도 충분합니다. 이미지는 필수 아님!

✅ 3단계: 승인계정 복수 신청 전략
- 복불복 심사 특성상 한 계정에만 의존하지 마세요.
- 여러 블로그를 동시에 키우거나, 여러 구글 계정을 활용해 동시에 신청하는 것도 유효한 전략입니다.
- 이 중 하나라도 승인되면 그 블로그로 수익화를 빠르게 진행할 수 있습니다.

✅ 4단계: 장기간 미승인시 계정 변경
- 몇 달 동안 승인 거절이 반복된다면, 구글 계정을 새로 만들어 재신청하는 것도 좋은 방법입니다.
- 새 계정에서 같은 블로그로 바로 승인받는 경우도 많습니다.

4. 애드센스 승인거절에 관한 현실적인 FAQ

Q1. AI로 쓴 글은 승인 안된다는 이야기가 있던데요?
A. 전혀 사실 아닙니다.

저는 애드센스 승인만 100회 이상 경험했고, 최근 주변 승인 대행 업자들도 대부분 AI로 승인받고 있습니다. 애드센스는 콘텐츠의 '출처'가 아닌 콘텐츠의 품질과 규정 준수 여부를 봅니다. 따라서, AI든 사람이든 상관없이 잘 작성된 글이면 문제없습니다.

Q2. 승인 심사는 며칠 정도 걸리나요?
A. 빠르면 몇시간 길면 4주 이상 걸릴 수 있습니다. 보통은 10~15일 이내에 결과가 나오는 경우가

많습니다. 다만, 계정 상태나 블로그 상황에 따라 더 길어질 수도 있습니다.

Q3. 블로그 조회수와 애드센스 승인이 연관이 있나요?

A. 조회수와는 무관합니다. 조회수가 없어도, 품질 있는 콘텐츠와 최소한의 구색(정책 페이지 등)만 갖춰져 있으면 승인됩니다.

Q4. 다음(Daum)이나 네이버 최적화가 애드센스 승인에 영향이 있나요?

A. 전혀 필요 없습니다. 구글은 오로지 콘텐츠와 사이트 구조, 정책 준수만 봅니다. 다음, 네이버 최적화는 국내 유입량 확보에는 도움이 되지만, 애드센스 승인과는 무관합니다

Q5. 이미지가 없어도 승인 가능한가요?

A. 네, 이미지 없어도 됩니다. 애드센스는 텍스트 중심 블로그도 문제없이 승인합니다. 다만, 콘텐츠가 너무 허술해 보이지 않게 글 품질에만 신경 쓰면 됩니다.

Q6. "한 달 후 재신청하세요" 메일 받았는데요?

A. 기다릴 필요 없습니다. 거절 메일 이후 바로 글 1~2개 추가하고 재신청하세요. 애드센스의 공식 가이드와 달리, 빠른 재신청으로 승인받는 사례가 많습니다.

Q7. 승인 복불복이라는 게 진짜인가요?

A. 맞습니다. 동일한 블로그라도 계정마다 다른 결과가 나오는 경우가 많습니다. 여러 계정으로 병행 신청을 권장하는 이유입니다.

5. 실전 꿀팁 정리

- 승인 거절되면 바로 글 추가하고 재신청!
- 이미지는 필수 아님 (필요하면 1장 정도만)
- 복수 계정으로 동시에 신청해서 승인 확률 높이기

- 몇 달 미승인 시, 계정 새로 만들어 재신청

애드센스 승인, 너무 어렵게만 생각하지 마세요. 승인 거절은 누구나 겪는 일이고, 빠르고 유연하게 대응하면 승인을 더 쉽게 받을 수 있습니다.

추가 팁: 구글 광고코드 위치이동

만약 2주~3주 지나도 승인 메일이 안 오거나 사이트 다운에 관한 거절 메시지가 지속된다면, 헤드 사이의 광고코드 위치를 바꿔 보시기 바랍니다. 승인을 보장할 수는 없지만, 이는 애드센스 크롤러가 인식을 못하는 것에 대비한 조치라고 할 수 있습니다.

위 경우가 최근 가장 많은 승인 거절인데요. 그냥 글 1~2개 쓰고 재신청 하시면 됩니다. 누군 똑같이 해도 승인되고, 누군 똑같이 해도 승인 안 되고, 그러니 최대한 여러 개를 승인 신청 넣어두라는 겁니다.

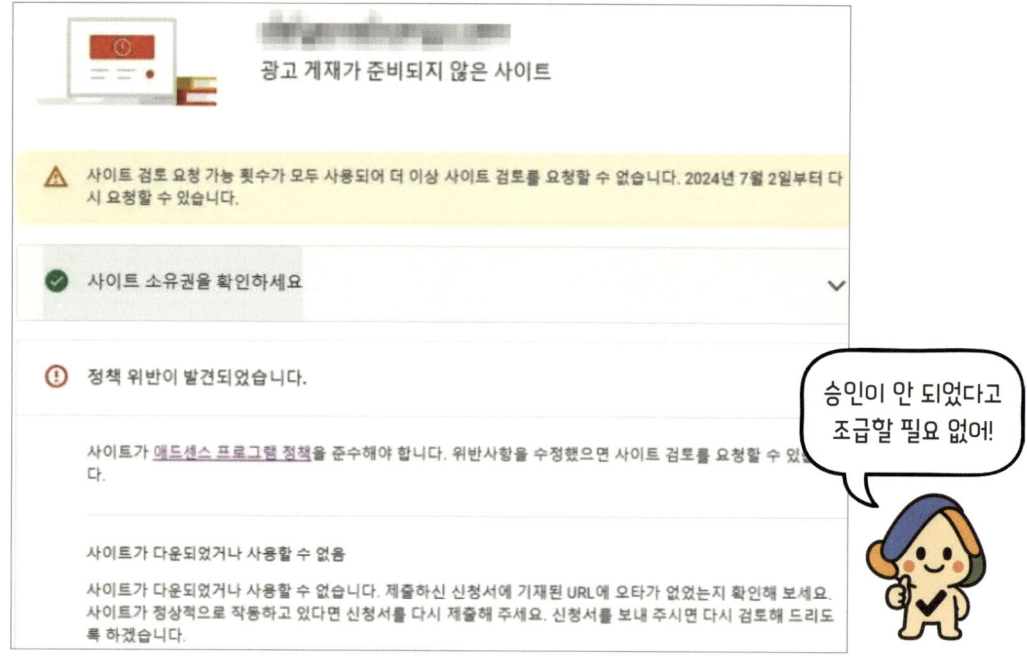

Q. 애드센스 승인 취소가 되었는데, 승인 취소 사유가 따로 표시되지 않는 경우도 있나요? 그리고 애드센스 사이트 탭에서 ads.txt 찾을 수 없음 상태가 떠서 해결하려고 티스토리에 ads.txt 파일을 업로드했지만, 여전히 같은 상태입니다. 이런 경우 추가로 조치해야 할 부분이 있을까요? 아니면 새 도메인 블로그를 개설하는 것이 더 나을까요?

✅ 현재 상황에서 조치할 점

1. 재검토 요청을 했으므로 기다리기

- 애드센스 심사는 보통 1~2주 소요될 수 있습니다.
- 승인 취소 사유가 명확하지 않은 경우, 다시 검토 요청하면 재평가될 가능성이 높습니다.

2. ads.txt 오류 해결 (필수는 아님)

- 티스토리에서 ads.txt 업로드 후에도 "찾을 수 없음"으로 표시되는 것은 반영이 늦거나, 캐시 문제일 가능성이 큽니다.
- 크롬 시크릿 모드에서 https://도메인/ads.txt 접속하여 정상적으로 표시되는지 확인하세요.
- 티스토리에서는 자동으로 적용되는 경우도 있으니, 추가적인 변경 없이 며칠 기다려보세요.

3. 새 블로그 개설 여부

- 현재 블로그가 애드센스 정책을 준수하고 있다면 새 도메인을 만들 필요는 없습니다.
- 승인 취소 이유가 명확하지 않다면, 기존 블로그에서 콘텐츠를 더 보강하고 재검토를 기다리는 것이 더 나을 수 있습니다.
- 급하시다면 여러 개 승인 신청하는 것도 방법입니다.

중복계정 이슈는 오른쪽 QR 참고.

중복계정 이슈

애드센스 승인은 단순히 조치 여부와 관계없이 예측 불가능한 경우가 많습니다. 여러 번에 걸쳐 재신청을 했는데 승인이 되거나, 아무런 조치 없이도 승인이 되는 경우가 있습니다. 심지어 50번 넘게 거절되었다가 포기하고 난 후 승인이 된 사례도 있습니다. 따라서 한 번 거절되었다고 낙담하지 마시고, 꾸준히 재신청을 시도하는 것이 유리할 수 있습니다.

결국 애드센스 승인 거절 문제는 시간이 해결해 주는 경우가 많으며, 여러 차례의 시도가 필요할 수 있습니다. 비슷한 경험을 가진 사람들 대부분이 결국 승인을 받았다는 점에서, 포기하지 않고 꾸준히 재신청과 콘텐츠 업데이트를 진행하는 것이 가장 현실적인 해결책일 수 있습니다.

아래 웹서퍼님의 경험을 보면, 결국 애드센스 승인에 대한 방법들은 모두 카더라 통신과 같습니다.

위의 방식들이 해결방법과 승인방법의 전부라고 할 수 있습니다. 만약 승인이 잘되지 않아 답답하시다면, 전문업체에 맡기는 것도 하나의 방법이지만, 실제로 전문업체들도 여러 번에 걸쳐 승인 신청을 넣는 방식 외에 다른 특별한 방법은 없습니다. 애드센스 승인만 1,000번 이상 받은 분의 조언을 받으며 글을 작성했습니다.

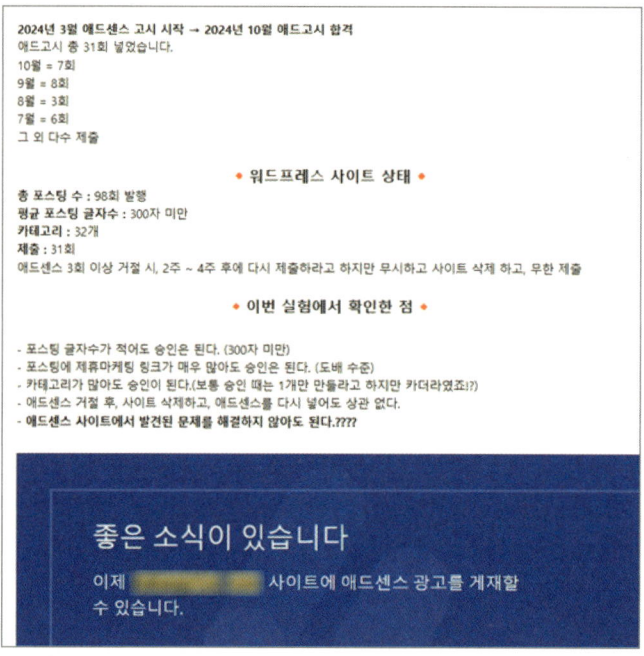

승인을 기다리며 힘내시고, 필요한 경우 최근 챗gpt의 등장으로 승인 대행 비용도 저렴해졌으니 전문업체의 도움을 받는 것도 고려해 보시길 바랍니다.

구글 애드센스 승인 기간은 일반적으로 1~2주 정도 소요되지만, 빠르면 1~2일 안에도 승인이 나는 경우도 있습니다. 다만, 승인까지 걸리는 시간은 사이트의 콘텐츠 품질, 정책 준수 여부, 트래픽 등의 요인에 따라 크게 달라질 수 있으며, 2~3주가 일반적입니다.

또한, 드물게는 몇 개월 이상 걸리는 경우도 있습니다. 만약 한 도메인이나 계정에서 3개월 이상 승인이 나지 않는다면, 다른 계정을 생성하여 새로 신청해보는 것도 효과적인 방법이 될 수 있습니다. 승인 대기 기간 동안은 꾸준히 양질의 콘텐츠를 추가하고 사이트를 적극적으로 관리하는 것이 중요합니다.

6. 자주하는 각종 오류 질문 해결방법

1. 애드센스 사이트 가입시 사용했던 이메일로 승인 메일이 옵니다.

2. 애드센스 사이트의 메인 화면이 파란색 수익창으로 바뀝니다.

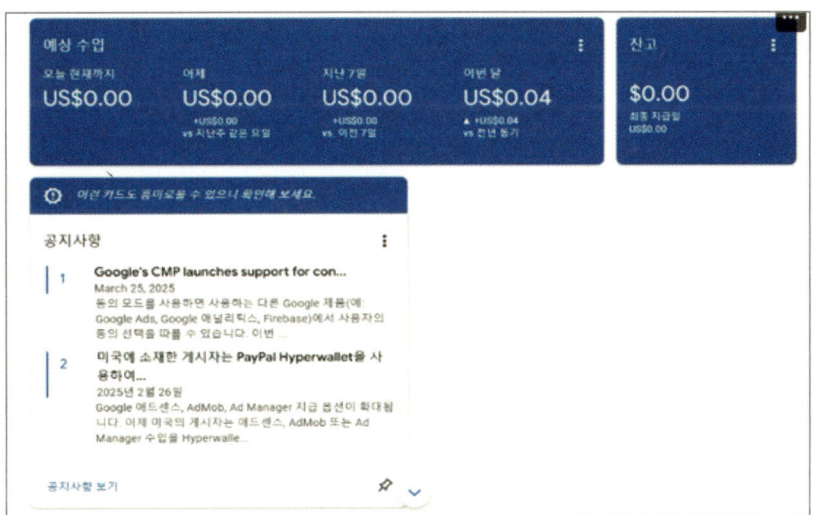

이외에는 모두 승인합격상태가 아닙니다.

승인 합격 메일/ 상태창이 아닌 경우 예시

① 앞으로 이러한 메일이 많이 올 겁니다. 구글애드센스의 단순 안내 메일입니다. 승인과 전혀 상관이 없습니다.

수많은 애드센스 메일 예시

② 왼쪽은 승인 거절 메일, 오른쪽은 승인 거절 시 애드센스 사이트 모습입니다

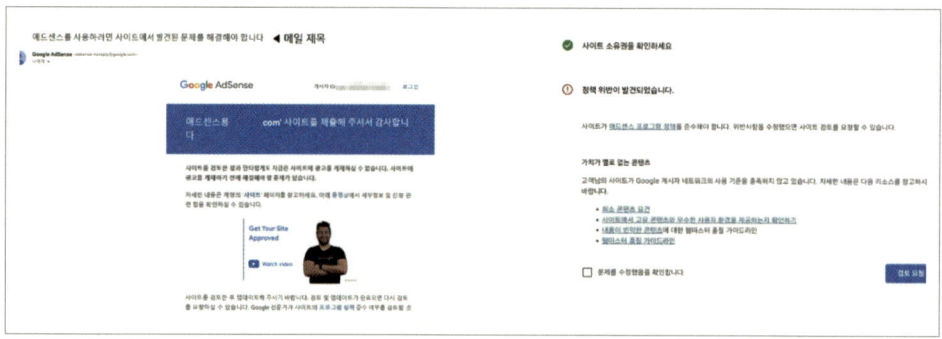

③ 승인합격 상태가 아니니 버튼을 눌러 세부 정보를 확인하시면 됩니다. 승인 전/후 상관없으나 입력을 해야 추후 수익을 지급받을 수 있습니다.

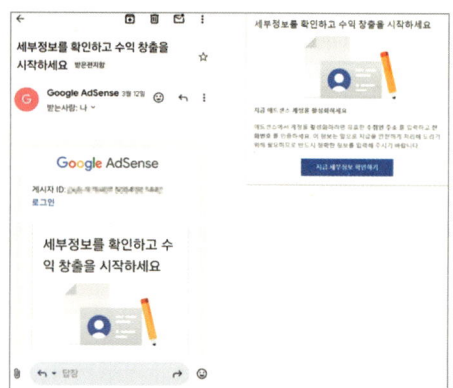

④ "(각종 오류 메세지와 함께) 색인이 생성되지 않습니다." 안내

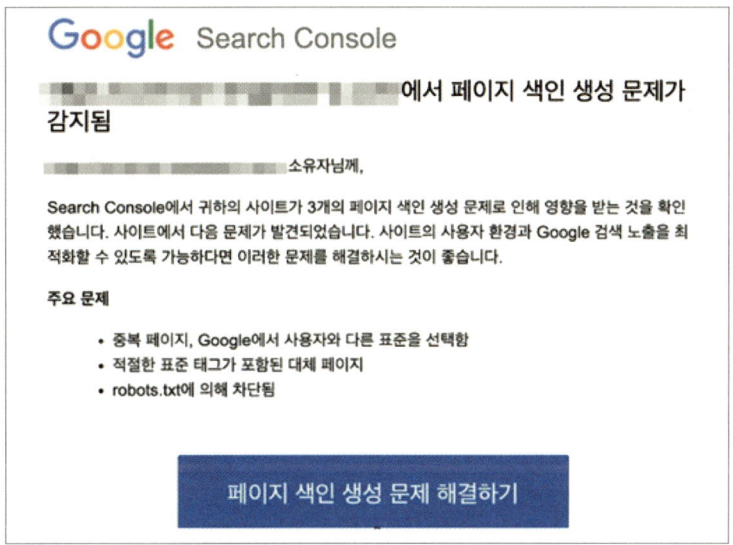

구글 서치콘솔에서 보내는 메일입니다.

1. 승인과 전혀 무관하니 안심하세요. 페이지 생성문제를 해결하기 버튼을 누르면 글 서치콘솔 화면에서도 똑같은 오류가 나올 겁니다.

2. 또한 지금 상태에서 뜨는 각종 오류들은 초보자에게는 자연스러운 오류입니다. 오류 문구를 그대로 구글에 입력하시면 상세 내용을 확인하실 수 있으나, 초보자에게는 무시해도 되는 경우, 해결하지 않아도 되는 경우가 99%이기 때문에 상세 설명은 생략하겠습니다.

PART 11.

애드센스 합격 후
세팅

애드센스에 합격하셨나요? 축하드립니다! 이제 광고 설정에 대해 알아보겠습니다.

1. 광고 탭 클릭
애드센스 계정에 로그인한 후, 광고 탭을 클릭합니다.

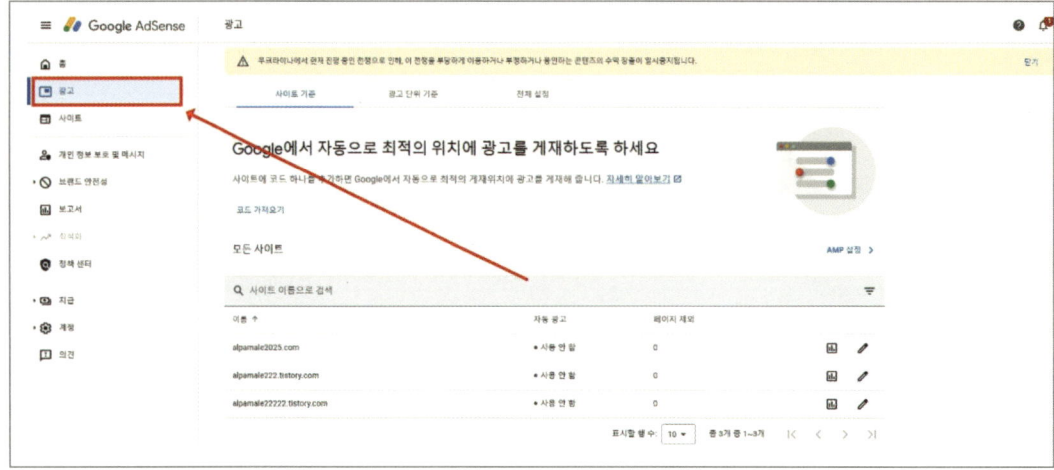

2. 자동광고 설정하기
애드센스에 합격하면 여러분의 사이트 주소가 나열됩니다. 자동광고가 활성화되지 않았으면 '사용 안 함'이라고 표시됩니다.

펜 모양 아이콘을 클릭해 광고 설정으로 들어갑니다.

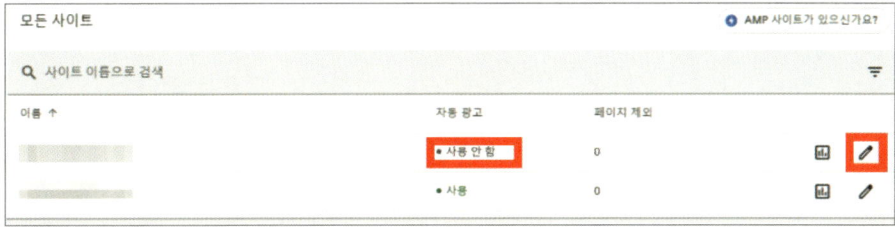

"자동 광고"를 활성화합니다. 구글의 뛰어난 알고리즘으로 생성되는 광고를 사용하지 않을 이유가 없습니다.

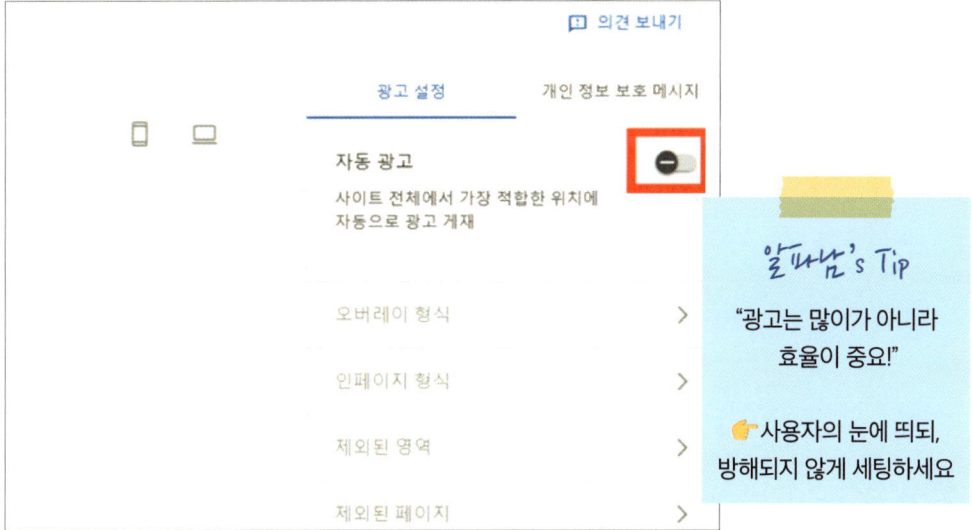

특히 자동 광고 중 전면 광고는 상당히 수익성이 좋습니다. 완료 후 "사이트에 적용" 버튼을 클릭합니다.

추가 설정

⚠️ 티스토리 사용자 주의사항 (2025년 4월 30일 공지 반영)

티스토리에서는 앵커 광고 사용 시 계정 정지 위험이 있습니다. 반드시 아래 설정을 따라 앵커 광고를 비활성화해주세요.

✅ 설정 방법 요약

1) [오버레이 형식] 메뉴 클릭

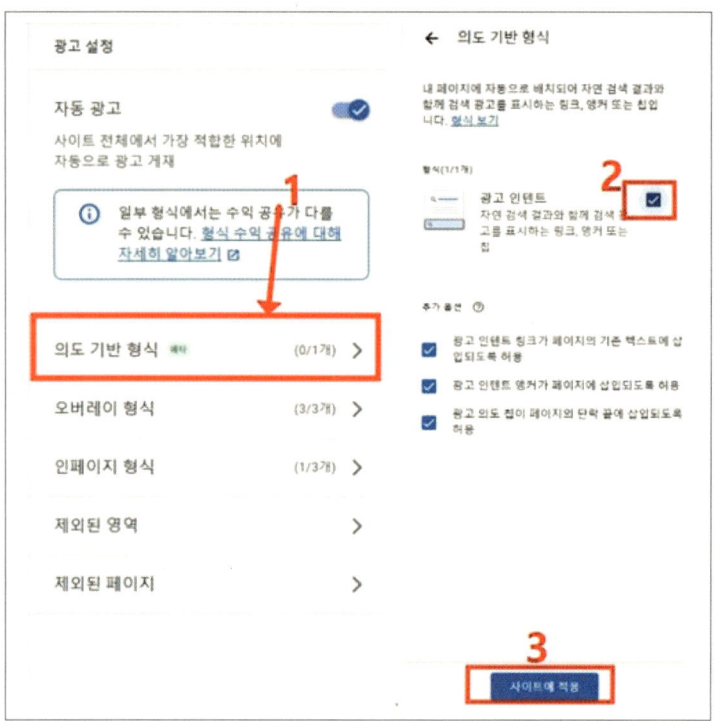

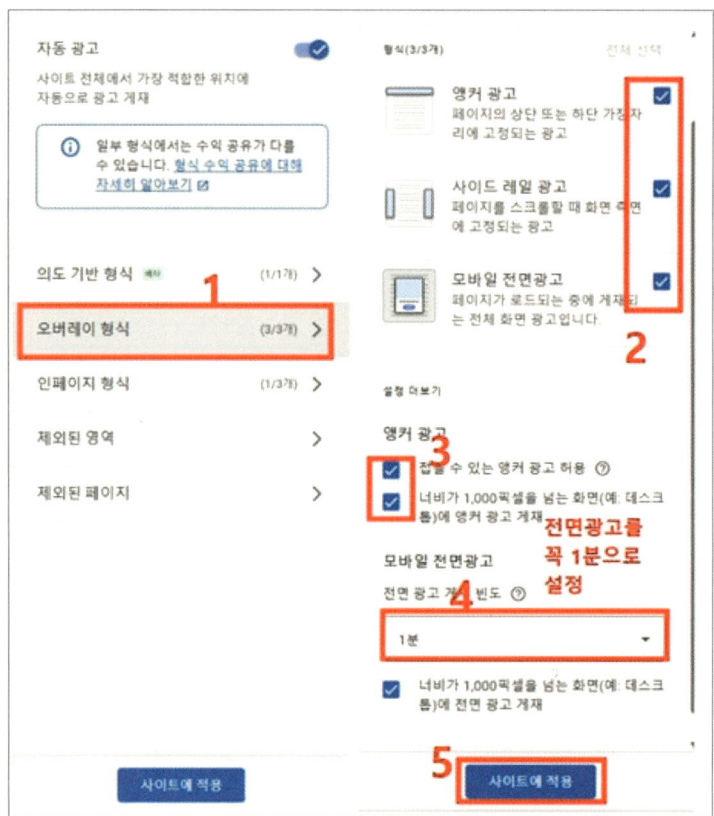

2) '앵커 광고', '사이드 레일 광고', '모바일 전면광고' 중 앵커 광고의 체크를 꼭 해제해주세요.

3) '표시할 수 있는 앵커 광고 허용'도 체크 해제

4) 전면 광고는 1분으로 설정 (중요: 수익 최적화)

5) '사이트에 적용' 클릭하여 저장

❗ 주의사항

티스토리에서 앵커 광고 유지 시 애드센스 계정 정지 가능성 있음

워드프레스나 블로그스팟(Blogspot) 사용자에겐 해당 없음

✓ 티스토리 운영자는 지금 바로 설정 확인 바랍니다.

1) 자동 광고 수 설정

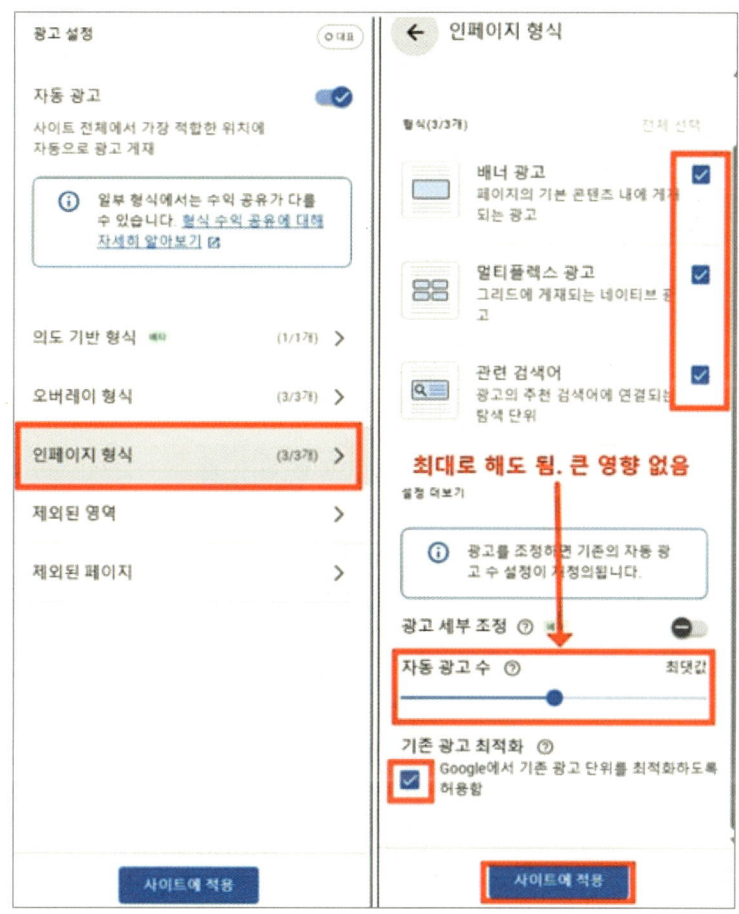

'인페이지 형식'에 들어가면 '자동 광고 수'를 설정할 수 있습니다. "자동 광고 수를 최대로 해야 가장 좋은가?"라는 의문이 들 수 있습니다. 자동 광고 수를 늘리면 노출되는 광고 수가 늘어나고, 클릭할 확률이 높아집니다.

하지만 무분별한 광고는 블로그를 지저분하게 만들고, 방문자 이탈률을 증가시킵니다. 이는 장기적으로 체류시간 감소 등 구글 SEO에 감점을 받을 가능성이 있습니다. 경험상 한 페이지에 광고가 많을수록 CPC가 떨어지는 경향이 있습니다. 따라서 블로그 상황에 맞게 최적의 광고 수를 테스트해보는 것이 중요합니다.

2) 전면 광고 게재 빈도 설정

애드센스 업데이트로 전면광고 게재 빈도를 조절할 수 있게 되었습니다. 전면 광고 게재 빈도를 짧게 설정하면 전면 광고를 많이 띄울 수 있어 수익에 도움이 됩니다. 이렇게 해서 애드센스 광고 설정을 완료하시면 됩니다. 최적의 설정을 통해 수익을 극대화하시기 바랍니다.

애드센스
광고세팅

티스토리
뉴스킨

애드센스 초보자들이 자주 묻는 질문(FAQ) - 추가편

Q1. 애드센스를 승인받은 후에도 콘텐츠를 계속 추가해야 하나요?

A1. 네! 승인 후에도 콘텐츠를 추가해야 수익을 극대화할 수 있습니다.

- 방문자 수 = 수익의 핵심
- 일정 기간 동안 글을 올리지 않으면 트래픽이 감소하고 수익도 줄어들 가능성이 큼.
- 애드센스 수익을 안정적으로 유지하려면 주기적으로 글을 작성하세요!

Q2. 특정 국가에서 애드센스 수익이 더 높은가요?

A2. 네, 광고 단가(CPC)가 높은 국가가 따로 있습니다.

- 광고 단가 높은 국가: 미국, 캐나다, 영국, 독일, 호주
- 광고 단가 낮은 국가: 인도, 필리핀, 베트남, 남미 국가
- 영어 블로그를 운영하면 CPC가 높은 광고를 노출할 수 있음. (한국부터 제대로 하고 영어를 하길 추천)

Q3. 애드센스 광고의 위치를 조정하면 수익이 달라지나요?

A3. 네! 광고 위치에 따라 수익이 크게 달라질 수 있습니다.

추천 광고 위치:

- 본문 상단 또는 중간 (가장 높은 클릭률)
- 사이드바 (데스크톱에서 효과적)
- 모바일 화면 하단 고정 광고 (높은 수익 가능)
- 너무 많은 광고를 배치하면 사용자 경험이 나빠질 수 있으니 적절한 배치가 중요!

Q4. 애드센스 승인 후 광고를 넣었는데 수익이 0원이에요. 왜 그런가요?

A4. 애드센스 광고가 정상적으로 표시되더라도 클릭이 발생하지 않으면 수익이 발생하지 않습니다.

- 트래픽이 적거나 광고가 눈에 잘 띄지 않는 위치에 있을 가능성이 큼.
- CPC(클릭당 비용)가 낮은 광고가 노출될 수도 있음.
- 광고 위치 최적화 & 트래픽 증가가 수익 상승의 핵심!

Q5. 애드센스 수익이 갑자기 줄어들었어요. 왜 그런가요?

A5. 애드센스 수익이 갑자기 줄어드는 원인은 여러 가지가 있습니다.

- 구글 알고리즘 업데이트로 검색 순위 하락 ⋯▶ 트래픽 감소
- 광고주 예산 감소 ⋯▶ CPC(클릭당 단가) 하락
- 특정 국가(예: 미국) 방문자 감소 ⋯▶ 고단가 광고 노출 감소

- 수익이 변동하는 것은 자연스러운 현상이므로, 장기적인 트렌드를 체크하세요.

Q6. 애드센스 광고를 클릭하면 방문자에게 비용이 부과되나요?

A6. 아니요! 애드센스 광고를 클릭한다고 방문자가 돈을 내는 것이 아닙니다.

- 광고비는 광고주(기업)가 지불하며, 방문자는 무료로 광고를 클릭할 수 있음.

- 하지만 광고를 강제로 클릭하도록 유도하는 행위는 정책 위반!

Q7. 애드센스 광고를 가짜 트래픽으로 늘릴 수 있나요?

A7. 절대 불가능합니다!

- 부정 클릭 감지 시스템이 있어서, 가짜 트래픽이나 클릭이 감지되면 수익이 무효화될 수 있음.
- 심할 경우 계정이 정지될 수도 있음.

- 자연스러운 검색 트래픽과 양질의 콘텐츠로 방문자를 늘리는 것이 가장 안전한 방법!

Q8. 애드센스 수익이 가장 높은 시즌은 언제인가요?

- 연말(11월~12월): 블랙프라이데이, 크리스마스 등으로 광고 단가 상승.
- 신학기(8월~9월): 교육 및 학습 관련 광고비 증가.
- 예외적으로 1월, 2월은 광고비가 줄어드는 시기 (광고주 예산 조정 영향).

- 트렌드에 맞는 콘텐츠를 작성하면 높은 CPC 광고를 노출할 기회가 많아짐!

Q9. 애드센스 광고 대신 다른 수익 모델을 함께 활용할 수 있나요?

A9. 네, 애드센스 외에도 다양한 수익 모델을 병행할 수 있습니다.

- 제휴 마케팅(쿠팡 파트너스, 아마존 어필리에이트)
- 유료 콘텐츠 판매 (eBook, 강의, 유료 멤버십 등)

• 브랜드 협업 & 스폰서 광고

- 애드센스는 기본 수익원으로 활용하고, 추가적인 수익 모델을 함께 구축하면 더욱 효과적!

PART 12.

블로그 운영전
미리 알아두면 좋은 Tool BEST 5

직접 경험하고, 느낀 것들을 위주로 창작하는 글이라면 상관없지만, 애드센스 수익글이라는 것은 모방은 창조의 어머니라는 말처럼 뉴스, 타인의 글을 통해 정보를 습득 후 재해석한 뒤 글을 작성하기도 합니다.

그래서 많은 분들이 아침 뉴스 & 기사를 많이 보는 것이 그곳에서 아이디어가 생기고, 자료 수집을 하고, 글을 작성하는 5단계 프로세스를 거치게 되죠.

그럼 수익에 도움이 되는 업무 Tool에는 무엇이 있는지 살펴보겠습니다.

1. 1초만에 블로그 복사 금지 푸는 방법

인터넷이나 웹서핑을 하다가 어떤 텍스트를 긁어서 쓰고 싶을 때 우클릭이 안되어 답답한 적이 있으셨을 겁니다. 이때 마우스 우측 버튼 해제 플러그인을 사용하시면 됩니다.

1. 구글에서 '크롬 드래그 프리' 검색 후 제일 위에 뜨는 사이트로 접속합니다.

링크 이동 QR

2. 검색해서 나온 드래그프리를 Chrome에 추가합니다.

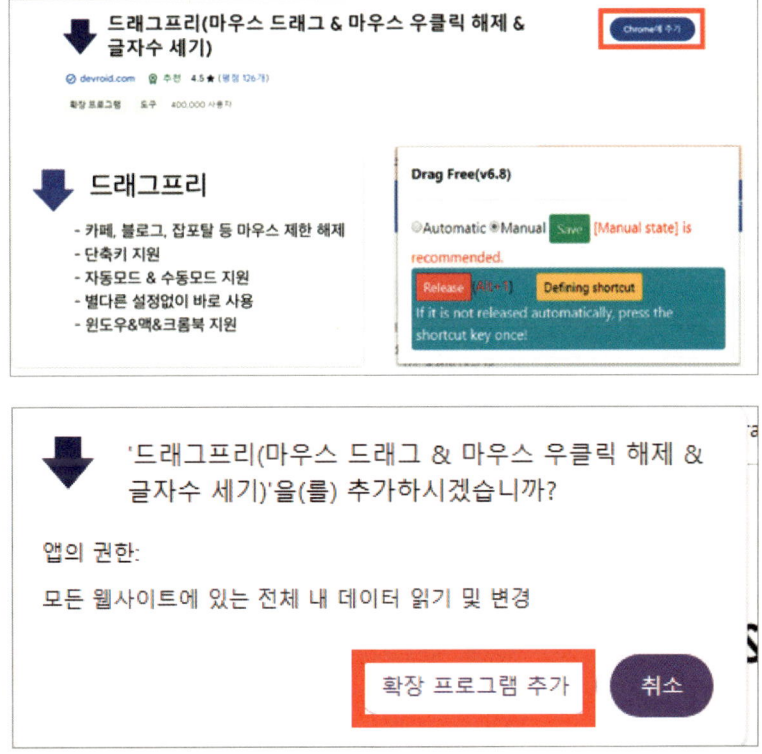

3. 드래그프리를 크롬에 추가하면 크롬 오른쪽 상단에 검은색 화살표가 나오는데 그것을 클릭합니다.
4. 드래그프리를 자동으로 사용하려면 자동으로 변경하시면 됩니다.

수동으로 하실 때는 Alt+1이며 단축키 지정도 가능합니다.

드래그 프리는 언제까지나 저작권 법에 어긋나지 않는 선에서만 사용해 주세요. 누군가의 지식 재산권을 침해하는 행위는 법의 처벌을 받으실 수 있습니다.

2. 5초만에 블로그 키워드 추출 방법

제일 어려운 부분들이 키워드 추출입니다. 쉬우면서 어려운 것이 바로 키워드인데요. 보다 키워드 추출을 쉽게 할 수 있는 방법을 알려드리겠습니다. 바로 네이버 크리에이터 어드바이저입니다.

링크 이동 QR

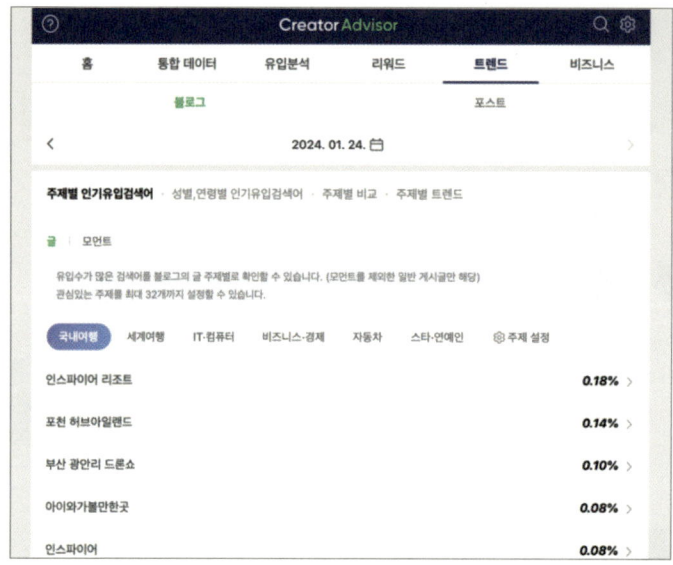

네이버 블로그 혹은 네이버 아이디가 있다면, 접속이 가능합니다. 크리에이터 어드바이저의 경우 카테고리별로 인기 있는 키워드를 추천해주기 때문에, 거의 무한으로 키워드 추출해서 사용할 수 있다는 장점이 있습니다.

저 역시 이 부분을 활용해서 꽤 좋은 아이디어를 얻기도 했습니다.

네이버 크리에이터 어드바이저를 활용하는 것과 그렇지 않은 경우의 차이는 티스토리와 워드프레스를 운영하는 블로거들에게 중요한 영향을 미칩니다.

이 도구는 16가지 주제를 포함하며, 특히 비즈니스와 경제 분야에서 높은 수익을 창출할 수 있는 키워드를 제공합니다. 네이버 크리에이터 어드바이저를 사용함으로써, 블로그 운영자는 수익에서 10달러, 50달러, 심지어 100달러 이상의 차이를 경험할 수 있습니다. 따라서 이 도구를 적극적으로 활용하는 것이 매우 권장됩니다.

3. 이미지 최적화 방법

링크 이동 QR

티스토리, 워드프레스에서 글 발행한 콘텐츠 1개는 문서 1개와 동일합니다. 문서를 읽을 때 이미지가 늦게 뜨거나, 깨지거나, 가독성이 높지 않다면 과연 그 문서를 읽고 싶은 사람들이 얼마나 될까요?

문서를 만드는 사람은 글을 읽는 사람의 편의성을 고려해서 작성해야 합니다. 특히 워드프레스의 경우 이미지 용량은 자신이 운영하고 있는 워드프레스 서버 용량에 영향을 줍니다. 곳간은 정해져 있지만, 자꾸 용량 큰 이미지를 곳간에 넣으려면 곳간은 곧 넘치기 때문이죠.

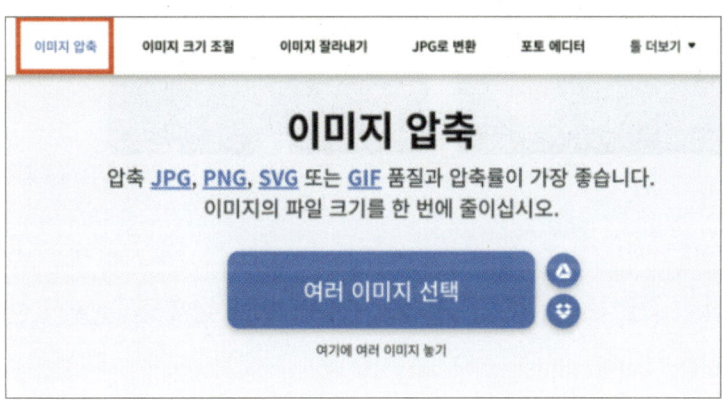

그래서 이미지 최적화가 필요합니다. 가장 이상적인 것은 500kb 이하로 업로드 해주는 것이 좋습니다. 대표적인 최적화 사이트는 바로 iLoveIMG 입니다.

사용방법은 간단합니다. 이미지 압축 버튼을 눌러서 변환하고자 하는 이미지만 업로드 후 다운로드 받으면 됩니다. 허용되는 확장자는 JPG, PNG, SVG, GIF 입니다.

이렇게 압축한 이미지를 티스토리나 워드프레스에 활용하면 됩니다.

4. 유튜브 캡처

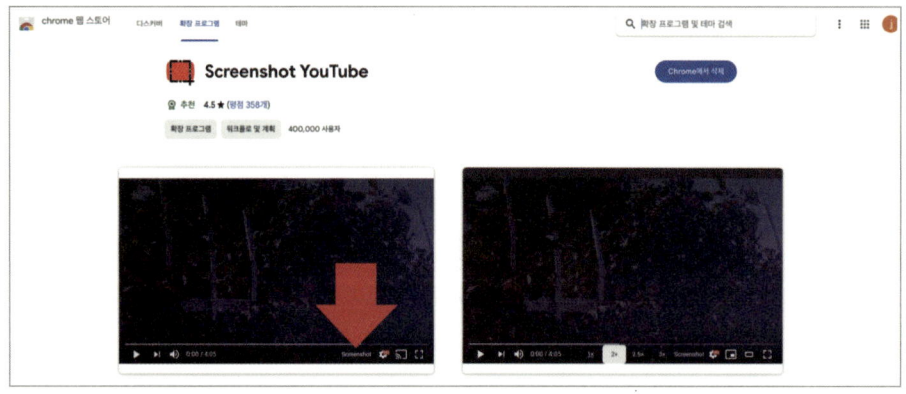

링크 이동 QR

가끔 유튜브 영상을 캡처해서 사용하는 경우가 종종 있습니다. 보통 이런 경우 화면 캡처를 통해서 해야 하는 경우가 있는데, 일일이 캡처하기 보다는 크롬 유튜브 캡처 확장프로그램 활용해주면 버튼 하나로 쉽게 캡처 할 수 있습니다.

설치 후 사용방법은 유튜브 영상 자동재생 버튼 왼쪽에 스크린샷 버튼이 있습니다. 그 부분 눌러서 캡처해주면 됩니다.

5. 유튜브 스크립트 추출

유튜브 영상을 텍스트로 확인하거나 간단히 요약해서 포스팅 하고 싶을 때 ChatGPT 크롬 확장 프로그램을 활용하면 편리합니다.

✅ 사용법
①크롬 웹스토어에서 확장 프로그램 추가
- "YouTube & Article Summary powered by ChatGPT" 검색 후 설치

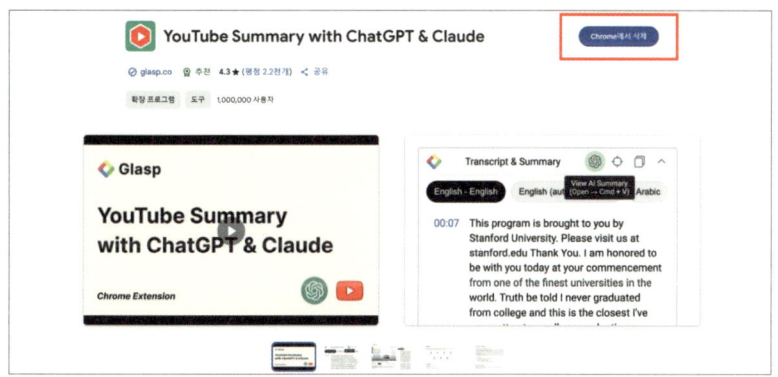

링크 이동 QR

②유튜브 영상 시청 시 기능 활용

링크 이동 QR

- 영상 옆에 "Transcript & Summary" 버튼이 생성됨
- 버튼을 클릭하면 자동으로 자막(Transcript) 표시

유튜브 영상의 주요 내용을 빠르게 확인하고 싶을 때 사용해 보세요.

6. 이미지 대량 다운로더

다음 상위 노출을 위해 사진이 여러 장 필요할 때 사용

PART 13.
두 달만에 월 1,000만 원 버는
블로그 운영방법

이제 티스토리 애드센스의 기본 개념과 세팅이 끝났습니다. 초보자의 경우 기본 세팅은 아래와 같이 해주시면 됩니다. 초보자 시절엔 왜 아래처럼 준비하라는지 이해가 안 되실 수 있습니다. 리스크 관리는 애드센스를 운영하는 데 있어 가장 중요한 요소 중 하나입니다. 안정적으로 수익을 창출하고 외부 변수로 인한 피해를 최소화하려면 미리 준비를 철저히 해야 합니다. 아래는 리스크 관리를 위해 준비해야 할 주요 사항들입니다.

사전 준비 없이 새롭게 시작한다면 최소 1~3개월 이상의 시간이 소요됩니다. 하지만 애드센스 계정과 사이트를 미리 준비해둔다면 예상치 못한 리스크에도 빠르게 대응할 수 있고, 수익화 시점을 앞당길 수 있습니다.

1. 구글계정&티스토리 계정 1번계정

티스토리 블로그 1개 = 승인용글(20개 가량 예약발행 해놓고 승인대기)

티스토리 블로그 1개 = 실제 운영하는것처럼 글써보기

나머지 티스토리 블로그 3개 = 글1개만 써서 최적화 시켜놓기

2. 구글계정 &티스토리 계정 2번계정

티스토리 블로그 1개 = 2차 도메인 씌우기 = 승인용글 30개 가량 작성=승인신청

티스토리 블로그 4개 = 글 1개씩 써놓고 최적화 대기

초보자라면 위 내용이 다소 복잡하게 느껴질 수 있습니다. 여러 개의 계정을 만들고 최적화하는 과정이 부담스럽다면, 일단 계정 하나만이라도 제대로 운영하는 것이 가장 중요합니다.

솔직히, 계정 여러 개 만들다가 시작도 못 하는 경우가 많습니다. 세팅만 하다 시간 다 보내고 정작

운영은 한 발짝도 못 나가는 경우가 태반이죠.

　그러니 처음엔 티스토리 계정 하나 + 구글 계정 하나로 시작해서, 승인받고 운영하는 감을 잡는 게 먼저입니다. 운영 경험이 쌓이면 그때 추가 계정을 만들어도 늦지 않습니다.

2달만에 1000만원 상위 0.01% 티스토리 블로그 운영방법 2탄

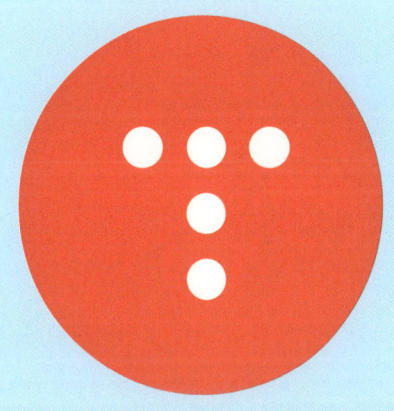

세팅이 끝났으면 이제 본격적으로 돈을 벌어봅시다. 아래의 방법은 2025년 지금도 통합니다. 해당 방법들로 애드센스를 시작한지 3개월만에 1,900만 원에 가까운 순이익을 얻게 되었습니다.
(당시 직원 없이 혼자서 글만 쓰면 됐기 때문)

애드센스로 돈 버는 4가지 방법

진짜 돈 버는 노하우는 지금부터 시작이니 마음의 준비를 단단히 해봅시다. 당신도 할 수 있습니다.
입문자나 초심자에게 다음은 우리 수익의 핵심을 차지하는 큰 수입원입니다. 이걸 포기하는 순간 적게는 50%, 많게는 90~99%까지 수익이 감소할 것입니다.

초보자 시절 다음을 절대 포기하지 마세요. 블로그를 하다 보면 처음엔 다음 유입이 대부분이지만 점차 구글, 네이버 유입이 늘어가게 됩니다. 구글의 상위노출이 비교적 늦게 일어나기도 하고, 그만큼 어렵기도 한 결과입니다. 그렇기 때문에 애드센스를 시작하는 분이라면, 다음에서 수익에 대한 감을 익히시기 바랍니다.

애드센스로 돈 버는 방법은 다양합니다. 가장 보편적으로 알려진 방법에 대해 설명드리겠습니다.
1. 다음 트래픽 늘리기
2. 네이버 트래픽 늘리기
3. 구글 트래픽 늘리기
4. 외부 트래픽 늘리기

4가지에 따라서 전략이 달라집니다. 애드센스 글쓰기를 할 때도 어느 트래픽을 노리고 쓸 것인지를 생각하고 써야 합니다. 우선 가장 기초적인 다음 공략방법에 대해 설명해보겠습니다.

PART 1.

상위 0.01%만 아는
티스토리 수익형 글쓰기 방법

1. 블로그 방향성 정하기

돈 버는 블로그는 방향성이 가장 중요합니다. 제 책을 구매한 여러분들이 제일 먼저 해야 하는 부분이 주제를 통한 키워드 잡기입니다.

수익형 블로그가 고수익을 내기 위한 조건은 단 3가지입니다.
1) 키워드 선정(주제)
2) 트래픽(검색유입, 외부유입)
3) 효과적인 광고배치

2. 전문블로그 vs 잡블로그 뭘 해야 할까?

5년간 블로그를 하면서 가장 많이 듣는 질문 중 하나가 "여러 가지 주제로 작성하는 잡블로그 VS 한 가지 주제로 작성하는 전문 블로그, 뭐로 시작해야 되나요?" 입니다. 그만큼 블로그를 처음 시작하는 사람들에게는 이 선택이 중요한 것으로 보입니다.

먼저 각 블로그 장단점부터 분석해 보겠습니다.

1) 잡블로그

대부분 수익형 블로그라는 말을 들으면 잡블로그를 떠올립니다. 잡블로그란 특정 주제 없이 다양한 키워드로 다양한 글을 포스팅 하는 블로그를 말합니다.

장점

- 다양한 주제 다룸: 특정 주제에 제약을 받지 않아 키워드 발굴이 용이하며, 다양한 주제에 대한 글을 작성할 수 있습니다.
- 트래픽 모으기 쉬움: 다양한 주제를 다루어 다양한 독자층을 유치하여 상대적으로 빠르게 트래픽을 높일 수 있습니다.
- 수익 창출 용이: 수익이 될만한 키워드를 선택하고 발행량을 늘리기 쉬워, 상대적으로 수익화가 용이합니다.

단점

- 장기적 수익 가능성 낮음: 글이 작성된 후에도 장기적으로 수익이 유지되기 어려우며, 경쟁이 치열한 키워드일수록 낮아집니다.
- 지속적인 투입 필요: 수익을 올리기 위해 지속적으로 글을 작성해야 하므로 디지털 노가다가 될 수 있습니다.

2) 전문 블로그

전문 블로그는 특정 주제나 분야에 집중하여 글을 작성하는 블로그를 말합니다. 한 가지 주제에 대해 깊이 있는 정보를 제공하며, 해당 분야의 전문성을 추구하고자 하는 블로그 형태가 전문 블로그입니다.

장점

- 전문성 강조: 특정 주제나 분야에 집중함으로써 전문성을 강조할 수 있습니다.
- 브랜딩 강화: 특정 주제에 대한 전문성으로 브랜딩이 강화되며, 독자들의 신뢰를 얻을 수 있습니다.
- 추가 수익원 확보: 브랜딩을 통해 책, 강의 등의 추가 수익원을 확보하는 기회가 높아집니다.
- 검색 엔진 최적화 용이: Google 알고리즘 중 E.A.T는 전문성 있는 블로그를 높게 평가하여 상위 노출이 쉽습니다.

단점

- 시간 소요: 성과를 얻기까지 많은 시간이 필요하며, 브랜딩을 확립하는 데에도 상당한 시간이 소요됩니다.
- 주제 한정성: 특정 주제에만 글을 작성하다 보니 소재 고갈이 될수 있으며, 시장 변동에 취약할 수 있습니다.

간단하게 요약하자면

잡블로그는 쉽고, 단기적으로 빠른 수익을 올릴수 있지만 디지털 노가다가 될 수 있습니다.

전문블로그는 어렵고, 단기적인 수익을 올리긴 어렵지만 일정 수준에 올라가면 자동 수익이 발생합니다.

3. 상위 0.01% 마스터가 추천하는 방향성

각자 장,단점이 뚜렷하기에 둘 다 경험 해보시는 걸 강력하게 추천드립니다. 제가 추천하는 방법은 처음부터 5개의 블로그(잡블3개, 전문블2개)를 운영 해보는 것입니다. 이에는 2가지 이유가 있습니다.

1) 잡블로그를 운영하며 경험을 쌓고, 전문블로그로 넘어가기

블로그를 처음 시작하는 경우, 전문 블로그를 선택하는 것보다는, 본인이 관심을 가지고 지속적으로 운영할 수 있는 주제를 여러 개 선정해 잡블로그로 시작해봅니다. (이미 전문 지식이 있는 분은 전문블로그로 시작하시는 게 좋습니다)

중요한 건, 본인이 선택한 주제가 돈이 될지 여부에 대해서는 알 수 없습니다.

다양한 키워드를 통해 어떤 주제가 수익이 나는지 경험을 쌓으며 자신만의 데이터를 쌓는 게 중요합니다.

이렇게 초반 1개월~1년 정도 다양한 주제의 포스팅을 하다 보면 수익이 발생하고 어느 순간 내가 관심있고 재밌게 쓸 수 있는 분야가 생깁니다. 그때 전문 블로그를 시작하면 됩니다.

2) 저품질 대비

티스토리를 운영하다 보면 저품질을 피하려 해도, 언젠간 결국 저품질이 오게 됩니다. 하나의 블로그를 정성스럽게 키우다가 어느 날 갑자기 저품질이 되어 방문자가 급감하며 수익까지 떨어지면 정신

적 타격을 받아 포기하게 됩니다.

　뒤쪽에서 자세히 다루겠지만, 저품질에 적절히 대응하려면 여러 블로그에 글을 분산시켜야 합니다. 이렇게 분산해서 운영하면 한개의 블로그가 저품질이 되어도 4개의 블로그가 있기에 어렵지 않게 복구할 수 있습니다.

　즉, 잡블로그로 시작해 최대한 많은 글을 쓰고 다양한 경험을 쌓아 높은 단가의 키워드를 발견해 전문블로그로 자연스럽게 넘어가는 것이 중요합니다.

　저도 티스토리를 키울 시절 전문 블로그 5개, 잡블로그 10개를 동시에 육성했습니다. 저도 초반에는 잡블로그 위주로 운영을 했습니다. 그러나 차츰 전문 블로그가 결국 정답인 걸 알게 되어 관심있는 주제들로 각각 전문주제의 블로그를 개설했고 최근에는 거의 전문블로그 위주로만 글을 쓰고 있습니다.

PART 2.
상위 0.01%의
다음 공략법

1. 상위 0.01%는 이런 키워드로 돈 벌고 있습니다. (금광 찾는 방법)

블로그를 이전에 운영을 해 본 경험이 있다면 키워드에 대한 개념은 어느정도 있을 것입니다. 만약 블로그 경험이 없더라도 키워드 개념은 매우 중요하니 꼭 제대로 이해해야 합니다. 양질의 정보를 담은 글을 쓰는 것이 블로그를 키우는 가장 좋은 방법이라고 했습니다. 티스토리 블로그로 돈을 잘 버는 사람들이 단순히 글을 잘 써서 돈을 잘 버는 것일까요? 절대 아닙니다. 블로그는 결국 광고 클릭으로 돈을 벌기 때문에 수익형 키워드에 대한 개념을 잘 이해해야 합니다.

이러한 키워드의 개념을 모른다면, 다른 사람이 10개의 글을 써서 버는 돈을 나는 100개의 글을 써도 못 벌 수 있습니다. 키워드는 아무리 강조해도 부족할 만큼 중요한 부분이고, 빨리 깨닫는다면 그만큼 내가 다음 단계로 가는 시간을 절약할 수 있습니다.

좋은 금광 키워드에는 조건이 있습니다.
1. 행동의지
2. 고단가 키워드
3. 40대이상이 검색할 키워드 (광고에 둔감해서 클릭율이 좋으심)

제일 중요한 것은 "행동의지"가 있는 키워드입니다. 여기서 행동의지가 있는 키워드란 검색자가 무언가 행동하기 위해서 검색하는 키워드를 말합니다. 단순히 정보만 얻고 끝나는 게 아닌, 신청, 가입, 구매, 바로가기, 다운로드 등의 행동을 하기 위해서 찾는 키워드입니다.

2. 티스토리 하루 1,000만 원 만든 검색 키워드 공개

티스토리 블로그는 기본적으로 다음 플랫폼에서 검색으로 유입되어 검색자들을 통해 수익을 창출하는 것입니다.

많은 강의하는 사람들이 ○○신청방법이나, 재난지원금, 정부의 정책글에 관련해서 쓰라고 하는 건 이유가 있습니다. 정말 돈이 됩니다. 실제로 저도 재난지원금, 상생지원금 등의 키워드로 수천~수만 달러를 벌어봤습니다.

아래는 '상생지원금','상생소비지원금' 키워드로 실제로 하루 1,000만 원가량 벌었던 모습입니다.

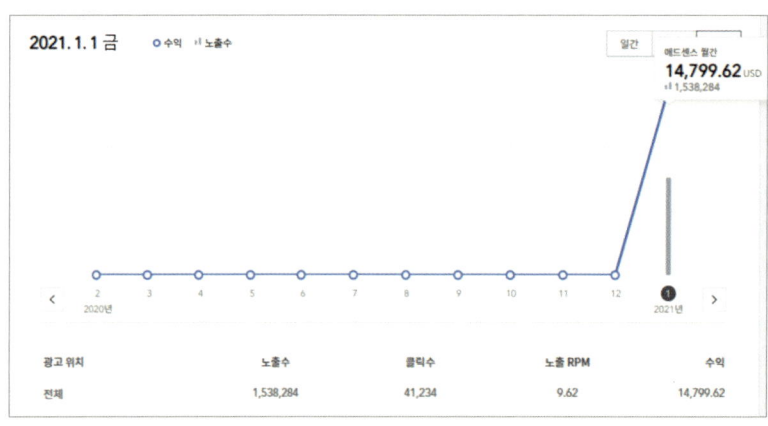

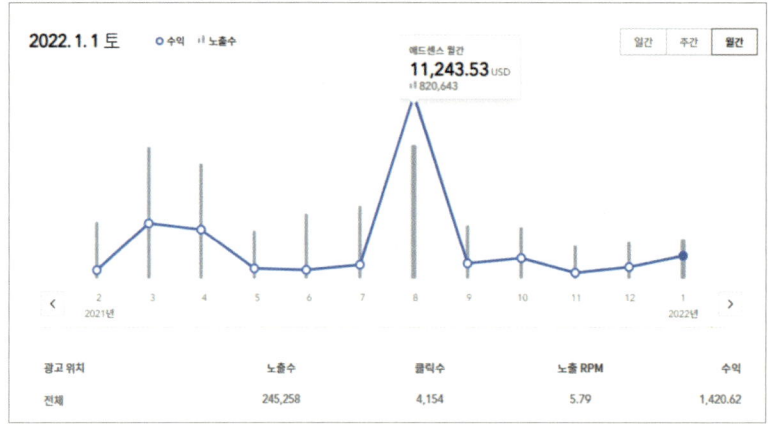

여기까지 읽어 보셨다면 무슨 글을 써야 돈이 된다고 생각하고 계실까요?

돈 되는 키워드는 단순합니다.

1. 다운로드, 예매, 신청 등 검색자의 행동을 요구하는 키워드
2. 40~60대 여성이 관련 있는 키워드
3. 돈과 관련된 대출, 보험, 정부 지원금 관련 키워드

1) 다운로드, 예매, 신청 등 검색자의 행동을 요구하는 키워드

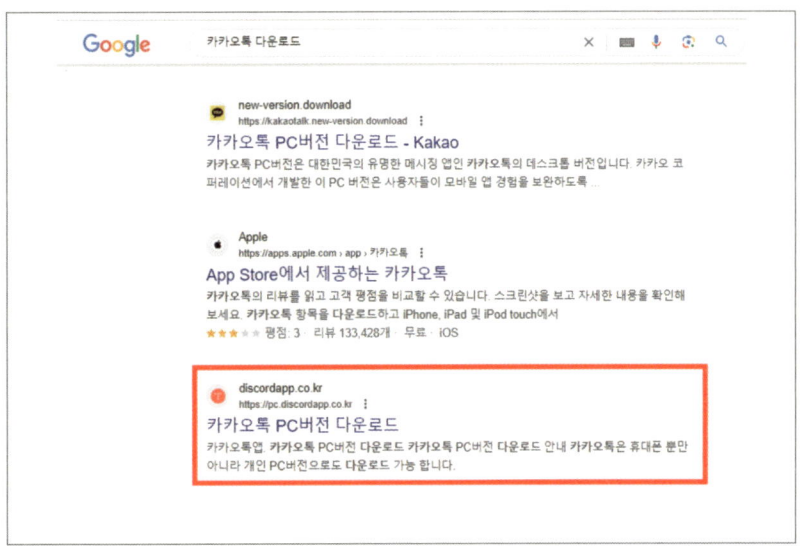

위에서 언급했듯이 가장 좋은 황금키워드는 "행동의지"가 있는 키워드입니다. 만약 어떤 음식의 효능(건강 주제)으로 글을 쓴다고 가정해 보겠습니다. "~효능"과 같은 키워드는 검색량이 평균 3천에서 최대 2만까지 나오는 조회수가 높은 분야이고, 티비 프로그램에서 어떤 이슈가 되면 검색량이 폭발적으로 급증해서 방문자 수를 늘리기 좋은 키워드입니다. 그렇다면 이것은 수익성이 좋은 키워드일까요? 정답은 아닙니다.

왜일까요? 검색자는 "~효능" 글을 검색하고 단순히 그 음식의 효능만 궁금할 뿐이지 추가적으로 무슨 '행동'을 할 의향은 크게 없습니다. 물론 그 음식을 먹고 싶어진다든지, 사고 싶어지는 욕구는 생길 수 있겠죠. 그러나 우리가 그것에 맞는 상품을 지금 당장 팔 수 있나요? 아닐 겁니다. 결국 검색자는 자신의 검색 목적이었던 "~효능"에 대한 정보를 얻고 글을 이탈하게 됩니다.

그렇다면 우리에게 떨어지는 수익은? 제로겠죠. 따라서 이러한 글은 크게 돈이 되지 않습니다. 자, 이제 제가 직접 다음을 운영하면서 꽤 쏠쏠하게 벌었던 황금 키워드들을 나열해보도록 하겠습니다. 여러분들은 이 키워드들의 공통된 특징이 있나 살펴보세요. 또한 "~효능"과 차이점이 있다면 어떤 것이 있을지 생각해보세요.

[다음 키워드]
1. 재난지원금 신청
2. LH 국민임대주택 모집공고
3. 자동차세연납신청
4. 자동차정기검사
5. 양도소득세 자동계산

자 느껴지시나요? 느껴지시지 않는다면, '검색자의 입장'에서 생각해보시길 바랍니다. 재난지원금 신청이라고 검색한 사람들은, 결국 검색 후 재난지원금 신청을 할 사람들입니다. 그렇다면 글 내에서 재난지원금 신청 링크가 있다면 자연스럽게 클릭하게 됩니다.

지원금을 신청해야 한다는 '행동욕구'가 있으니 글에서 내 욕구를 충족하고 싶어하고, 추가적인 링크 클릭과 같은 행동을 할 마음이 열려있다는 것이죠. 이것은 배너 광고나 전면 광고의 클릭으로 이어지게 되고, 우리는 수익을 얻게 됩니다. 따라서 "~신청 방법", "~ 자격조건", "~ 가입대상", "~ 바로가기", "~ 대상조회", "~ 예매", "~ 조회" 등 행동과 관련되는 키워드를 먼저 생각해보시길 바랍니다.

[다음 키워드]
1. 재난지원금 신청 ⋯▶ **지원금 신청**
2. LH 국민임대주택 모집공고 ⋯▶ **공고 열람, 임대주택 신청**
3. 자동차세연납신청 ⋯▶ **연납 신청**
4. 자동차정기검사 ⋯▶ **예약, 주변 검사소 조회방법**
5. 양도소득세 자동계산 ⋯▶ **양도세 계산**

2) 40~60대 여성이 관련 있는 키워드
2번째 황금키워드로는 중장년층이 검색하는 키워드입니다.

게임, 영화와 같은 주제의 티스토리 블로그를 추천하지 않는 이유는 해당 키워드가 돈이 되지 않고, 게임, 영화를 검색하는 검색자의 연령대가 비교적 낮기 때문입니다. 10~30대는 컨텐츠와 광고가 무엇인지 정확히 구별할 줄 압니다. 또한 소비에 대한 마음도 크게 열려 있지 않습니다. 따라서 광고 클릭률이 저조합니다.

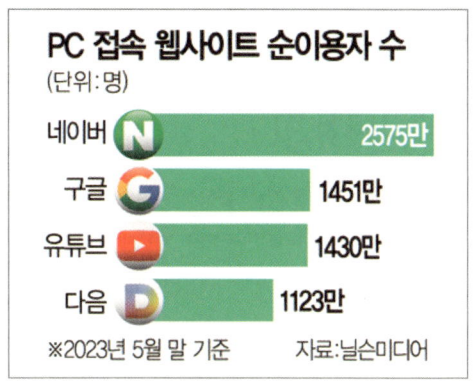

반면에 다음을 이용하는 40~60대는 어떨까요? 광고와 콘텐츠의 구분이 다소 어렵습니다. 따라서 광고 클릭률이 낮은 연령대보다 더 높을 수밖에 없습니다. 이는 40~60대가 주 사용자인 다음에서 적은 조회수로 더 높은 수익을 올릴 수 있다는 의미입니다.

3) 돈과 관련된 대출, 보험, 정부 지원금 관련 키워드

세번째로 대출, 보험, 지원금 등 돈과 관련된 고단가 키워드입니다. 이러한 키워드가 돈이 많이 되는 이유는 간단합니다. 객단가가 높아 광고 단가 역시 높아서 그렇습니다. 이러한 키워드는 클릭 한 번에 최소 3천 원, 많게는 2만 원 넘는 금액을 벌 수 있습니다.

단, 다음에서는 이러한 키워드를 쓰면 저품질 및 펍벤을 당할 수 있으니 쓰지 마시고 구글, 네이버 영역에서 도전해보시길 바랍니다.

PART 3.

5분만에
금광 키워드 찾는 방법

자, 이제 돈이 되는 키워드에 대한 눈을 떴다면 이제 키워드를 어떻게 찾는지 알아보도록 하겠습니다. 물론 위의 정보만을 가지고 "기초연금 수급자격", "양도세 계산"같은 키워드를 추가적으로 발견하고 작성해도 좋습니다. 하지만, 더 큰 수익을 위해서는 기존에 있는 키워드보다는 앞으로 나올 키워드를 '선점'하는 것이 중요합니다.

1. 키워드를 선점하는 시크릿 노하우(25년 3월 개정)

1) 대한민국 정책브리핑(https://www.korea.kr/main.do)

대한민국 정부에서 직접 관리하며 최신 정책이 가장 빠르고, 정확하게 올라오는 사이트입니다. 보통 사이트 운영주체가 접속하셔서 스크롤을 내리다보면 '인기 뉴스', '정책포커스'를 확인해 보시면 됩니다.

　　먼저 인기뉴스와 25년 달라지는 정책을 보시면서 사람들이 검색할 행동형 키워드를 작성해주시면 됩니다. 예를 들어 25년 첫만남 이용권이 변경된다고 생각해보겠습니다.

　　그렇다면 첫만남 이용권에 대한 검색량이 증가하겠군요. 다만 다음을 노리는 우리로선 좋은 키워드는 아닙니다. 다음 검색은 40~60대므로 첫만남이용권에 대한 검색결과는 크진 않겠죠. 그러나 네이버, 구글에선 충분히 활용이 가능합니다.

　　또한 그 옆에 있는 "20○○년 달라지는 제도" 카드뉴스도 잘 살펴보시길 바랍니다. 앞으로 주목받을 키워드들을 미리 알 수 있습니다.

　　스크롤을 조금 더 내려 [인기 뉴스 또는 정책뉴스] 탭에 도착했습니다. 많이 본 뉴스라는 것은 그만큼 사람들의 관심도가 높다는 의미겠죠? 아마 지금 이 순간에도 검색하는 사람이 있을 겁니다.

　　1위 글에선 "숙박 쿠폰", 5위 글에선 "ISA", 6위글에선 "디딤씨앗통장", 10위 글에서는 "연말정산 간소화"라는 키워드들이 보이네요. 모두 가져가도록 하겠습니다.

우리가 이 키워드를 가져간 이유를 아시겠나요? 위에 배웠던 돈이 되는 키워드 요건 중 행동유도가 가능한 키워드인 것이죠. 거기에 지금 주목도가 높다는 것도 확인했으니 돈이 되는 키워드가 확실합니다. 이러한 정책정보에 대한 정보를 계속 받아보고 싶다면 [정책정보 알림신청]을 통해 계속해서 키워드 아이디어를 얻을 수 있습니다.

찾은 키워드
첫만남이용권
숙박 쿠폰
ISA
디딤씨앗통장
연말정산 간소화

*황금 키워드 아이디어 얻는 정부 사이트

1) 보조금24: https://www.gov.kr/portal/rcvfvrSvc/svcFind/svcSearchAll

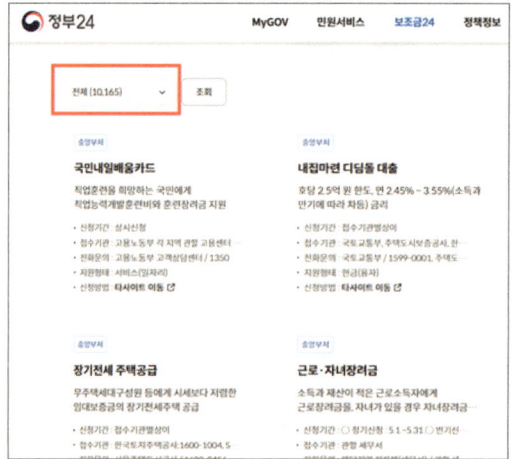

링크 이동 QR

2) 복지로: https://www.bokjiro.go.kr/ssis-tbu/twataa/wlfareInfo/moveTWAT52000M.do

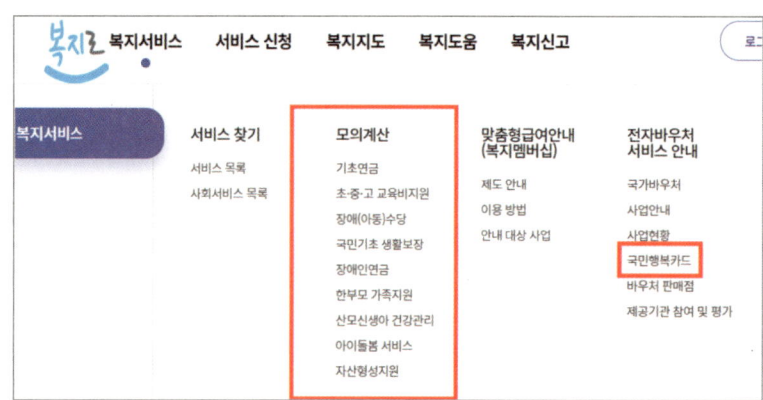

3) 내 손안에 서울: https://mediahub.seoul.go.kr/mediahub/main.do

추가로 시에서 운영하는 블로그들에서 황금 키워드를 많이 찾을 수 있는데요. 제가 가장 많이 참고하는 공식 블로그 2가지 추천드립니다.

오산시 블로그 ⋯▶ 세상사는 이야기
https://blog.naver.com/osan_si
경기도 블로그 ⋯▶ 경기정책정보
https://blog.naver.com/gyeonggi_gov

이외에도 보조금24, 복지로, 내 손안에 서울을 통해 다양한 키워드 아이디어를 얻을 수 있습니다. 대한민국 정책브리핑과 다르게 분류해둔 이유는, 위의 정책브리핑은 그야말로 시즌성 키워드(사람들의 관심이 반짝하는) 위주로 알 수 있고, 이외 정부 사이트들은 365일 꾸준히 검색되는 비시즌성 키워드가 더 많습니다.

2. 키워드 분석하기

이제 아이디어로 얻은 키워드를 실질적인 '데이터'를 통해 내가 쓸지 말지 판단해야 할 차례입니다. 이 키워드가 좋은지 안 좋은지를 판단하는 단계라고 할 수 있죠.

키워드 툴은 키워드 마스터, 구글 키워드 플래너, 블랙 키위 등 다양한 툴이 많지만 지금은 다음을 노리는 중이기 때문에 '다음 키워드 플래너'만 쓰고 다른 키워드 툴들은 따로 설명해드리도록 하겠습니다.

단, 이 데이터는 반영이 바로바로 되는 것이 아니기 때문에 새로 생겨나는 신생 키워드(이슈성 키워드)를 분석하는 데는 사용하지 마시길 바랍니다. 예를 들어 위의 정책브리핑에서 가져오는 최신 정책 키워드들은 우리가 발빠르게 알아왔더라도 다음 키워드 플래너로는 분석할 수 없습니다. 적어도 사람들이 검색을 하기 시작한 일주일에서 한 달 뒤에 검색량이 나오기 때문에 그때 키워드를 분석한다면 이미 늦었다고 할 수 있습니다.

일단 다음 키워드 광고의 사용법을 먼저 알려드리도록 하겠습니다.

3. 카카오 키워드 플래너 사용법

1. 카카오 비즈니스에 접속해줍니다.

2. 로그인 후 상단 탭 두번째에 있는 [광고] - [키워드광고]를 클릭해주세요.

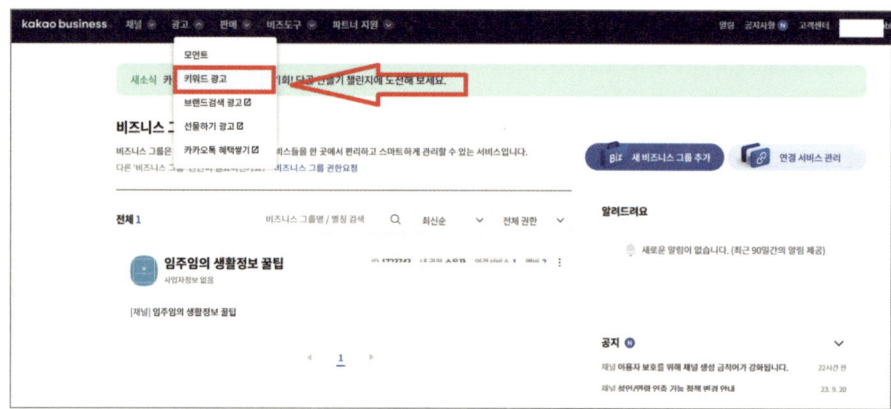

3. 우측 상단의 광고계정 만들기를 눌러줍니다.

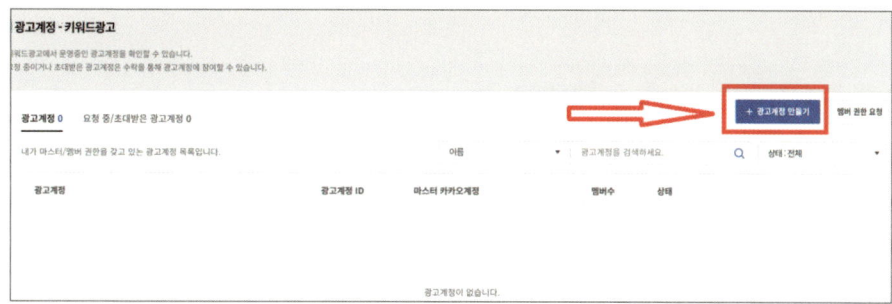

4. 우리는 직접 광고를 할 것이 아니기 때문에 사업자등록번호 없음을 해주시고, 이후에 다른 정보들도 간략하게 입력해줍니다.

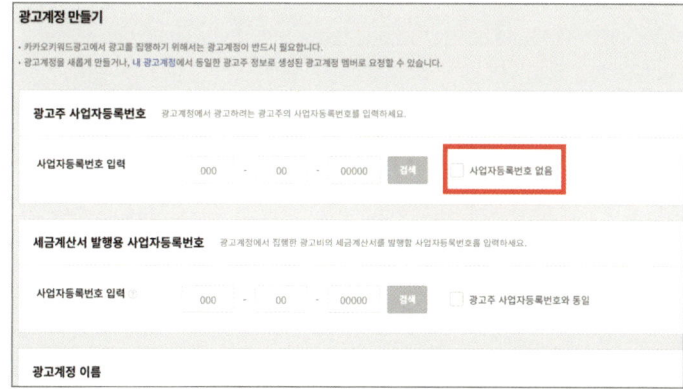

5. 광고계정을 만든 후 다시 상단의 광고 ➡ 키워드 광고를 클릭해줍니다. 이후 광고 계정으로 들어가주세요.

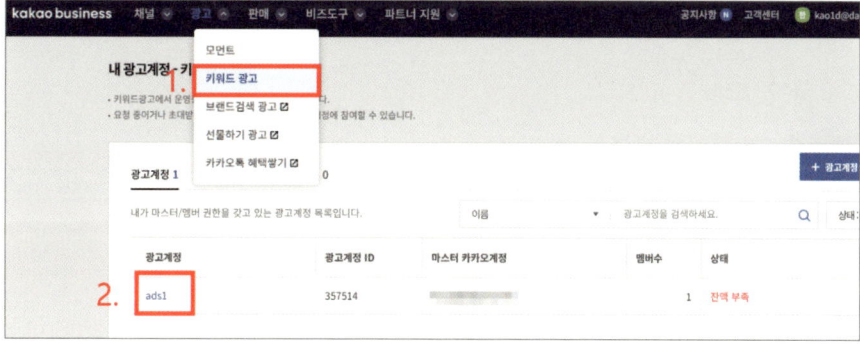

6. 왼쪽 메뉴의 [광고자산 관리] - [키워드 플래너]에 접속해줍니다. 이제 자신이 원하는 키워드를 입력해줍니다.

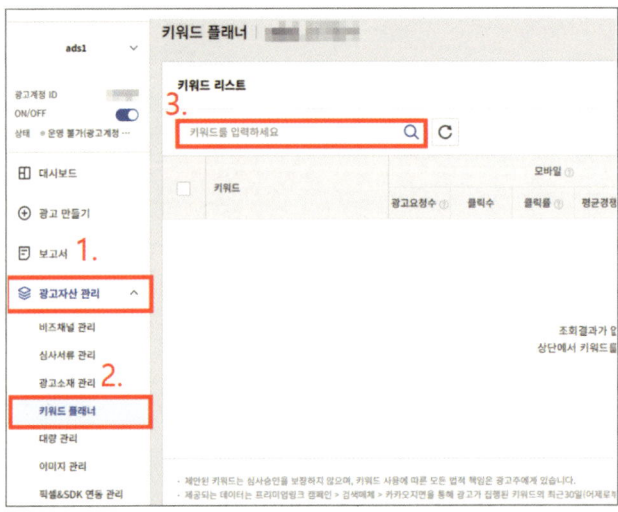

7. 다음 키워드 플래너를 사용할 준비가 완료되었습니다.

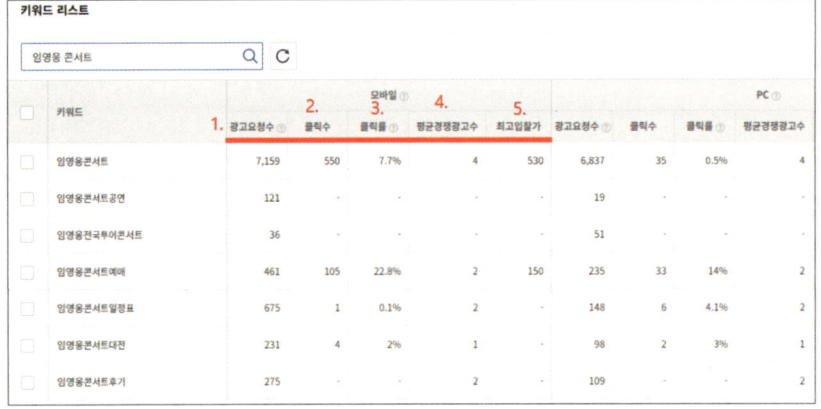

1) 광고 요청 수: 조회수

2) 클릭수: 광고를 클릭한 사람의 숫자

3) 클릭률: 조회수 대비 클릭수(광고요청수/클릭수)

4) 평균경쟁광고수: 광고주의 평균 숫자

5) 최고 입찰가: 최고 클릭당 금액

4. 카카오 키워드 플래너 100% 활용하는 방법

이제 내가 발굴한 키워드들을 티스토리에 써도 되는지 확인하는 단계입니다. 초보의 입장에서는 입찰가는 크게 중요하지 않습니다. 위에서 말했던 돈 되는 키워드 들의 특성과 더불어 조회수만 나와 주면 됩니다.

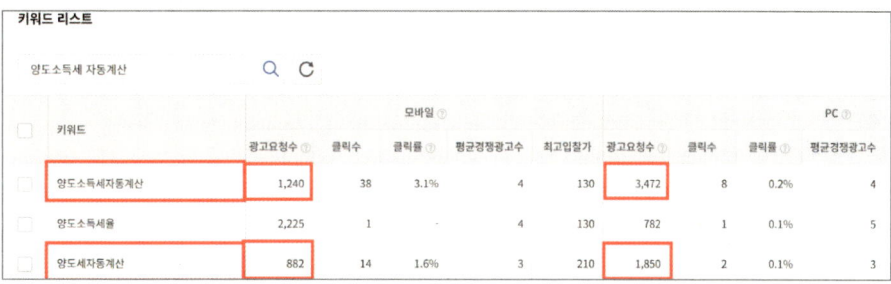

우리가 위에서 찜했던 양도소득세 자동계산 키워드를 예시로 키워드 플래너에 검색해보겠습니다. 한 달 기준 모바일 검색량은 1,200, PC 검색량은 3,400으로 한달 조회수는 4,600, 하루에 약 150명 정도가 방문할 수 있는 좋은 키워드네요. 게다가 행동유도를 시킬 수 있는 키워드다 보니까 합격입니다.

또한 검색결과에 같이 나온 "양도세 자동계산"키워드도 충분히 매력적입니다. 이것도 역시 합격입니다. 다음 키워드 플래너의 좋은 점은 이렇게 연관 키워드의 조회수까지 한 번에 확인할 수 있다는 것입니다.

이 점을 활용하여. 저는 키워드 확장을 위해 '신청'이라는 단어만 검색해보겠습니다.

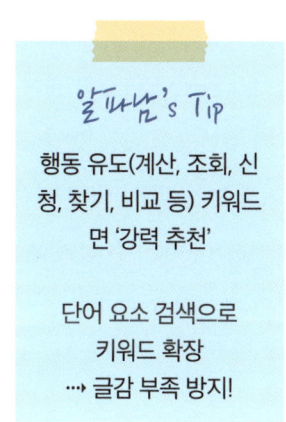

우리가 그토록 원하는 행동유도 키워드들이 쏟아져 나옵니다. 이렇듯 카카오 키워드 플래너는 단순히 내가 쓸 키워드의 조회수를 검색할 뿐만 아니라 키워드를 확장시켜주는 좋은 툴입니다. 가끔 쓸 키워드가 없으면 이렇게 단어 요소로 검색해보시길 바랍니다.

다른 키워드 툴을 쓰면 안 될까?

사실 다음 키워드 플래너는 티스토리를 사용하는 사람 외에는 쓰지 않는 키워드 툴입니다. 조회수 순으로 정렬도 안 되고, UI도 꽤나 불편하거든요. 그러나 다음을 노리는 우리는 이것을 주로 써야 합니다. 그 이유는 무엇일까요?

-	키워드	PC 검색량	모바일 검색량
-	첫만남이용권	6,120	28,600

예를 들어 네이버에서 '첫만남 이용권'이라는 정말 괜찮아 보이는 키워드를 가져왔습니다. 당장 내 티스토리 블로그에 써서 조회수를 얻고 싶으나 우선 2차 검증을 해봅시다.

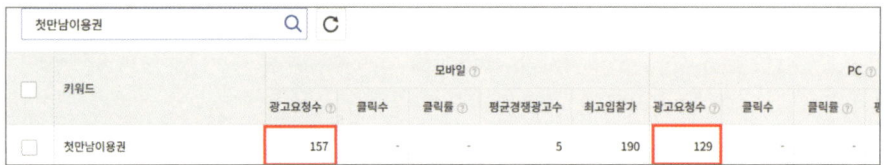

다음 키워드 플래너에 검색해본 결과 조회수가 300도 안 됩니다. 이는 단순히 네이버가 다음보다 사용자가 많아서가 아니라 다음의 검색자의 '연령대'가 높은 특성 때문에 첫만남 이용권이라는 출산과 관련된 키워드의 검색량이 낮은 것입니다. 또한 네이버에서는 "숙박 쿠폰 신청"이 대세 키워드인데 다음은 "숙박 키워드 받는 법"이 대세 키워드일 수 있습니다. 같은 숙박 쿠폰 키워드라도 포털마다 검색이 되는 키워드 조합이 다를 수 있기 때문에 우리가 티스토리를 사용해 다음을 노릴 때는 '다음 키워드 플래너'를 사용하는 것이 좋습니다.

PART 4.

한번 배우면
50년 써먹는 글쓰기 방법

국내에서 애드센스로 수익을 창출하려면 구글, 네이버, 다음 등 주요 검색 포털을 공략해야 합니다. 특히 초보자의 경우 검색 난이도가 낮고 트래픽을 쉽게 확보할 수 있는 다음(Daum)부터 시작하는 것이 효과적입니다.

현재 국내 애드센스 운영 시 주요 검색 포털의 난이도를 정리하면 다음과 같습니다.

검색 포털	검색 난이도	특징	롤링 기준
구글(Google)	★★★★(어려움)	SEO 최적화 필수, 검색 알고리즘 변화가 많음	6개월 ~ 2년
네이버(Naver)	★★★(중간)	블로그 및 키워드 최적화 필요, 지속적인 활동 필수	1주 ~ 3달
다음(Dam)	★(쉬움)	티스토리 활용 시 빠른 검색 노출 가능	하루 ~ 1주
빙(Bing)	★★(쉬움)	최근 검색 점유율 증가, 웹 마스터 등록 필요	3개월 ~ 1년

- 구글(Google): 검색 상위 노출이 어렵고, SEO(검색 엔진 최적화)가 필수
- 네이버(Naver): 검색 노출이 까다롭고, 지속적인 활동(도메인, 블로그 신뢰도)이 필요
- 다음(Daum): 상대적으로 검색 최적화가 쉽고, 트래픽 확보가 용이
- 빙(Bing): 점유율이 낮지만 일부 키워드는 구글보다 검색량이 높아 활용 가능

▶ TIP: 초보자는 다음 ⋯ 네이버 ⋯ 구글 순서로 공략하는 것이 효과적이며, 티스토리 블로그를 최적화하면 다음 검색에서 빠른 성과를 얻을 수 있음.

이번 파트에서는 다음 검색을 활용한 애드센스 최적화 전략을 구체적으로 설명하고, 티스토리 블로그 최적화 방법과 저품질 방지 대책까지 함께 다뤄보겠습니다.

글쓰기는 처음에야 어렵지 습관이 된다면 더할 나위 없이 쉬운 것이 글쓰기입니다. 정말 능숙해진 다면 10분 ~ 20분만에도 한 개의 글을 뚝딱 만들어낼 수 있습니다.

1. 저작권 걱정 없이 30초만에 티스토리 블로그 썸네일 만드는 방법

우선 글쓰기 전이나 후에 썸네일을 만들어야 합니다. 썸네일은 클릭율을 높이는 요소 중 하나입니다. 눈에 잘 띄는 썸네일은 내가 글 순위가 2등이라 하더라도 사람들의 클릭을 만들어 냅니다.

썸네일은 디자인이 중요하기 때문에 제작 경험이 없거나 초보이신 분들은 막연한 두려움을 느낄 수 있습니다. 물론 저 역시 디자인은 배워보지도 않았고 왕초보이기에 썸네일을 만드는 것이 쉽지 않지만 디자인 플랫폼을 활용하여 간단하면서도 깔끔하게 제작을 할 수 있게 되었습니다.
티스토리 썸네일은 정사각형으로, 500×500 크기를 사용하시면 됩니다.

먼저 미리캔버스 홈페이지에 들어가서 회원가입을 해주세요. 미리캔버스는 무료 디자인 플랫폼으로 저작권 걱정 없어 썸네일을 포함한 PPT와 카드 뉴스 등을 쉽게 제작할 수 있기 때문에 알아두시면 과제를 만들거나 직장 생활에도 쉽게 활용할 수 있기에 강력하게 추천드리는 홈페이지입니다. 참고로 무료이며 설치도 필요 없습니다. 우측의 qr 코드를 통해 들어가주세요.

링크 이동 QR

회원가입을 마쳤다면 이제 썸네일을 제작해 보겠습니다. 만드는 방법은 2가지로 기존 탬플릿을 활용하여 만드는 방법과 직접 제작하는 방법이 있습니다.

1) 기존 탬플릿을 활용하여 썸네일 만들기

좌측에 있는 탭에서 템플릿을 선택한 뒤 상단 두 번째 칸에 있는 '모든 템플릿'을 클릭해주세요. 클릭하게 되면 다양한 템플릿이 등장하는데 유튜브/팟빵에 있는 썸네일을 클릭해주세요. 그러면 다양한 템플릿이 나오게 되는데 이 중에서 마음에 드는 것을 선택해주세요.

　디자인에 마우스 포인트를 이동시켜 그림이나 텍스트를 클릭하면 사각형으로 범위가 설정되며 편집을 할 수 있게 됩니다. 취향에 맞게 편집한 후 우측 상단의 디스켓 파일을 눌러 저장해 주세요. 저장하게 되면 좌측 작업 공간 탭에서 다시 사용하거나 편집할 수 있게 됩니다.

2) 직접 제작하기

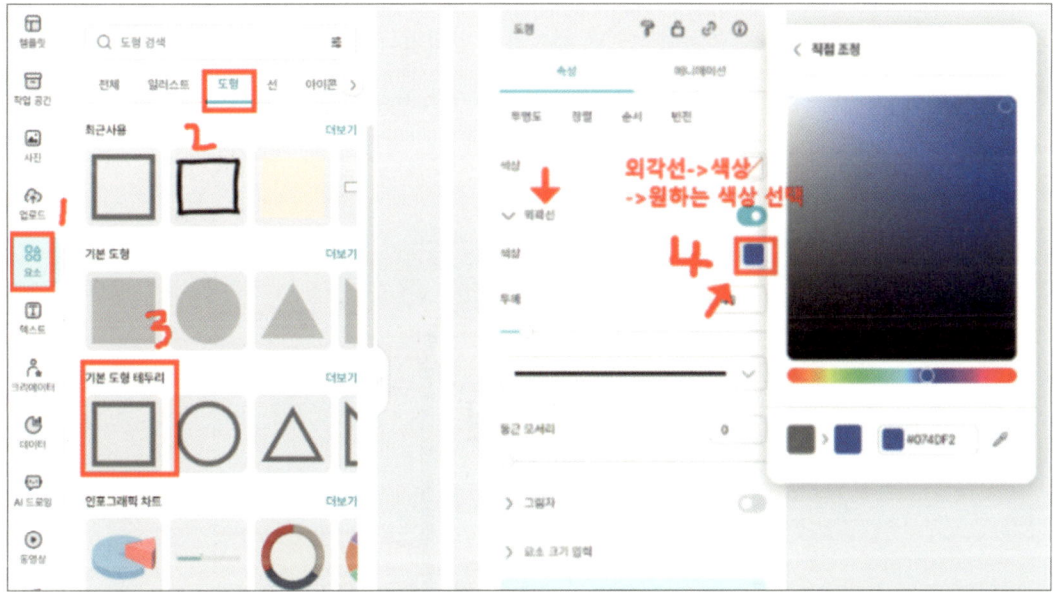

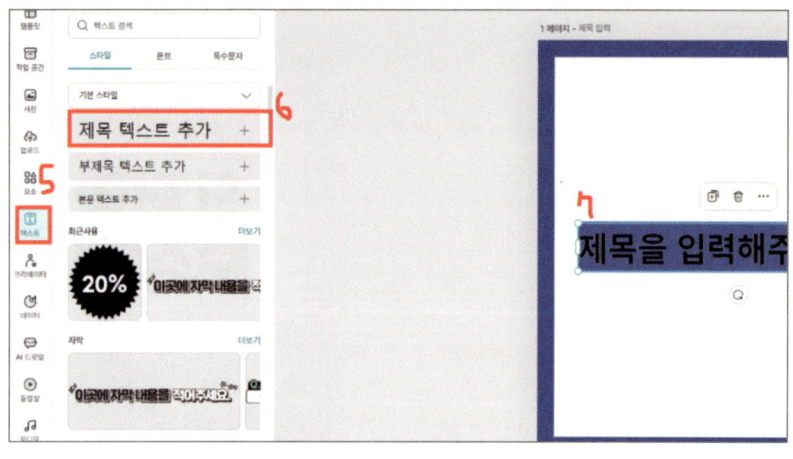

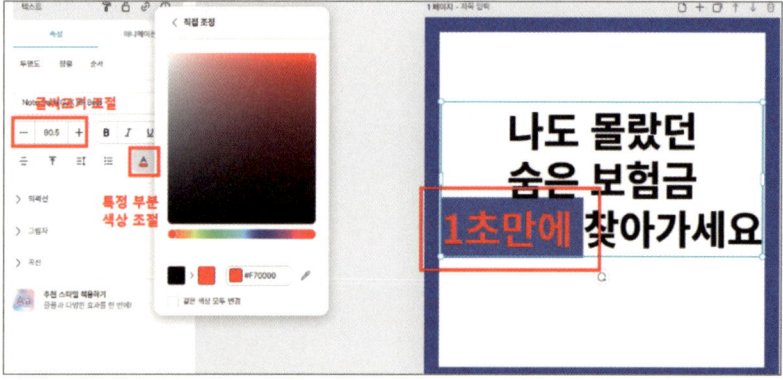

기존 템플릿을 활용하지 않고 자체적으로 제작하는 방법입니다. 원하는 템플릿이 없거나 독창적인 아이디어를 가지고 계신 분들은 이 점을 선호하시겠지만 처음 하시는 분들은 템플릿을 이용하여 썸네일을 만들면서 경험을 쌓은 후 자체 제작을 도전해 보시는 것을 추천드립니다.

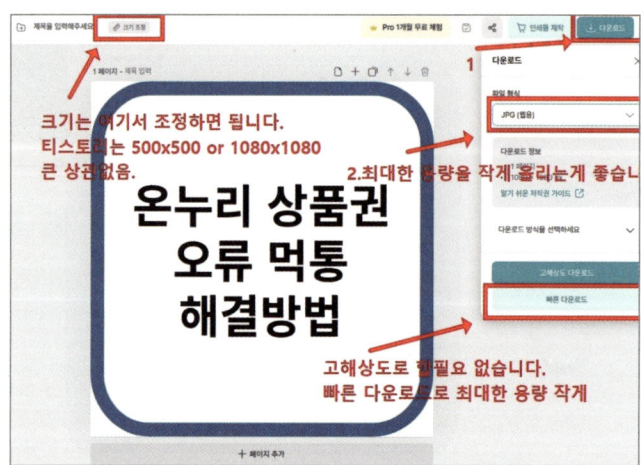

PART 4.

2. 글쓰기 시작

1) 썸네일을 먼저 삽입합니다.

가장 중요한 것은 썸네일을 가장 먼저 삽입하는 것입니다. 저의 경험으로 미루어보아 글을 먼저 썼을 때나 썸네일을 나중에 집어넣었을 때는 이상한 것들이 썸네일로 정해지거나, 썸네일이 아예 없는 경우도 많았습니다.

2) 소제목(제목1)으로 글의 틀을 작성합니다.

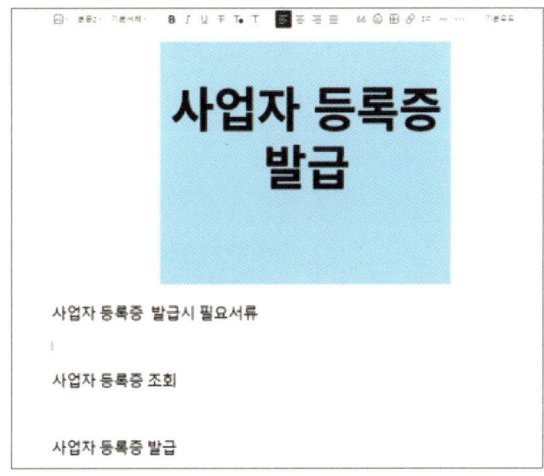

글의 틀을 먼저 작성하는 이유는 이렇게 하면 훨씬 글을 쓰기 편하기 때문입니다. 또한 읽는 사람도 자신이 원하는 정보를 쉽게 발견할 수 있고, SEO적으로도 좋습니다.

제목을 고르는 요령 뿐 아니라 글을 쓰는 방법도 똑같습니다. 자동 완성되는 키워드들을 확인하여 해당 키워드들이 본문의 대제목 / 중제목 / 소제목에서 언급되도록 글을 쓰는 것이 좋습니다.

연관 키워드라는 것은 곧 이 키워드에 대해 사람들이 추가적으로 궁금한 정보라는 뜻이고, 이는 체류시간을 올려줍니다. 이러한 연관 키워드는 앞서 사용한 '키워드 플래너'에 조회수를 기준으로 작성해줍니다.

3) 사진을 집어넣습니다.

이제 군데군데 사진을 집어넣어 줍시다. 과거에는 사진이 상위노출에 중요한 요소였으나, 이제는 아닙니다. 따라서 읽는 사람이 지루하지 않을 정도로, 이해되기 쉽게 중요한 사진 몇 장을 넣어주면 끝입니다.

링크 이동 QR

알캡쳐 프로그램을 쓰면 편하게 복사 붙여넣기로 삽입하실 수 있습니다. 중복 이미지에 대한 걱정은 하지 않으셔도 됩니다. 다음은 중복 이미지를 가리지 않습니다

4) 본문 가장 아래에 연관 글의 링크를 집어넣습니다.

만약 검색자가 글을 다 읽고 만족스럽지 못한 상태라면 다른 글에서 이러한 정보를 찾고자 할 것입니다. 이를 활용해서 본문 가장 밑에 자신의 이전 발행 글 혹은 해당 키워드와 관련된 공신력 있는 공식 사이트의 글 링크를 넣습니다. 예를 들어 저는 '사업자 등록증 발급'에 대한 글이니 국세청에서 제공하는 정보를 맨 아래에 넣겠습니다.

이는 이탈률을 낮추고 체류시간을 높여 블로그 지수를 높이고, 사람들이 다른 글을 클릭했을 때 '모바일 전면 광고'가 노출되어 수익을 향상하는 기회를 가져다줍니다. 이때 새창으로 열기를 해제해야 모바일 전면광고가 뜨는 점 유의하시길 바랍니다.

PART 5.

다음 직원도 모르는
상위노출 방법

다음이 최근 업데이트를 지속하면서 상위 노출이 보다 어려워졌습니다. 과거에는 검색결과에 블로그, 카페, 웹 문서 이렇게 3가지 영역으로 나뉘었다면, 지금은 한 가지 영역으로 통합되었죠. 이 말은 즉슨 우리가 경쟁해야 할 문서수가 늘어났다는 의미입니다. 따라서 상위노출 방법을 아는가, 모르는가가 여러분들이 열심히 쓴 글이 수익을 가져다 줄 수 있는지에 대한 판가름을 짓게 됩니다.

다음은 제가 다음 상위노출에서 가장 중요하다고 생각하는 3가지를 담아봤습니다. 해당 방법은 다음에만 적용되는 사항이니 구분해서 기억해두시길 바랍니다.

1. 글 제목

제목을 못 뽑으면, 상위 노출도 어렵습니다. 이건 과장이 아니라 현실입니다. 블로그에서 제목은 개인적으로 상단 노출의 70%이상을 차지할 만큼 중요한 요소라고 생각합니다. 그만큼 제목 하나로 게임이 갈리는 셈이죠. 초보 블로거인데 제목 짓는 게 늘 어렵다면 이 글, 반드시 집중해서 보세요.

이번 글에서는 수익화에 최적화된 블로그 콘텐츠 기획법부터, 제목 짓는 법, 본문 구조, SEO 포인트까지 실전에 바로 적용 가능한 전략을 모두 공개합니다.

✅ **핵심 요약 (3줄 정리)**
- 키워드에 따라 콘텐츠 형태가 달라져야 합니다.
- 제목은 검색자의 의도를 반영하고, 구조화된 문장으로 작성해야 합니다.
- 본문은 도입-요약-상세 설명-경험담-행동 유도 구조가 효과적입니다.

1) 키워드 유형에 따라 콘텐츠 형태 정하기

단순히 키워드를 넣는다고 글이 상위 노출되는 게 아닙니다. 키워드가 어떤 성격을 가지는지 파악하고, 그에 맞는 콘텐츠 구조로 풀어내야 합니다.

키워드 유형	콘텐츠 유형	예시 키워드	제목 예시
이슈·트렌드형	뉴스 요약 + 의견	2025 건강검진 항목	2025 건강검진 달라지는 항목 정리 (+무료 혜택)
정책·지원금형	정보 요약형	청년월세 지원금 신청	2025 청년월세 지원금 신청 방법 (자격 조건 포함)
후기 경험형	리뷰형 콘텐츠	넷플릭스 블랙미러 후기	블랙미러 시즌별 후기와 추천 에피소드 TOP 5
비교리스트형	비교 분석	자동차 보험 추천	2025 자동차 보험 비교 분석 (혜택 2 가격 완전 정리)

◯ TIP: 키워드를 유형별로 나누어 구글 트렌드나 네이버 키워드 도구로 검증하세요.

2) 클릭을 부르는 제목 템플릿 10가지

제목은 클릭을 부르는 첫 번째 무기입니다. 구글 SEO에 강한 제목은 다음의 10가지 템플릿을 기억하세요.

1. 메인 키워드는 반드시 제목 안에 넣는다

아무리 감성적인 제목이라도, 키워드가 빠지면 노출되지 않습니다.

예시:

❌ 세상에서 가장 맛있던 하루

✅ 제주도 맛집 추천 | 현지인 강추 TOP5

2. 제목은 메인 키워드로 시작하자

초보 블로거일수록 키워드를 제목 맨 앞에 두는 것이 유리합니다.

예시:

❌ 올여름 제주도에서 가볼 만한 곳

✅ 제주도 여행지 추천 | 2025 여름 가볼 만한 곳

3. 숫자를 활용하자 (리스트형 제목)

리스트 구조는 신뢰도와 클릭률을 동시에 올립니다.

예시:

- 2025 정부지원금 총정리 | 신청 꿀팁 TOP5
- 블로그 수익화 방법 7가지 (초보자도 가능한 실전 전략)

4. 최신 연도 넣기

신뢰도 + 최신 정보 강조 = 구글 검색에서 매우 효과적입니다.

예시:

- 2025 건강검진 항목 총정리
- 2025년 블로그 수익 키워드 추천 TOP7

5. 문제 해결 중심으로 제목 짓기

'왜 안 되지?'라는 검색자 심리를 자극하는 방식입니다.

예시:

- 블로그 방문자 수가 늘지 않는 이유 (해결법 5가지)
- 조회수 안 나오는 블로그의 공통점

6. 감정 키워드로 클릭 유도

'모르면 손해', '지금 당장', '완전 정리' 같은 단어는 클릭 유도에 강력합니다.

예시:

- 모르면 손해! 2025 청년 지원금 총정리
- 블로그 초보가 꼭 알아야 할 제목 꿀팁

7. 검색 의도 반영된 구조화된 문장

단순 키워드 나열이 아닌, 검색자가 궁금해할 흐름으로 구성하세요.

예시:

- 블로그 애드센스 승인받는 법 | 초보자도 가능한 3단계 절차

- 2025 청년월세 지원금 신청 방법 (자격 조건부터 지급일까지)

8. 과장·불분명한 표현 지양

'무조건', '최고', '전부' 같은 과한 표현은 오히려 SEO에 불리할 수 있습니다.

예시:

❌ 무조건 부자 되는 방법

✅ 현실적인 부업 추천 | 월 30만 원 가능한 N잡 5가지

9. 키워드 반복은 피하자

키워드를 2번 이상 반복하면 오히려 검색 패널티를 받을 수 있습니다.

예시:

❌ 제주도 제주도 여행 제주도 맛집

✅ 제주도 여행 가이드 | 맛집·카페·숙소 완전 정리

10. 경험·후기를 담아 신뢰 높이기

경험담은 체류 시간을 늘리고, 콘텐츠 신뢰도를 높입니다.

예시:

블로그 하루 1포스팅 60일 실험기 | 유입수 변화 전격 공개

내돈내산 캠핑카 여행 | 5일간의 현실 후기

⭐ 보너스 팁: 연도(2025), 숫자(3가지, TOP5), 감정 유도 단어(지금, 모르면 손해)도 효과적입니다.

3) 본문 구조 템플릿: 상위노출을 위한 글쓰기 공식

SEO에 강한 블로그 글은 단계별 구조화가 필수입니다. 아래 포맷을 활용해 보세요:

① 도입부: 문제 제기 + 공감 유도

"블로그 글은 쓰는데, 수익이 안 나요…"

⋯▶ 이처럼 많은 블로거들이 콘텐츠 방향을 잘못 잡아 수익화에 실패합니다.

② 본문 요약: 핵심만 3줄로 정리

- 키워드는 무조건 '콘텐츠 유형'과 매칭해야 합니다.
- 제목은 검색자 의도를 반영해 구조화된 문장으로 씁니다.
- 본문은 도입-요약-상세 설명-경험-행동 유도 구성으로 작성합니다.

③ 상세 설명: SEO 고려 요소 담기

- 메인 키워드: 애드센스 수익화 블로그
- 서브 키워드: 클릭률, 체류 시간, 키워드 전략, 콘텐츠 기획, 트래픽 유입

서브 키워드를 문장 속에 자연스럽게 녹여 넣어야 합니다.

예) "애드센스 수익화를 위해선 클릭률을 높이는 콘텐츠 기획이 중요합니다."

④ 개인 경험·사례 넣기

실제 경험담은 체류 시간과 신뢰도를 올리는 핵심입니다.

"저는 블로그 하루 1포스팅을 60일간 실험했고, 수익은 약 3배 증가했습니다. 특히 '지원금', '리뷰형' 키워드에서 클릭률이 가장 높았습니다."

⑤ 마무리: 행동 유도 + 내부링크 활용

- "관련 콘텐츠도 함께 확인해보세요!"
- "궁금한 점은 댓글로 남겨주세요!"
- 내부 링크: [2025년 정부지원금 모음], [블로그 키워드 분석법]

자주 묻는 질문 (FAQ)

Q1. 어떤 키워드로 글을 써야 애드센스 수익이 잘 나오나요?

A. 단가가 높은 키워드는 '보험', '대출', '지원금', '건강' 등의 분야입니다. 경쟁이 높기 때문에 정보의 정확성과 콘텐츠 품질이 매우 중요합니다.

Q2. 글 길이는 얼마나 써야 하나요?

A. 최소 1,500~2,000자 이상을 권장하며, 단계적 구조와 이미지/표 삽입으로 가독성을 높이세요.

Q3. 구글 상위노출을 위해 꼭 필요한 요소는?
A. 키워드 위치, 본문 구조, 제목 구성, 메타 설명, 내부 링크, 최신성(연도 포함)입니다.

Q4. 제목에 서브 키워드는 안 넣어도 되나요?
A. 메인 키워드 중심으로 작성하되, 가능하면 서브 키워드도 자연스럽게 삽입하는 것이 좋습니다. 예: '지원금'이라는 메인 키워드에 '신청방법', '자격조건' 등 포함

Q5. 초보 블로거인데 감각이 없어요. 어떻게 연습하죠?
A. 구글 검색창에 키워드를 입력하고 상위 3개의 제목을 참고해 패턴을 익히는 것이 가장 빠릅니다. 꾸준히 테스트하면서 나만의 패턴을 찾아보세요.

✅ 마무리 요약
키워드를 유형별로 분류하고, 알맞은 콘텐츠 구조를 기획하세요.
제목은 클릭을 부르는 SEO 구조로 작성하세요.
본문은 구조화된 흐름, 개인 경험, 서브 키워드, 행동 유도를 포함하세요.

블로그 제목은 '글의 얼굴'이자 '클릭의 시작'입니다. 제목만 바꿨을 뿐인데, 검색 노출과 클릭률이 달라질 수 있습니다. 다음 상위노출에서 가장 중요한 것은 '글 제목'입니다. 내용이 아무리 좋더라도, 제목을 잘못 짓는다면 상위노출을 할 수 없습니다.

1) 노리는 키워드 순서를 맨 앞으로

자신이 노리는 키워드는 제목 가장 앞에 써줘야 합니다. 아래 아주 좋은 예시가 있습니다. '임영웅 콘서트 공연'을 키워드로 검색한 결과인데 혹시 차이점이 보이시나요?

보면, 내가 노리는 키워드의 위치에 따라 1, 2, 3 위가 결정된 모습입니다. 이렇듯 내가 노리는 키워드를 가장 앞에 배치해줘야 상위노출을 할 수 있는 확률을 끌어올릴 수 있습니다. 다른 상위노출요소보다 가장 강력하게 작용하기 때문에 꼭 명심하시길 바랍니다.

2) 제목은 간결하게

"제목은 공백포함 20자 이내로 작성하세요"

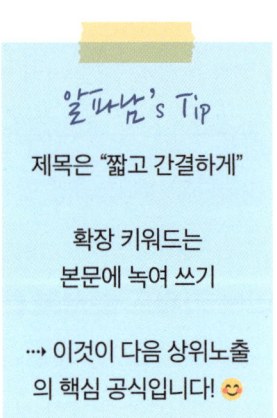

세부 키워드를 노리고 싶어서 제목 뒤에 여러가지 키워드를 넣는 행동은 구글, 네이버의 관점에서 보면 괜찮지만 다음에서는 썩 좋지 않습니다.

예를 들어, '노령연금'이라는 키워드 속에는 '노령연금 수급자격' '노령연금 금액' '노령연금 수령나이'등의 세부 키워드가 있습니다.

만약 세부 키워드를 여러 개 노려 "노령연금 수급자격 금액 수령나이 총정리"라는 제목으로 글을 발행했다고 칩시다. 그러면 결과는 어떻게 될까요? 아마 단 한개의 키워드에서도 상위노출 되지 않을 것입니다.

지금까지 글을 수백 개 적어본 결과, 제목이 긴 것보다는 짧은 것이 상위 페이지에 올라간 확률이 높았습니다. 따라서, 여러분들도 글 제목을 너무 길지 않게 적도록 노력하세요.

가령 "노령연금 수급자격"이라는 키워드를 노린다면, "노령연금 수급자격 2024", "노령연금 수급자격 확인하기", "노령연금 수급자격 조회하기" 정도의 덧붙임이 좋겠습니다.

단, 이러한 연관 키워드는 사람들이 추가적으로 궁금한 키워드라는 힌트가 되니, 글 속에 소제목에는 꼭 적어두도록 합시다. 사람들의 이탈을 방지하고 체류시간을 늘릴 수 있는 기회로 작용할 수 있습니다.

2. 첫 문장이 중요한 이유, 메타디스크립션

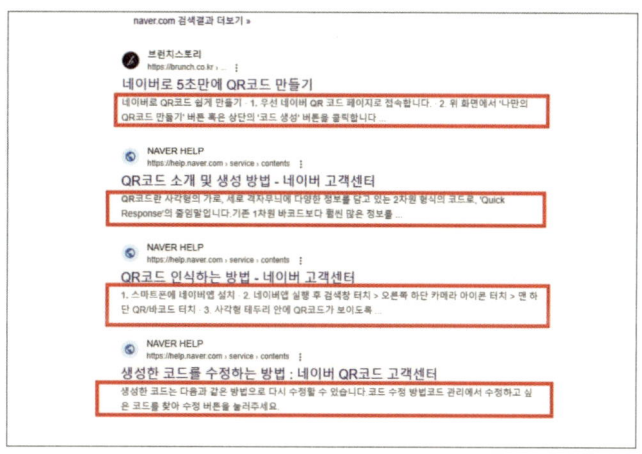

메타디스크립션이란, 블로그나 웹사이트의 글을 요약해서 알려주는 짧은 설명 문구입니다. 쉽게 말해, 글의 핵심 내용을 한두 줄로 요약해 검색 결과에 표시되는 부분이에요.

예를 들어, 구글이나 네이버, 다음에서 검색을 하면 제목 바로 아래에 보이는 설명문 있죠?
그게 바로 메타디스크립션입니다.
사용자는 검색 결과에서 이 디스크립션을 보고, "이 글이 내가 찾는 정보랑 맞겠다!" 싶으면 클릭하게 되죠. 그래서 이 메타디스크립션이 글의 첫인상이자, 클릭률(CTR)을 좌우하는 요소가 되는 겁니다.

메타디스크립션은 어디에서나 중요합니다. 이건 단순히 구글에서만 적용되는 개념이 아니에요. 네이버, 다음, 구글 등 거의 모든 검색엔진이 이 디스크립션을 검색 결과에서 활용합니다.
검색 플랫폼은 달라도 공통으로 "제목 + 요약(메타디스크립션)" 조합으로 사용자에게 글을 보여주기 때문입니다. 결국 이 디스크립션이 잘 작성되어 있어야 내 글이 검색엔진에 잘 노출되고, 사용자도 클릭할 확률이 높아지는 거죠.

그런데 티스토리 블로그는 따로 메타디스크립션을 입력하는 기능이 없습니다. 하지만 걱정할 필요는 없어요.
티스토리는 글의 본문 첫 문장 1~2줄(100~120글자)을 자동으로 디스크립션으로 가져갑니다. 그래서 티스토리 블로그 운영자라면 첫 문장을 정말 신경 써서 작성해야 합니다.

어떻게 작성해야 할까?

먼저, 글 제목을 작성하고 바로 본문 첫 부분에 100~120자 정도의 짧고 명확한 설명을 넣어주세요. 여기에는 반드시 내가 노출시키고 싶은 핵심 키워드도 자연스럽게 포함시키는 게 좋습니다. 예를 들어, 여행 관련 블로그라면 "2025년 봄에 가기 좋은 국내 여행지 BEST 5를 추천합니다. 서울 근교부터 지방 소도시까지, 알차게 소개해드릴게요!" 이런 식으로 핵심 키워드+서브키워드 + 요약을 담은 문장이 좋습니다.

왜 꼭 신경 써야 할까?

- 검색엔진 입장: 이 첫 문장을 보고 글의 내용을 파악하고, 적합한 검색어에 연결

- 사용자 입장: 검색 결과에서 이 설명을 보고 클릭 여부를 결정

즉, 메타디스크립션이 잘 작성되어 있으면 검색 노출(SEO)에도 유리하고, 클릭률(CTR)도 자연스럽게 올라가는 효과가 있습니다.

3. 키워드 반복

글을 작성할 때 내가 노리는 키워드를 본문에 여러 번 쓰는 것이 상위 노출에 유리합니다. 내가 노리는 키워드의 1등 글을 들어가 'Ctrl + F'를 눌러 확인해보면 이 사람 글에 키워드를 얼마나 반복했는지 알 수 있습니다. '노령연금 수급자격' 1등의 키워드 반복횟수는 무려 '28번'이네요. 우리는 이보다 1번 더 쓰는 것이 좋습니다.

무조건적으로 넣다 보면 가독성을 해칠 수 있으므로 해당 키워드에서 1~2등이 넣는 개수보다 한 개 정도 더 넣는 것이 바람직합니다.

4. 자리 차지(소제목, 태그)

내 글이 상위에 노출이 됐더라도, 사람들의 클릭이 없다면 몇 시간 안에 다시 순위권 밖으로 밀려나게 됩니다. 따라서 내 글이 인정받기 위해서는 사람들이 내 글을 클릭할 확률을 높여야 합니다. 어떻게 하면 다른 사람의 글이 아닌 내 글을 클릭할 확률을 높일 수 있을까요?

일단 아래의 사진을 봅시다. (1)번은 소제목, 태그가 없이 작성된 글이고, (2)번은 소제목만 작성한

글이고, (3)번은 소제목, 태그 모두 작성한 글입니다.

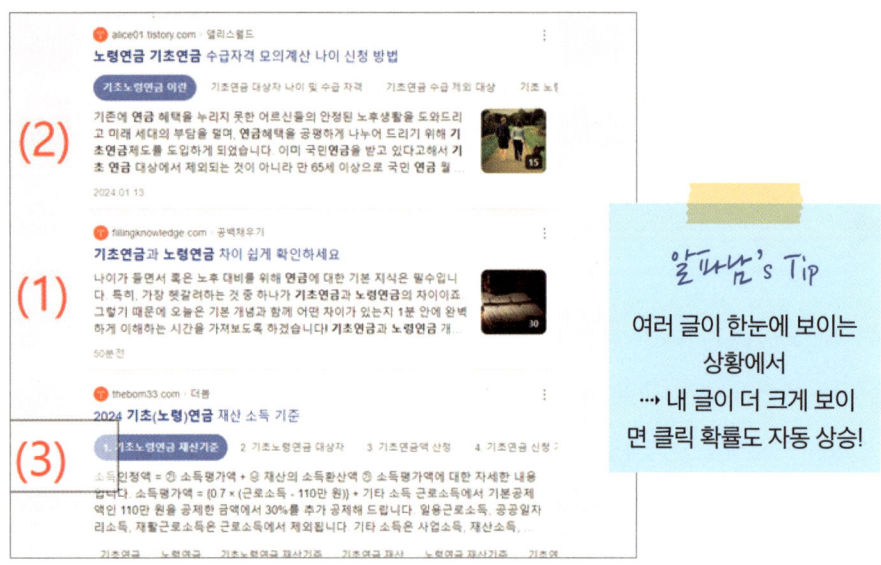

알파남's Tip

여러 글이 한눈에 보이는 상황에서
···▶ 내 글이 더 크게 보이면 클릭 확률도 자동 상승!

차이가 보이시나요? 정답은 바로 블록의 높이가 다르다는 것입니다. 실제로 측정해보면 소제목, 태그 없이 발행한 글은 200px의 높이를, 소제목 태그를 모두 넣은 글은 300px의 높이를 갖게 됩니다. 사소한 행동으로 무려 150%나 많은 자리를 차지할 수 있다는 것이죠.

즉 내가 태그를 넣고, 소제목을 넣으면 내 글이 차지할 수 있는 영역을 넓혀주고, 결국 내 글을 클릭할 수 있는 확률을 높입니다. 이 영역의 효과는 생각보다 매우 큽니다. 모바일로 봤을 때 화면에 여러 글이 있으면 조회수가 여러 글에 분산되지만, 이처럼 화면을 꽉 채운다면 검색자가 여러분의 글을 클릭할 확률이 높다는 것이죠.

다음은 이 정도만 해도 충분히 상위노출을 노려볼 수 있습니다.

5. 다음 상위노출 방법 간단 요약

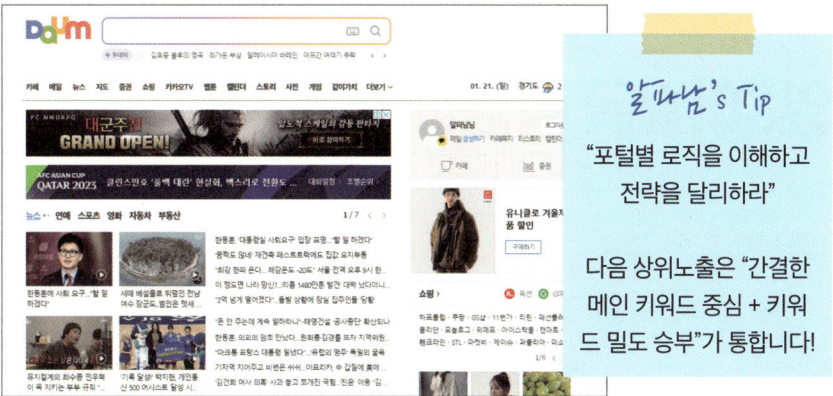

1. 내가 상단에 올리고자 하는 키워드로 검색한다.
2. 상위 노출되는 글의 키워드와 사진 개수를 파악한다.
3. 무조건 그 글보다 키워드를 많이 넣는다.
4. 가급적 제목은 메인 키워드만 입력한다.
5. 제목 작성시 자동완성 그대로 띄어쓰기를 따라한다.

링크 이동 QR

*주의사항

1. 이 방법을 그대로 따라할 시 네이버와 구글의 유입은 포기해야 한다.
2. 모든 포털의 로직은 다르지만 그 방향은 비슷하다.
3. 악용하는 사람들을 저지하고자 포털은 계속 업데이트 된다.
4. 특정 방법은 다음 세대에서 저품질 방법이 될 수 있다.
5. 하지만 이용할 수 있는 부분은 이용한다.
6. 네이버와 구글을 고려한다면 메인 키워드뿐만 아니라 세부 키워드도 포함하여 제목을 구성할 것

*위 방법으로 2024년 5월 28일에도 '근로장려금 신청자격' 키워드로 상위노출을 성공시켰습니다.
⋯▶ https://www.youtube.com/watch?v=txnxnykt1io (상위 노출법에 대한 영상)

PART 6.

월 1,000만 원 버는
숏테일&이슈글 작성법

앞서 소개한 방법들이 꾸준한 수익을 유지할 수 있는 키워드를 찾기 위한 팁이라면, 이번 방법은 실시간 이슈 트렌드에 맞춰 키워드를 찾고 수익을 극대화하는데 더 중점을 둔 노하우입니다. 실시간 검색어를 통해 이슈가 될 만한 키워드를 먼저 찾아내서 2~3일 전에 글을 쓰면 내 블로그의 글이 1위에 떠서 평소보다 높은 수익을 낼 확률이 큽니다.

1. 실시간 이슈 키워드 찾는 사이트 BEST 3

- 구글트렌드: https://trends.google.co.kr/trends/
- 애드센스팜 실시간 이슈 키워드 모음집: https://adsensefarm.kr/realtime/
- 애드센스팜 실시간 키워드 분석 도구: https://adsensefarm.kr/elementor-33121/

이 중 가장 유용한 사이트는 **애드센스팜 이슈 키워드 모음집입니다.**
티스워드 개발자인 마크님이 만들어 주신 해당 사이트는 줌 + 네이트 + 구글의 인기 키워드를 한 번에 모아서 실시간으로 확인 가능합니다. 그렇기에 다른 사이트 왔다 갔다 할 필요 없이 애드센스팜 한 곳

에서 전체 트렌드를 빠르게 파악할 수 있습니다. 특히 다양한 플랫폼의 흐름을 비교하며 "어디에서 지금 뭐가 뜨고 있는지"를 직관적으로 알 수 있습니다.

추가로 새로 개발한 애드센스팜 실시간 인기 키워드 분석 도구도 추천드립니다. 애드센스 수익형 블로그는 속도가 중요합니다. 트렌드를 빠르게 캐치하고, 그걸 바로 포스팅으로 연결해야 수익으로 이어지는데 애드센스팜 실시간 키워드 모음집은 그 효율성을 극대화해주는 도구입니다. 특히 초보자 분들도 쉽게 사용할 수 있도록 깔끔한 인터페이스와 직관적인 데이터 시각화가 강점입니다.

저는 실검 이슈에서도 정책, 경제, 금융과 관련된 내용만 찾아 쓰고 있지만 일상적인 사회이슈 연예인 이슈 등에 대해 글을 쓰는 것이 더 편한 분이라면 그 방향으로 글을 작성한 후 글 중간에 "이전 글 게시" 플러그인을 활용하여 광고 단가가 높은 금융 및 경제와 관련된 내 블로그 링크를 걸어서 유입되게끔 하는 것도 방법입니다.

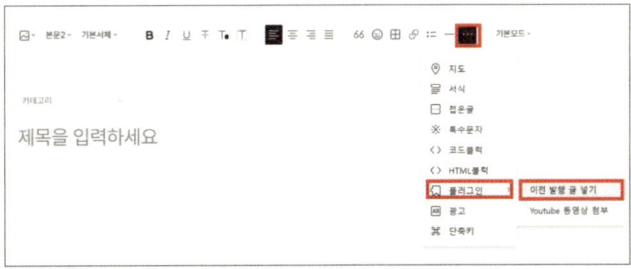

기본적으로 트래픽이 많은 키워드라서 광고 단가가 낮아도 방문자 수가 커버를 해주기도 합니다.

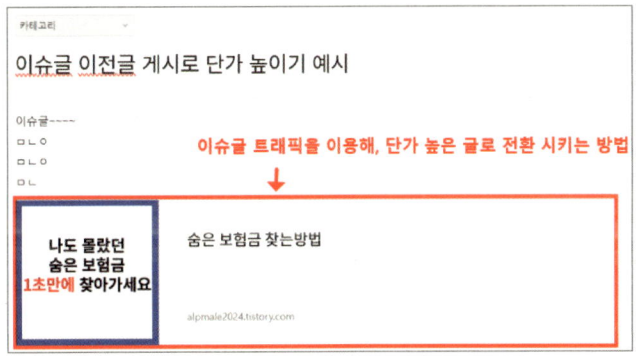

2. 이슈 키워드 글 작성방법

　　이슈글은 정보성 글과는 다른 특징을 가지고 있습니다. 좀 더 민감한 주제들이 많고, 참고할 자료가 상대적으로 적을 수 있다는 것인데요. 예를 들어 "강AA와 김BB가 결혼을 한다."라는 연예계 이슈가 발생하면 추측할 수 있는 정보가 상당히 적고 민감한 정보가 될 수 있습니다. 그래서 길게 글쓰기가 어렵고 정보를 찾는데 시간이 더 소요될 수 있습니다. 제일 무난한 방법은 팩트 반, 그리고 본인의 의견을 반 적되, 되도록이면 긍정적으로 글을 작성하도록 노력하면 문제될 부분이 적고, 도저히 어떤 글을 써야 할지 모르겠다면 여러 커뮤니티에 사람들이 남긴 댓글을 참고하면서 분량을 늘립니다.

　　일상 주제인데 실검에도 잘 오르는 주제를 방영하는 tv프로그램을 참고하는 것도 좋은 방법입니다. (그것이 알고싶다, 궁금한 이야기Y, 나혼자산다, 아는형님, 생생정보통 가게 정보, 생활의 달인 가게정보, 나는 SOLO 출연진 정보, 미스트롯3 투표방법 OR 재방송, 생방송 정보 등등)

　　그리고 최근 이슈가 많은 "나는 솔로"등의 프로그램도 매주 이슈가 있기 때문에 뉴스 기사 등을 참고하여 이목을 끄는 단어들로 제목을 구성합니다. (아래에 서치 프로세스 일부를 공개합니다.)

3. IT 분야 이슈 키워드 활용 글쓰기 프로세스

1. 이슈 키워드 서치 후 세부 키워드 4~6개를 함께 적어둔다.
2. 구글-네이버-유튜브 연관 검색어를 보고 글을 어떻게 쓸 지 생각한다.
3. 키워드 중심으로 메인 제목을 작성, 소제목을 활용해 인트로 후킹 문구를 제시한다.

시기성 이슈
1. 예시
- 신제품 출시(아이폰, 갤럭시)
- 이벤트(갤럭시 언팩, 애플 이벤트)
- 에어컨(에어컨 전기요금, 난방비 아끼는 법)

매년 돌아오는 시기성 이슈가 해달됩니다

이슈 별 시기 예시

삼성 상반기 언팩 및 신제품 출시	언팩 : 2월 초 신제품 출시 : 2월 중순
애플 상반기 이벤트 및 신제품 출시	이벤트 : 3월 초 신제품 출시 : 3월 초 ~ 중순
WWDC	6월 초
에어컨 및 여름 가전	5월부터 키워드 검색를 상승
얼음정수기	5월부터 키워드 검색률 상승
히터 및 겨울가전	10월부터 키워드 검색률 상승

2. 계절 가전의 경우

구글 트렌드로 해당 가전 검색 추이가 높아지는 시기 검색(ex. 에어컨)

Google 트렌드 : https://trends.google.co.kr/trends/

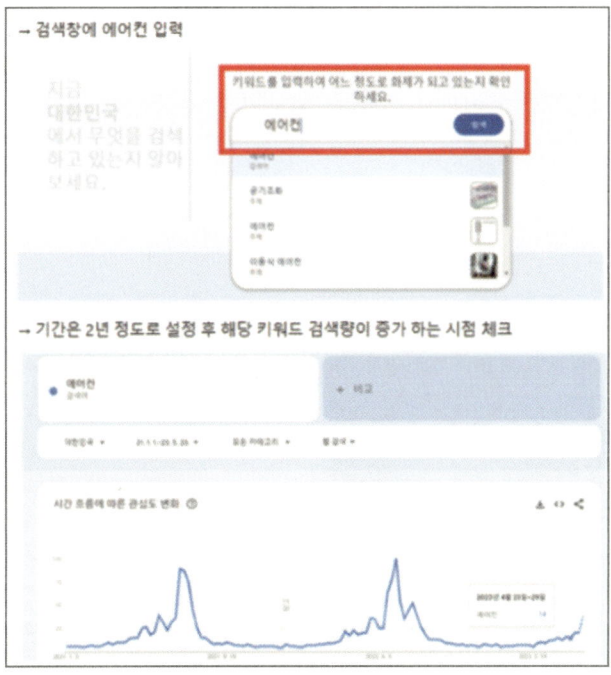

이미 증가된 시점이 아닌, 증가되기 시작하는 시점에
글이 업로드 되는 것이 중요합니다.

3. 구글 트렌드를 통해 검색량 높은 키워드 예상하기

1. 구글 트렌드 접속 후 탐색을 클릭합니다.

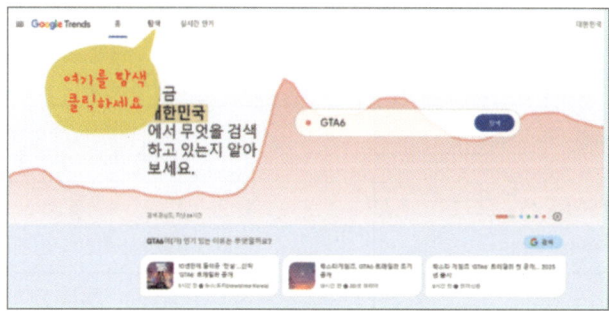

2. [지난 12개월]이라 적혀 있는 칸 클릭 > 맨 아래 [맞춤기간] 클릭

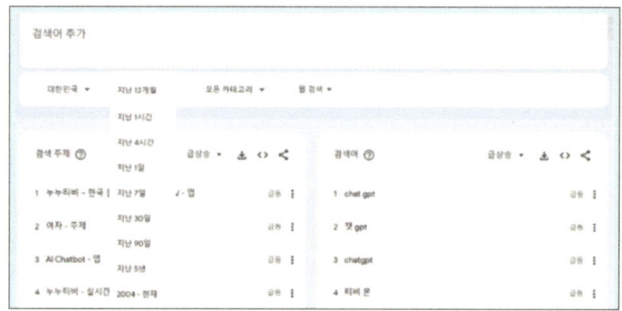

3. [맞춤기간]에서 시작에 다음달의 -1년 전의 기간을 입력

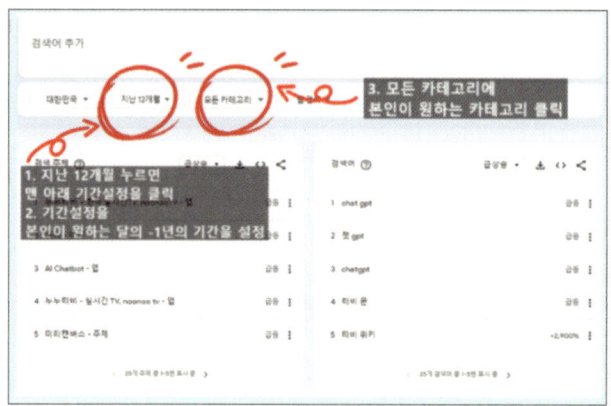

24년 1월의 검색량 높은 키워드를 보고 싶다면?

⋯▸ 맞춤기간: 23년 1월 1일~23년 1월 31일 설정

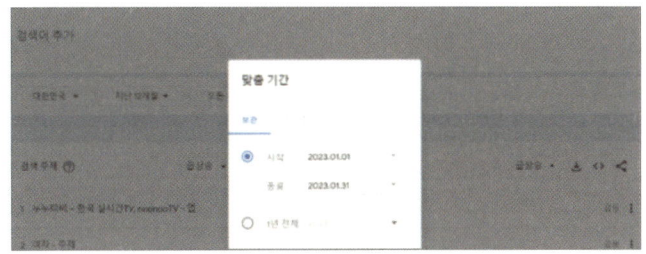

4. 원하는 카테고리를 설정합니다.

예: 금융 - '홈텍스', '연말정산' 등의 키워드가 보입니다.

1월에는 직장인 연말정산이 있기에 매년 1월에 검색량이 많은 키워드 입니다.

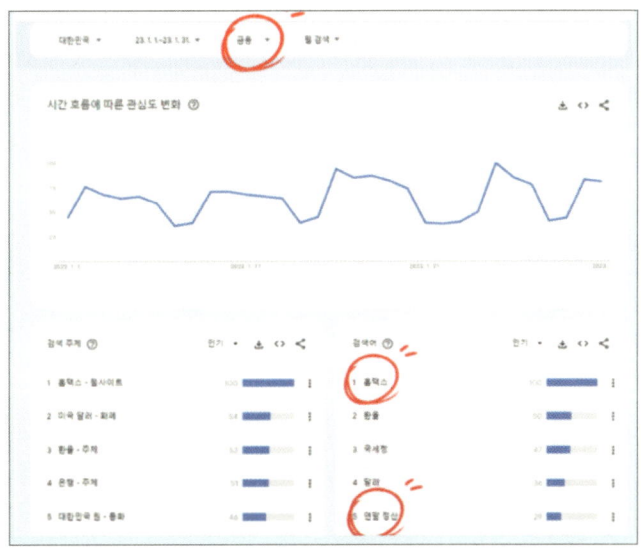

4. 연관 검색어 체크: 구글, 유튜브

- 검색창에 에어컨 입력
- 기간은 2년 정도로 설정 후 해당 키워드를 검색량이 증가 하는 시점 체크

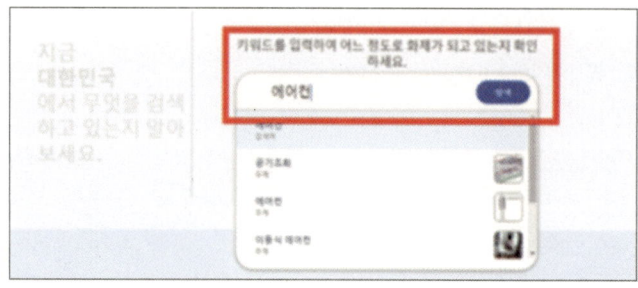

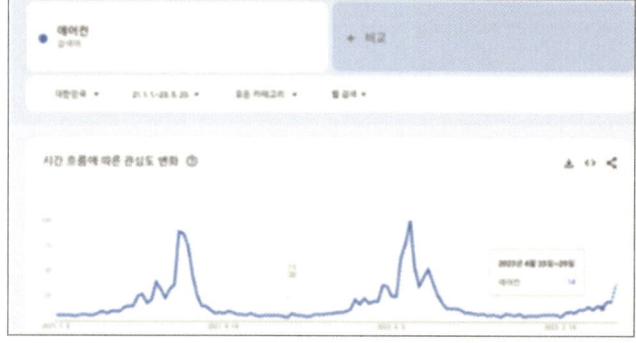

4. 파생 키워드 추출하기

- 에어컨의 파생 키워드: 벽걸이 에어컨, 스탠드 에어컨, 창문 에어컨, 에어컨 추천, 설치, 청소 방법 등
- 계절 가전의 경우, 꾸준히 잘 나오는 키워드가 정해져 있어요. 해당 키워드는 주기적으로 작성해야 합니다.

ex) 전기요로, 추천, 20xX년 추천. 철속법, 설치 비용, 전기세 절약

⋯▶ 검색창에 에어컨 입력

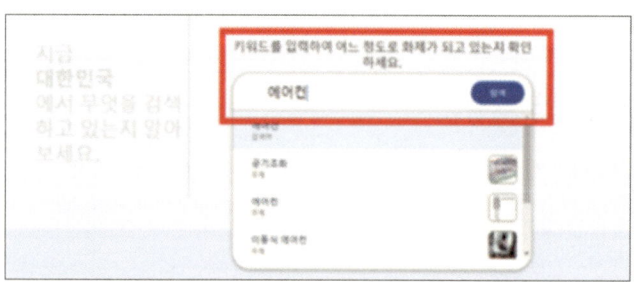

⋯▶ 기간은 2년 정도로 설정 후 해당 키워드 검색량이 증가 하는 시점 체크

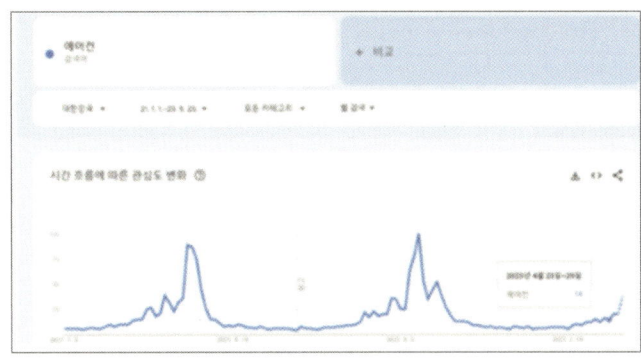

4. 다음 공략 두달만에 월 300만 원 만드는 루틴

1. 꾸준히 글을 쓴다
2. 수익나는 키워드 발견(엑셀에 정리)
3. 확장하며 롱테일 황금키워드 발견
4. 다음은 상단 올리기가 매우 쉬우며, 특히 롱테일 키워드의 경우 너무 쉽습니다.
⋯▶ 확인만 하면 상단관리 가능
5. 여러 개의 최적화 블로그를 이용해 해당 키워드 상위 관리

효과
- 수익을 확인도 하기전에 상대방은 상단에서 뺏기므로 황금키워드 인식×
- 오랫동안 경쟁자가 거의 없는 황금키워드에서 상위 노출 가능

ex) 경쟁강도 낮은 키워드 중 매일 10달러이상 벌어주는 키워드 중 여러 개 올려놓기.

본인만의 관리 기준 제시

ex) 일 10달러이상 (매일 확인), 일 5달러이상 (2~3일에 한번), 일 1달러이상 (1주일에 한번)

PART 7.

다음 직원도 모르는
3가지 블로그 유형

1. 다음에서 꼭 피해야 하는 유형 3가지

다음에는 3가지의 누락이 있는데 저품질, 펌벤, 통누락입니다.

1. 저품질

저품질은 원래 [사이트 탭]에 노출이 됐는데 전체 주소를 입력했을 때, 블로그 탭에 노출은 되지만 [사이트] 탭에 뜨지 않는 걸 뜻합니다. (이때 보통 2차 도메인이란 개념을 알게 됩니다)

- **증상** - 다음 유입이 말도 안 되게 현저히 줄어듭니다. (ex 다음 유입1000명…10명)
- **확인방법** - https://www.tistory.com/

전체 사이트 명을 검색해서 사이트 탭에 안 나오고 블로그 탭에만 나온다면 저품질입니다.

보통 일반적인 저품질이라면 최신 발행한 글을 살펴보세요. 보통 저품질은 글을 발행하자마자 블로그가 사라집니다. 이 경우라면 최신 작성한 글을 지우세요. 그리고 의심 가는 글도 지우시는 게 좋습니다.

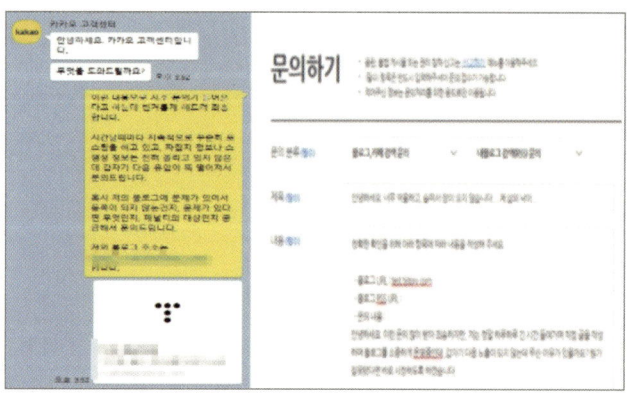

- **해결방법**

a) 문제되는 글 삭제 후, 기다리기(저품질 원인 글 정확하게 파악하면, 1주일안에 높은 확률로 살아남)

b) 문제되는 글 삭제 후, 고객센터 문의(1~2일 뒤에 답장 오며 정상노출)

물론 저품질, 펍벤이 오면 대부분 살리기 어렵지만 어차피 밑져야 본전이기에 시도하면 좋습니다.

2. 펍벤

```
<script>...</script>
<!-- GoogleAnalytics - END -->
<!-- MetaTag - START -->
<meta name="msvalidate.01" content="18FE8A00F8BA10F52994305F6374952F">
<!-- MetaTag - END -->
<!-- PreventCopyContents - START -->
<meta content="no" http-equiv="imagetoolbar">
<!-- PreventCopyContents - END -->
<!-- System - START -->
<script src="//pagead2.googlesyndication.com/pagead/js/adsbygoogle.js" async=
"async" data-ad-host="ca-host-pub-96910        " data-ad-client="ca-pub-408
                    data-checked-head="true"></script> = $0
<!-- System - END -->
<!-- GoogleSearchConsole - START -->
<!-- BEGIN GOOGLE_SITE_VERIFICATION -->
<meta name="google-site-verification" content="z9wFsW_mLHxE61nu3Na4XRudTiUbDvH
nF1FjFZytxkA">
```

그대로 PUB을 벤, 정지시킨다는 겁니다. 애드센스 계정마다 광고를 삽입할 때 고유의 pub 코드가 있는데 그 코드를 넣고 글 쓰면 최적화된 계정이 바로 저품질에 되는 걸 뜻하며 이때 다음을 노리고자 하면 아예 새로운 계정으로 갈아타야 합니다.

- **확인방법** - 최적화된 계정에 펍벤이 된 코드를 넣고 글 쓰면 바로 저품질이 됨
- **해결방법** - 없음

Pub 차단을 당하면 어떤 블로그를 만들어도 애드센스 광고를 넣으면 날라가기 때문에 소용이 없습니다. 그래서 새로운 애드센스 계정을 만들어야 합니다.

3. 통누락

- **증상** - https://www.tistory.com 전체 사이트 주소를 쳐도 블로그탭에도 글이 안 나옴
- **해결방법** - 없음

고객센터에 문의해서 해결되는 분들도 있고 오히려 더 큰일이 났다는 사람들이 있습니다.

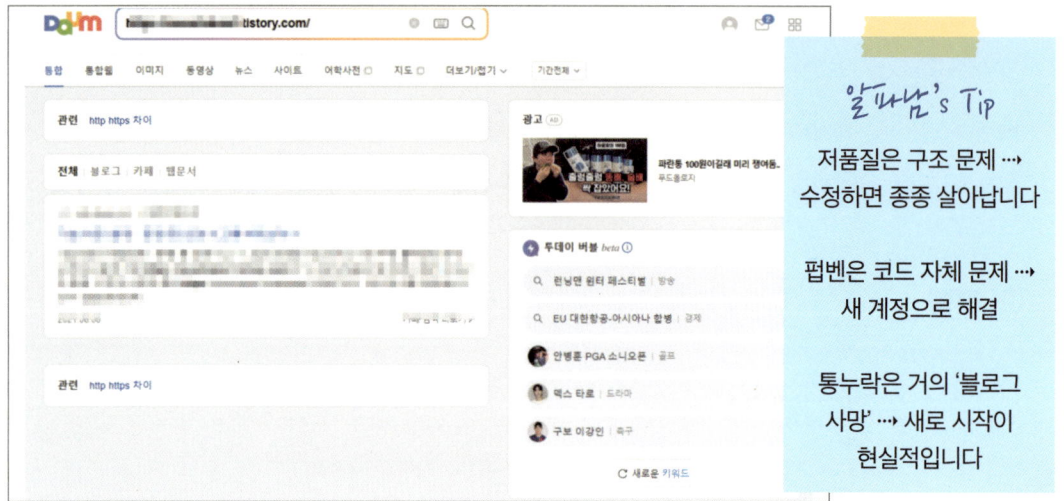

> **알파남's Tip**
>
> 저품질은 구조 문제 →
> 수정하면 종종 살아납니다
>
> 펍벤은 코드 자체 문제 →
> 새 계정으로 해결
>
> 통누락은 거의 '블로그
> 사망' → 새로 시작이
> 현실적입니다

2. 저품질이 걸리는 6가지 이유와 안 걸리는 방법

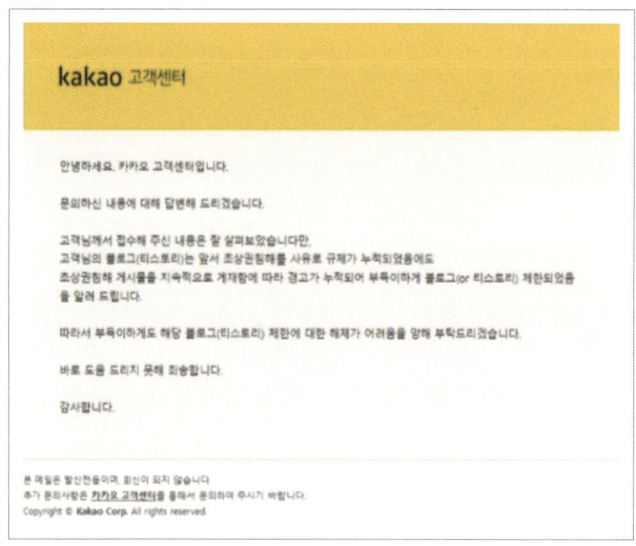

저품질이란, 다음에서 내리는 일종의 제재입니다. 저품질에 걸리면 그 블로그는 더이상 다음 검색 결과에 노출되지 않습니다. 기존에 노출되던 글도 모두 내려가게 됩니다. 한마디로 다음을 '탈출'해야 하는 순간을 맞이하는 것이죠.

그렇다고 저품질에 걸린 블로그를 완전히 포기할 필요는 없습니다. 일부 활용할 수 있는 방법이 있으며, 새롭게 블로그를 운영하는 것이 더 효과적인 경우도 있습니다.

저품질을 주는 것에는 분명 이유가 있지만 내용은 '카더라'에 기반한 것입니다. 그래도 저품질 확률을 낮추면 다음에서 오랫동안 수익을 창출할수 있습니다. 티스토리를 100개 넘게 운영해보며 지금까지 저품질에 걸렸던 경험을 바탕으로 피해야 할 6가지에 대해 알아보겠습니다.

1) 보험, 대출과 같은 단어를 본문에 삽입할 때

저품질을 피하려면 보험이나 대출에 관한 단어는 제목뿐만 아니라 본문에 언급도 하시지 마시길 바랍니다. 이는 저품질로 가는 지름길입니다.

이러한 단어를 본문에 삽입하면 글을 발행하자마자 자신의 블로그가 저품질을 당하는 것을 보실 수 있습니다. 이것은 다음 로봇이 자동으로 처리하는 것입니다.

2) 블로그 글을 자주 수정할 때

간혹 광고코드를 수정하거나 자신의 블로그가 마음에 안 든다고 자신의 블로그 글 전부의 HTML을 수정하시는 분들을 볼 수 있습니다. 짧은 시간내에 HTML을 반복적으로 수정하면 블로그는 저품질에 당하게 됩니다. 또한 다음은 글을 수정하면 상단에서 내려가는 이상한 구조를 가지고 있습니다. 네이버에서는 수정이 블로그 노출과 관련이 없다고 말하지만, 다음에서는 아닙니다. 따라서 글을 수정하는 행동은 하지 마시고, 차라리 글을 다시 발행하시길 추천드립니다.

3) 발행 간격이 너무 빠를 때

블로그에 하루 적을 수 있는 글은 정해져 있습니다. 열심히 포스팅한다고 글을 10분 ~ 20분간격으로 발행하시는 분들이 있습니다. 하지만 글을 빠르게, 자주 발행하는 행위는 블로그 저품질을 빠르게 가져오는 길입니다.

> 알파남's Tip
> "다음은 너그럽지만, 무심하지 않다"는 걸 기억하세요.

실험결과 30분 단위로 해도 안전하긴 했지만, 적어도 한 블로그를 안전하게 운영하려면 1시간이상 단위는 두시는 것이 좋습니다. 제가 말한 분산과 같이 활용하면 이와 같은 저품질은 피할 수 있습니다. 한 블로그에 작성한 후, 다른 블로그에 작성하면 됩니다. 여기서 '블로그'당이지 '계정'당이 아닙니다. 같은 계정에 있는 다른 블로그에 30분이내 발행해도 상관이 없습니다.

4) 무분별한 사진 첨부 및 복붙 행위

구에디터를 사용하여 사진을 무더기로 집어넣거나, 내용과 상관없는 사진을 집어넣는 분들도 많습니다. 하지만 이러한 행위는 신고 후 저품질의 대상이 됩니다.

복붙으로 글을 작성하시는 분들은, 타 블로그에서 알아차린다면 저작권 관련 신고를 당하게 됩니다. 글을 참고만 하되 너무 똑같이 가져오신다면 위험합니다.

5) 상위에 제안과 프리미엄링크가 많은 키워드

다음에 키워드를 검색하면 연관 검색어에 관련과, 제안이 나뉘게 됩니다.

일반 키워드 같은 경우 우측과 같이 관련이란 표시가 나옵니다.

여기서 제안+프리미엄 링크 광고가 많은 키워드는 피하시는 게 좋습니다. 다음 포털 역시 광고주를 모아서 광고수익을 얻습니다. 다음의 돈 되는 키워드(광고 많은 키워드)를 침범하는 경우 저품질이 되는 경우를 많이 봤습니다.

6) 티스토리 블로그가 상단에 많이 없는 경우

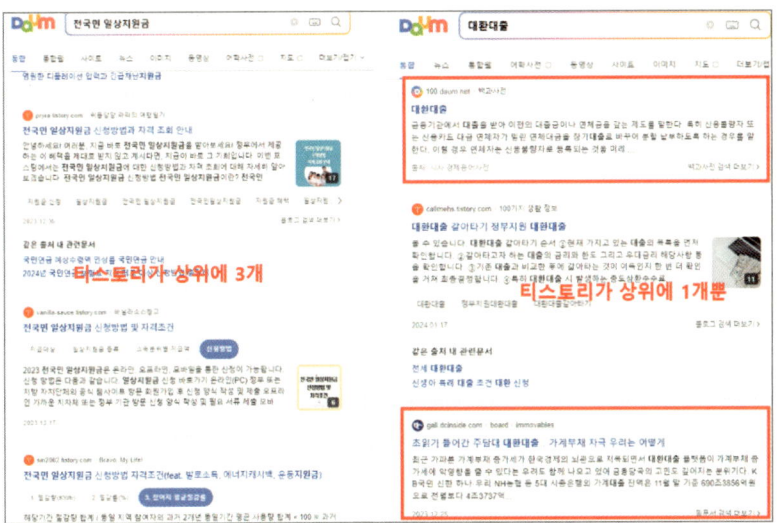

왼쪽의 경우 메인키워드를 검색했을 때 티스토리가 3개 노출되는 반면, 우측의 키워드는 티스토리가 상위에 1개밖에 없습니다. 이는 많은 티스토리들이 저품질에 빠졌다는 걸 의미합니다.

그럼 저품질에 당하지 않기 위해 어떻게 하면 될까요? 간단합니다. 알려드린 방법들만 피해서 포스팅 하시면 됩니다.

저품질이라는 것은 공식적으로는 존재하지 않는 개념입니다. 대부분의 포털 사이트에서 공식적으로 저품질이라는 현상은 없다고 말하고 있기 때문에, 저품질에 대한 이야기는 주로 경험담을 바탕으로 만들어진 것입니다. 따라서, 제가 말씀드리는 것이 절대적인 정답은 아닙니다. 또한, 실검 이슈 키워드를 사용하면 저품질에 걸린다고 많이 알고 계시지만, 실제로 많은 분들이 이 키워드를 사용하며 고수익을 얻고 있습니다. 검색을 해보시면 보험, 대출 같은 키워드로 글을 쓰고 있는 블로그가 많이 있습니다.

많은 분들이 저품질이 걸린다면 공격을 당했다고 말씀하시는데, 이는 어느 정도 맞는 말이지만, 모든 경우가 그런 것은 아닙니다. 특히, 블로그가 사라지는 경우는 주말에도, 새벽에도 발생하므로, 이는 시스템에 의한 자동화된 과정일 가능성이 높습니다.

이 외에도, 공격을 받는 경우가 많은데, 이는 특정 키워드를 다룰 때 더욱 자주 발생합니다. 이런 경우, 문제가 되는 키워드를 사용하면 즉시 조치가 이루어지기 때문입니다. 따라서, 어떻게 보면 신고나 공격에 의한 것이 아니라, 특정 키워드의 사용 자체가 원인일 수도 있습니다.

그러나, "IP가 겹치면 안된다", "이거하면 저품질 걸린다던데..", "이거 써도 되나요~" 이런 식으로 계속 안전한 것만 선택하시다 보면 블로그 글을 쓸 수가 없게 됩니다. 여러 걱정들을 다 듣고 있으면 아무것도 할 수가 없습니다.

저품질을 피할 수 없으면 뭔가 대책을 마련할 수밖에 없지 않겠습니까? 2차 도메인을 활용하든지, 저품질에서 자유로운 구글을 공부하시든지 아니면 네이버 웹사이트, 외부유입 이런 걸 공부하면 충분히 다양한 공격들로부터 블로그를 지켜낼 수 있는 노하우가 생길 겁니다.

✅ 저품질 블로그 활용법
✓ 외부 유입용 블로그로 전환
- 기존 블로그는 SNS, 커뮤니티, 유튜브 등 다른 경로에서 트래픽을 유입하는 용도로 활용
- 검색 유입이 어렵다면 뉴스, 리뷰, 정보 제공형 블로그로 변경 가능

✓ 새로운 블로그 개설 & 키워드 이관
- 기존 블로그에서 수익이 잘 나던 핵심 키워드와 인기 있는 콘텐츠를 새 블로그에 다시 정리
- 동일한 내용을 복사하는 것이 아니라 새로운 방식으로 다시 작성

➡ TIP: 새 블로그를 만들 때는 기존에 성과가 좋았던 키워드를 우선 적용하면 빠른 트래픽 확보가 가능합니다.

3. 저품질 블로그 되살리는 방법

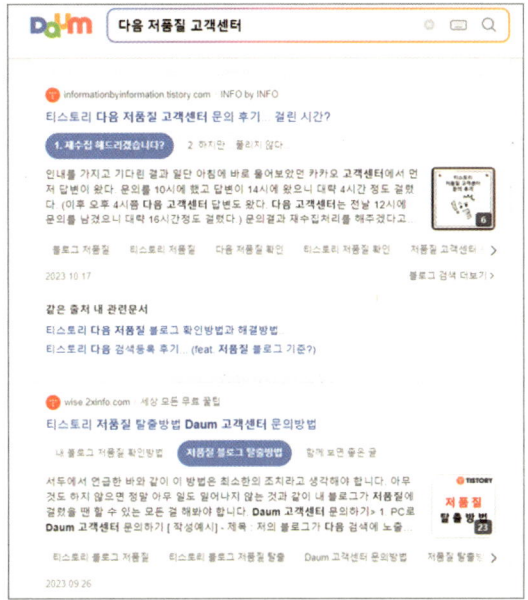

저품질 탈출법 QR

위에서 언급했듯이 다음 고객센터에 저품질을 풀어달라고 요구하는 방법입니다. 최근에 문제가 될법한 글을 삭제후 다음 고객센터에 문의를 넣으면 확인 후 답장을 줍니다. 보통 매크로적인 답변이 오지만, 진정성 있게 풀어달라고 하면 5번 중 1번 꼴로 한 번쯤 풀어주는 경험을 했습니다.

실제 몇몇 후기를 검색해봐도 비슷한 경험을 한 사람이 많습니다.

저품질이 풀리지 않았을 경우

저품질이 오면 허무하기도 하지만 해결이 안되는 경우 다시 새 블로그를 운영하면 됩니다. 자주 당할수록 저품질은 그저 귀찮은 일을 반복해야 하는 (처음부터 글을 다시 쌓아나가는) 일일뿐 기존 글들을 재활용해서 다시 업로드하면 빠른 시일 내에 수익을 복구할 수 있기에 너무 걱정할 필요는 없습니다.

4. 다음 저품질, 펍벤 극복방법
- 글 쓸 때 꼭 조심해야 하는 부분(블로그 폐쇄, 고소)

저품질, 펍벤, 통누락 같은 상황은 블로그를 운영하면서 가장 큰 좌절을 느낄 수 있는 순간들입니다. 특히 저품질에 걸리게 되면 노출이 제한되거나 방문자 수가 급감하면서 수익도 당연히 줄어들게 됩니다. 많은 분들이 이때 쉽게 포기하시곤 하는데, 사실 이런 상황을 미리 대비하고 적절히 대응하면 충분히 극복할 수 있습니다.

사람들이 저품질에서 벗어나는 방법으로 고객센터에 문의를 많이 하시지만, 이것이 항상 효과가 있는 건 아닙니다. 복구가 되기도 하지만 안 되는 경우가 더 많습니다. 더구나 복구 과정도 오래 걸리고 스트레스도 상당합니다. 그래서 저는 애초에 이런 상황이 생기지 않도록 사전 준비를 철저히 하는 게 가장 중요하다고 생각합니다.

저품질, 펍벤보다 더 치명적인 건 신고 누적, 혹은 잘못된 사진 한 장으로 인한 블로그 제한입니다. (아래는 다음과 카카오 고객센터 링크입니다.)

https://cs.daum.net/redbell/harm/policyArticle.html

https://www.kakao.com/policy/oppolicy?lang=ko

링크 이동 QR

위를 참고하시면 정말 수많은 정책이 있습니다. 현실적으로 이 정책들을 보고 지키면서 글을 쓰진 않으실 겁니다. 다만 글을 쓸 때 주의사항을 말씀드리려 합니다. 개인적으로 이슈도 다루던 블로거로서, 고소도 당해보고, 블로그도 제한되면서 쌓인 경험치입니다.

일단 이슈란 게 대부분 선행이 큰 이슈가 되지 않습니다. 뭔가 누군가 잘못했을 때 큰 이슈가 되죠. 예를 들어, 홍길동이란 남자배우가 불륜을 저질렀다고 해보겠습니다. 이 글을 많은 블로그와 언론사가 퍼다 나릅니다. 그럼 소속사는 이 글들을 지우기 위해 각 포털에 명예훼손, 권리침해로 글 삭제를 요청합니다. 고소 안하고 이 정도면 다행으로 생각해야 합니다.

명예훼손, 권리침해 부분은 큰 문제가 되지 않으나, 초상권 침해, 저작권침해 같은 경우는 3번 쌓이면 바로 블로그 제한이 되니 이 부분은 꼭 조심해야 합니다. 그리고 가장 중요한 건 조금이라도 선정적이거나 자극적인 사진은 사용하면 안 됩니다. 이건 그냥 한방에 블로그가 제한되기도 합니다.

사진의 경우도 저는 평소 기본적으로 픽사베이 이미지만 사용하고 필요한 경우 게티이미지뱅크에서 유료결제를 해서 씁니다. 만약 구글링을 해서 쓰게 되는 경우 통로이미지, 클립아트코리아, 이미지투데이 이 3곳의 이미지는 사용 안 하시는 게 좋습니다. 실제로 많은 고소로 합의금을 낸 사람이 여럿 존재합니다.

가장 중요한 부분은 1탄에서 말씀 드린 것처럼 계정과 사이트를 미리 준비하는 것입니다. 한 계정이나 한 사이트에 모든 걸 걸지 말고, 백업 계정을 만들어 두는 것이 좋습니다. 만약 하나가 문제가 생기더라도 빠르게 다른 계정이나 사이트로 넘어갈 수 있어야 하거든요. 특히 애드센스 승인은 시간이 걸리기 때문에 미리미리 준비해 두는 것이 나중에 큰 도움이 됩니다.

저품질이나 계정 제한 같은 상황은 누구에게나 일어날 수 있습니다. 심지어 내가 잘못하지 않았더라도 그런 일이 생길 수 있다는 걸 인정해야 합니다. 중요한 건 이런 상황에서 어떻게 빨리 복구하고 다시 시작할 수 있느냐입니다. 이런 경험을 미리 대비하고 익혀 두면, 막상 문제가 생기더라도 당황하지 않고 차분히 해결할 수 있습니다.

결국, 블로그 운영은 리스크를 관리하는 게임이라고도 할 수 있습니다. 겪어보지 않으면 실감하기 어렵겠지만, 미리 준비해 두면 이런 상황에서도 흔들리지 않고 안정적으로 운영을 이어갈 수 있습니다. 저는 그래서 항상 "준비된 사람이 기회를 잡는다"는 말을 믿습니다.

5. 다음 검색용 블로그 운영 시 주의할 점

다음(Daum) 검색 최적화를 노린 블로그는 검색 유입을 최대한 유지하는 방향으로 운영하는 것이 중요합니다.

✅ 검색 유입을 유지하기 위한 전략
- 블로그 트래픽을 인위적으로 늘리려 하지 말 것
- 검색 엔진이 민감하게 반응하는 키워드를 피할 것 (예: 사채, 불법 관련 키워드)
- 한 번 저품질이 되면 회복하기 어렵기 때문에, 블로그 유지에 신경 쓸 것
- ➡ TIP: 다음 검색을 노리는 블로그는 기본적으로 검색 유입만으로 운영하는 것이 좋습니다.

✅ 저품질을 방지하면서 트래픽을 늘리는 운영 방법
- 최적화 블로그를 유지하며 트래픽이 높은 키워드 활용
- 검색량이 많은 키워드를 지속적으로 모니터링하고 벤치마킹
- 실제 트래픽이 많은 키워드 카테고리를 분석하여 장기적으로 활용

✅ 추천 키워드 카테고리:
- 지원금 관련 키워드 (예: 민생회복지원금, 청년월세 지원금)
- 시사 & 트렌드 키워드 (예: 난방비 절약, 실시간 인기 뉴스)

6. 다음(Daum)에서 애드센스로 수익을 극대화하는 방법

✅ 광고 배치 최적화
- 광고는 상단에 1~2개만 배치
- 전면 광고 유도 버튼도 1~2개만 사용
- 가독성을 위해 목차 활용 (필수 아님)

PART 8.
티스토리 저품질, 통누락, 펍벤 완벽 대응 매뉴얼
- 복구부터 우회까지, 수익형 운영의 모든 것

티스토리 블로그를 운영하다 보면 예상치 못한 저품질 판정이나 검색 제한, 애드센스 수익 차단 같은 상황을 겪는 경우가 많다. 열심히 포스팅했는데도 검색에 노출되지 않고, 수익도 줄어든다면 누구나 당황할 수밖에 없다. 이 글에서는 티스토리 블로그가 왜 자주 저품질로 분류되는지, 실제로 예방이 가능한지, 그리고 현명하게 '탈출'할 타이밍은 언제인지에 대해 현실적인 시각에서 풀어보겠다. 추후 설명할 블로그 폐쇄 후 살리기는 방법은 단순히 블로그가 저품질이 된 경우가 아니라 네이버나 구글에 상위 노출이 잘되고, 2~3년 이상 공들여 키운 생티스토리 블로그가 접근제한에 걸렸을 때만 해당하는 최후의 수단이다.

1. 티스토리 저품질, 통누락, 펍벤

1) 다음(Daum)의 검색 알고리즘, 왜 문제가 되나?

티스토리는 다음 카카오가 운영하는 플랫폼이다. 그런데 다음의 검색 알고리즘은 구글이나 네이버에 비해 매우 단순하고, 비합리적인 경우가 많다.

- 구글은 콘텐츠 품질, 체류 시간, 링크, 페이지 속도 등 다양한 지표를 종합적으로 판단한다.
- 네이버는 자체 검색봇 + AI 추천 시스템으로 지속적인 개선이 이뤄지고 있다.
- ❌반면 다음은 구조적 업데이트가 거의 없고, 수시로 이

상한 저품질 판정을 내린다. 사실상 '어떻게 걸릴지 모른다'는 것이 티스토리의 가장 큰 리스크다.

✅ 아무 이유 없이 갑자기 검색 누락?

티스토리 운영자들은 다음 검색에서 통누락을 당하는 일이 매우 흔하다. 하루아침에 유입이 '0'이 되거나, 특정 카테고리만 전부 사라지는 경우도 있다. 정성 들여 쓴 글이 갑자기 사라져도 고객센터에서는 "정상입니다" 또는 "정책 위반입니다"라는 형식적인 답변만 돌아온다.

2) 외부 요인과 예기치 않은 블로그 제한

티스토리 블로그는 운영자의 관리 외에도 다양한 외부 요인에 의해 제재를 받을 수 있다. 특히 티스토리 알고리즘은 구글이나 네이버에 비해 정교하지 않기 때문에, 아래와 같은 경우 이유 없이 저품질로 분류되거나 심각한 경우 접근 제한이 발생할 수 있다.

다음과 같은 이유로 블로그가 제한될 수 있다:

- 경쟁자의 프로그램을 이용한 비정상적인 접근 및 공격
- 타인의 악의적인 신고 누적
- 과도한 이미지 내 키워드 반복
- 병원, 건강, 대출, 보험 등의 고단가 키워드로 인한 신고
- 유튜버들이 배포한 티스토리 스킨 내 코드 오류
- 고정 광고, 플로팅 광고, 자동 리디렉션 삽입
- Offerwall(오퍼월) 광고 삽입

이런 행위들은 알고리즘(봇)에 의해 자동 감지되거나, 사용자의 신고로 인해 수동 검토 후 제재가 가해질 수 있다. 이렇게 말하면 티스토리를 당장 떠나야 할 것 같지만, 위에서 언급했듯이 아직까지 티스토리를 대체할 플랫폼이 마땅치 않다는 것도 현실이다.

✅ **티스토리의 장점:**
- 애드센스 승인율이 높고 적용이 쉬움
- 초보자도 쉽게 운영 가능 (HTML 몰라도 운영 가능)
- 도메인 연결 및 광고 삽입이 자유로움
- 다음 상위노출이 쉬워서 초반에 수익 창출이 쉬움
- 추가 비용 없이 운영 가능 (호스팅 없어도됨)

결국 티스토리는 알아서 조심하면서, 뽑아먹을 수 있을 때까지 운영하고, 한계가 왔을 때 워드프레스나 블로그스팟 등으로 옮겨가는 게 최선의 전략이다.

3) 100번 정지 당하고 깨달은 블로그 제한 유형 5가지

티스토리 블로그가 저품질 판정을 받고 제한 조치를 당하는 단계는 다음과 같이 요약할 수 있다.

제한 단계별 복구 가능성

제한 유형	설명	복구 가능성
저품질	검색 노출 감소, 블로그 전체 평판 저 하	✅ 복구 가능 (콘텐츠 개선 후 문의)
통누락	site: 검색 시 글 전체 누락	✅ 복구 가능 (콘텐츠 및 태그 정리 후)
펍벤(PubBan)	광고 코드 삽입만으로도 블로그 전체 저품질화	❌ 복구 불가 (해당 코드 기준)
접근 제한	블로그 접속 불가, 비공개 처리	❌ 복구 확률 낮음
로그인 제한	관리자 계정 로그인 불가	❌ 복구 어려움 (거의 불가)

✅ **펍벤(PubBan)이란?**

'펍벤'은 단순히 애드센스 광고 제한 상태가 아닌, 이미 구글로부터 저품질·정책 위반 등의 평가를 받은 퍼블리셔(애드센스 계정)의 광고 코드를 말한다. 이 코드를 티스토리 블로그에 삽입할 경우, 해당 블로그는 최적화 상태와 상관없이 즉시 저품질로 분류된다.

- 애드센스 계정은 살아 있지만, 다음에서 코드 자체가 블랙리스트에 등록된 상태
- 해당 코드로 광고를 삽입하면 글 발행과 동시에 검색 누락/노출 차단
- 이 경우, 광고 코드를 제거해도 회복이 매우 어렵거나 불가능

✅ **대응 방법:**
- 펍벤 상태가 의심될 경우, 해당 코드를 티스토리에 절대 삽입하지 않아야 함
- 새로 생성한 애드센스 계정 또는 정상 상태의 퍼블리셔 코드 사용 필요
- 코드 교체 후에도 이미 저품질화된 블로그는 복구가 어려울 수 있음

✅ **로그인 제한 단계**
- 1차 제한: 7일
- 2차 제한: 30일
- 3차 제한: 영구 제한 (재요청해도 대부분 복구 불가)

로그인 제한이 한 번 걸린 블로그는 제한 기간이 지나더라도 재심사 요청 시 복구되는 사례가 매우 드물다. 반면, 저품질/통누락은 정상화 및 콘텐츠 수정 후 고객센터 요청을 통해 복구된 사례가 종종 있다.

4) 티스토리 저품질 및 통누락 푸는 방법(공통)

✅ **가장 쉽게 풀 수 있는 방법은?**

카카오 고객센터에 1:1 문의를 남기는 것이 가장 **빠르다**. 보통 이메일보다 카카오톡 고객센터를 통한 실시간 문의가 처리 속도나 성공률이 높다는 경험이 많다.

1. 1차 조치: 고객센터 문의

가장 먼저 해야 할 일은 카카오 고객센터 1:1 문의다.

이 단계에서 복구되는 경우가 많기 때문에, 다음과 같이 정리해 문의하면 된다.

- 카카오 티스토리 고객센터 링크(하단 문의하기)

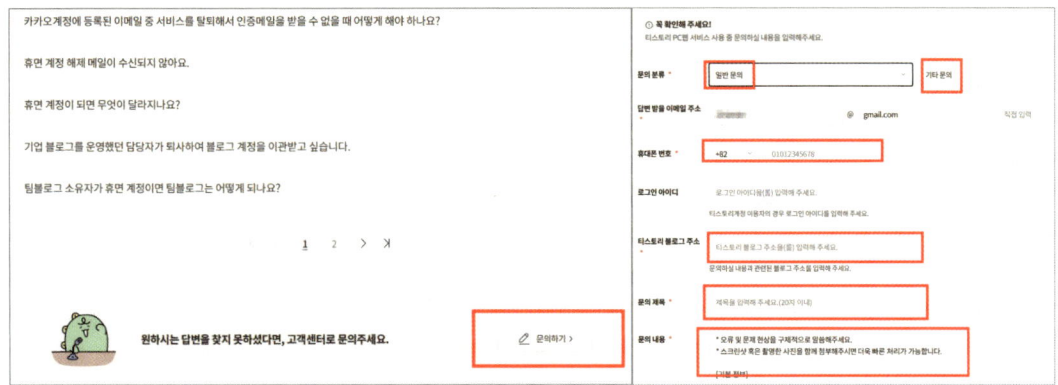

- 문의 시 포함할 항목:
  - 블로그 주소(URL)
  - 증상 설명 (통누락, 검색 미노출 등)
  - 콘텐츠 정리 여부 및 개선 의지
  + 외부 공격/신고 가능성 여부

🔘 TIP: 이메일보다 카카오톡 고객센터로 남기는 것이 처리 속도도 빠르고 성공률도 높다.

✅ 다음 고객센터 문의용 예시 글

안녕하세요.

블로그 운영자입니다. 그동안 블로그를 성실히 운영해오면서 방문자분들께 실질적인 도움이 될 수 있는 양질의 정보형 콘텐츠를 직접 작성하여 꾸준히 업로드해왔습니다.

그러나 최근 갑작스럽게 블로그 노출이 현저히 줄어들었고, 전체적인 조회수도 급격하게 하락하는 현상이 발생하여 문의드립니다.

1. 블로그 운영 및 콘텐츠 성격

저는 단순한 복붙식 글이 아닌, 제가 직접 경험하거나 조사한 사실을 바탕으로 한 정보성 콘텐츠를 중심으로 블로그를 운영하고 있습니다.

예를 들어 생활 정보, 소비자 팁, 지역 기반 정보 등 실제로 사용자에게 도움이 될 수 있는 주제를 선택하여 상세하게 설명하고, 표나 이미지 등도 직접 제작하여 포함시켜왔습니다.

또한 키워드 남용이나 어뷰징, 광고성 글 게재는 지양해왔으며, 독자 입장에서 신뢰할 수 있도록 글의 구성과 문장 표현에도 많은 노력을 기울였습니다.

2. 노출 및 조회수 급감 현상
최근 며칠 사이에 갑자기 전체 포스트의 노출 빈도가 급격하게 낮아졌고, 이에 따라 조회수도 절반 이하로 감소한 상태입니다.
특정 포스트가 아닌 전체 블로그에 걸쳐 일어난 현상으로 보이며, 이는 기존과 동일한 운영 방식과 글쓰기 방식으로 유지해온 상황에서 발생한 변화이기 때문에 의아함을 느끼고 있습니다.

3. 문의 및 요청사항
현재 블로그가 혹시 다음의 검색 정책상 '저품질 블로그'로 분류된 것은 아닌지 확인 요청드립니다. 만약 특정 사유로 인해 저품질 판정이 내려졌다면, 그 구체적인 기준이나 원인을 안내받고 싶습니다. 향후 더 나은 방향으로 운영을 개선해 나가고자 하오니, 내부 검토 및 확인을 부탁드립니다.

확인해주셔서 감사합니다.
기다리겠습니다.
감사합니다.

5) 고객센터 복구 실패 시 - 최후의 수단: 블로그 탈퇴 & 재개설

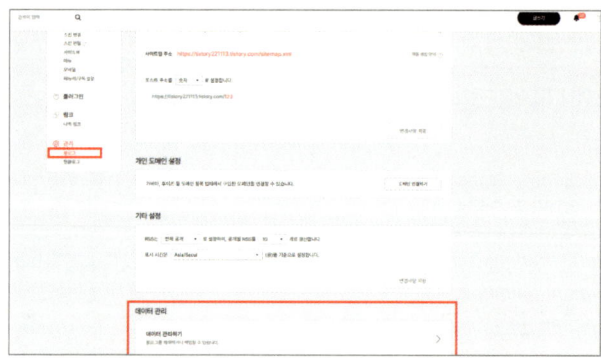

고객센터에서도 복구해주지 않는다면, 블로그를 탈퇴 후 새로 개설하는 방법밖에 없다. 이건 정말 최후의 방법이지만, 생각보다 많은 분들이 이 방식으로 회생에 성공했다.

✅ 탈퇴 및 재개설 방법

티스토리 블로그 탈퇴 후 약 5일 뒤, 티스토리에서 해당 주소로 다시 개설이 가능해진다. 개설 가능 시간은 랜덤(1분~20분 간격 내외)으로 오픈되며, 이 시간대를 손으로 수시로 새로고침하며 확인하는 것이 핵심이다.

✅ 주의사항:

- 반드시 새 계정으로 개설해야 한다.
- 기존 계정이 제재 이력이 있다면 해당 계정은 버릴 것
- 블로그 주소를 되찾으면, 최적화 상태로 다시 키울 수 있음

★ 네이버 뷰탭이나 구글에 노출되던 블로그 주소는 이미 프로그램으로 추적당할 가능성이 높기 때문에, 주소 재사용 시 빠르게 선점해야 한다.

6) 도메인 티스토리 복구법 (접근제한 시)

도메인 연결된 티스토리 블로그가 접근 제한되었다면, 도메인을 살리고 블로그만 버리는 방법도 있다. 도메인 티스토리 블로그가 접근제한을 당했다면, 도메인을 떼어내고 다른 최적화 블로그에 입히면 된다.

✅ 도메인 복구 방법 요약

1. 도메인을 기존 티스토리에서 연결 해제
2. 다음 최적화 블로그에 새로 연결
3. 기존 블로그는 삭제하거나 비공개 처리

이렇게 하면 도메인 트래픽과 신뢰도는 유지되며, 새 블로그에서 빠르게 최적화 상태로 전환될 수 있다. 특히 네이버·구글에서 잃어버린 트래픽도 일부 회복할 수 있고, 애드센스 수익화도 빠르게 연결 가능하다.

★ 비유하자면, 옷만 갈아입고 그대로 이사하는 셈이다.

2. 블로그 제한 후 수익 복구 방법 - 티스토리 및 워드프레스 실전 매뉴얼

티스토리 블로그가 저품질이나 접근 제한, 또는 검색 통누락 등의 문제로 수익이 끊기게 되면 운영자는 큰 혼란에 빠질 수밖에 없다. 하지만 블로그를 무작정 삭제하거나 버리기 전에, 정확한 복구 절차를 통해 다시 수익을 회복할 수 있는 방법들이 존재한다. 특히, 글의 주소 구조(숫자 vs 슬러그), 검색 유입 키워드 정보, 백업 데이터, 도메인 관리 전략 등을 잘 활용하면 제한된 블로그에서도 유입을 복원하고 다시 수익화가 가능하다.

1) 블로그 삭제 전 반드시 해야 할 준비

✅ **방문자 기반 인기 글 정리**

- 티스토리 관리자 페이지 ⋯▶ 유입경로 ⋯▶ 월간 방문자 기준으로 정렬
- 방문자가 많은 글 리스트를 스크린샷 또는 엑셀로 저장
- 이 리스트를 기준으로 복구할 글 우선순위 선정

✅ **슬러그 / 숫자 주소 백업**

주소 방식	복구 방식	비고
숫자형 주소 (123)	같은 주소의 비공개 글 생성 후 수정 재발행	자동 연결됨
슬러그형 주소 (entry/딸기-효능)	동일한 슬러그 사용해 재발행	검색에 즉시 복원됨

슬러그란?

글 주소 뒤에 붙는 텍스트 형태의 고유 경로다.
예: https://내블로그.tistory.com/entry/수박-효능

2) 키워드 중심 복구 전략

✅ **네이버 서치어드바이저 / 구글 서치콘솔 데이터 활용**

- 유입이 많았던 상위 키워드 30개 추출
- 특히 광고 단가가 높고, 클릭이 많았던 키워드부터 복구
- 예시: 보험, 다이어트, 효능, 부작용, 가성비 등

✅ 복구 요령

- 글은 새로 작성하되, 슬러그는 그대로 가져갈 것
- 제목은 유사하게, 본문은 정보성 중심으로 리뉴얼
- 색인이 사라졌다면:
    - 네이버: 서치어드바이저 수동 색인 요청
    - 구글: 서치콘솔에서 URL 검사 ⋯▶ 색인 요청
    - 빙: site:내블로그주소로 잔여 글 검색 후 복구

3) 도메인 전략 - 제한 블로그도 살릴 수 있다

제한된 블로그에서 도메인을 떼어낸 후

다른 최적화된 티스토리 블로그에 도메인을 연결

✅ 이 과정을 통해:

기존 블로그는 버리되, 도메인은 SEO 신호와 트래픽을 유지

새로운 블로그에서 빠른 수익화 가능

단, 티스토리는 글 주소 중간에 entry/가 자동으로 붙기 때문에, 슬러그 주소를 워드프레스로 이전할 수 없다. 숫자 주소는 가능하다.

4) 워드프레스로 이전 시 체크사항

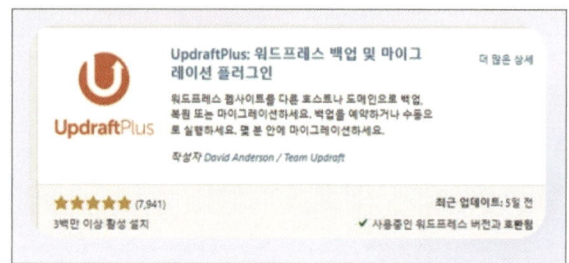

워드프레스는 자유도가 높은 플랫폼이지만, 다음과 같은 리스크가 존재한다:

- 해킹/공격/서버 오류/플러그인 충돌 등으로 글이 전부 날아갈 수 있음
- 반드시 주기적으로 백업: UpdraftPlus 플러그인 추천
- 백업이 없다면, 검색엔진 데이터로 복구:
    - site:내주소 입력 후 검색 결과에서 슬러그 추출
    - 그 주소를 워드프레스에 복사 + 리뉴얼하여 재발행

결국 중요한 건 '운영전략'과 '빠른 판단력'

티스토리는 분명 수익화에 매우 유리한 플랫폼이다. 애드센스 승인도 쉽고, 도메인 연결이나 광고 배치도 자유로우며, 초반 유입도 빠르게 터지기 때문에 많은 블로거들이 시작점으로 선택한다. 하지만 동시에 알고리즘의 불안정성과 비정상적인 제재 리스크도 항상 존재한다.

단순히 글을 잘 쓰는 것만으로는 살아남기 어렵고, '왜 저품질이 되었는지', '펍벤이 왜 생겼는지', '도메인을 어떻게 활용할지', 그리고 '지금 내 블로그가 어떤 상태인지 빠르게 진단하고 방향을 전환할 수 있는 판단력'이 결국 가장 중요하다.

PART 9.

월 500만 원을 벌기 위해
꼭 알아야 하는 '○○도메인'

✅ 과도한 광고 배치는 클릭률 저하와 사용자 이탈을 유발할 수 있음

초보시절 애드센스 승인도 어려운데, 계속되는 저품질에 최적화 티스토리를 애드센스 승인을 받는 과정을 반복하게 될것입니다. 보통 이때 '2차 도메인'이란 개념을 배우게 됩니다.

2차 도메인을 사용해야 하는 이유는, 한 번만 애드센스 승인을 받으면 다음부터는 애드고시를 볼 필요가 없다는 것입니다. 이보다 강력한 이유가 있을까요? 원래 티스토리 블로그는 각각 따로따로 애드센스 승인을 받아야 광고가 붙습니다. 그래야 돈을 버는 것이죠. 그런데 2차 도메인을 입힌 티스토리 블로그에 애드센스 승인이 나면, 다음에 새로 만드는 티스토리는 애드센스 승인을 받지 않아도 처음부터 광고를 붙일 수 있습니다.

즉, 하나의 도메인을 구입해서 승인을 받으면 해당 도메인을 확장하는 개념의 서브 도메인들은 추가 승인절차 없이 사이트등록만 해서 광고를 자유롭게 송출시킬 수 있습니다.

이것이 가능한 이유는 애드센스가 '도메인'을 기반으로 하기 때문입니다. ABC.com이라는 2차 도메인에 애드센스 승인을 받아 놓으면 다

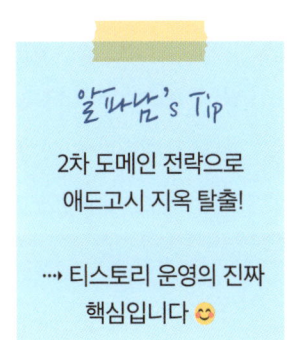

알파남's Tip

2차 도메인 전략으로
애드고시 지옥 탈출!

⋯▶ 티스토리 운영의 진짜
핵심입니다 😊

음에 만드는 aaa.ABC.com / bbb.ABC.com / ccc.ABC.com 이라는 도메인에도 광고가 붙습니다.

✅ 티스토리 기본 도메인 vs 2차 도메인 비교

항목	티스토리 기본 도메인	개인(1차) 도메인	2차 도메인 (=하위 도메인)
주소 형태	https://blog.tistory.com	https://AAA.COM	https://aaa.AAA.COM
애드센스 승인	승인 절차 필요	한 번 승인받으면 하위는 승인 없이 광고 붙이기 가능	승인 없이 바로 사용 가능
검색 최적화 (SEO)	다음 검색에 유리	구글 SEO에 유리	구글 SEO에 유리
브랜드 구축	블로그 느낌	사이트 브랜드 구축 가능	사이트 브랜드 구축 가능
저품질 위험	상대적으로 낮음	도메인 벤 가능성 있음	도메인 벤 가능성 있음

장점

1) 블로그 브랜딩: 자신의 2차 도메인 주소를 통해서 블로그에 접근할 수 있으므로, 자신만의 브랜딩이 가능하다.
2) 애드센스 승인 시 편리: 애드센스 승인시, 한 번만 승인받으면, 다른 블로그에도 애드센스가 적용되므로 시간과 노력을 단축시킬 수 있다.

단점

1) 도메인 구입 비용이 발생한다.
2) 결국 이 방법도 몇 번 시도하다 보면 펍벤이란 걸로 막힌다.

1. 승인 블로그 1개로 효율 10배 높이는 방법

앞서 언급했듯이 티스토리가 있지만 굳이 도메인을 사는 이유는 저품질에 대비하고(승인의 자유로움), 추후 브랜딩을 위해서입니다. 2차 도메인이 무엇인지 알아야 합니다.

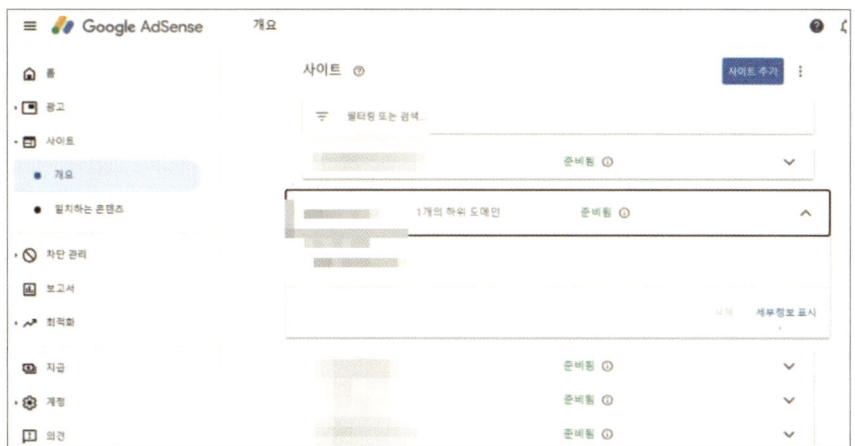

1) 예시

내 사이트 - abc.com (1차 도메인)

공지사항 업로드 사이트 - notice.abc.com (2차 도메인)

광고/홍보 사이트 - marketing.abc.com (2차 도메인)

abc.com을 예로 들면, abc.com에 티스토리 블로그 A를 연결해서 구글 승인을 먼저 받습니다. 구글 승인이 나면 이제부터 abc.com을 포함한 하위 도메인에는 모두 광고가 송출됩니다.

그러므로, 가비아에서 a.abc.com이라는 하위 도메인을 생성하고 이 주소를 티스토리 블로그 B에 연결하면, 티스토리 블로그 B는 구글 애드센스의 추가 승인 없이 abc.com의 일부로 인식되어 광고 송출이 되는 블로그가 됩니다. 서브 도메인 생성은 무료입니다.

같은 원리로, C.abc.com에 티스토리 블로그 C를 연결하고 D.abc.com에 티스토리 블로그 D를 연결하면 저품질된 티스토리에서 최적화된 티스토리 중 수익이 나는 글들을 이사시켜 빠르게 수익 복구를 할 수 있습니다.

ex)A라는 티스토리 저품질이 됨.

⋯▶ B라는 티스토리 승인을 받아야함.

2차 도메인은 B라는 티스토리에 도메인만 입히면 승인없이 최적화로 사용가능.

최적화 티스토리에서 돈이 됐던 키워드를 이사 시킵니다.

✅ 자신의 수익나는 글 보는 법

(애널리틱스-행동-게시자-게시자페이지)

(애드센스에서 쉽게 확인가능)

✅ 블로그 이사방법

블로그에 수익나는 순으로 하루 3~5개씩 천천히 옮기세요. (다음기준) 그렇게 100개를 천천히 옮기면 됩니다.

다계정을 하다 보면 도메인 개수가 늘어나는데요 편의성을 위해 한 사이트에서 관리하는 게 편합니다. 저는 현재 10개 이상의 도메인을 사용하고 있으며 모두 가비아입니다.

- 추천하는 사이트: 가비아 https://www.gabia.com/

인터넷 도메인은 1년 단위로 계약하여 사용할 수 있습니다. .com 혹은 .co.kr과 같은 주요 인터넷 도메인은 1년사용료가 1만 원~2만 원 정도이며, .xyz, .info, .shop, .site 같은 도메인은 첫 1년은 저렴하게(500원~ 5천원으로) 할인을 해줍니다. 하지만 2년차부터는 3만 원~5만 원 등 원래가격을 내야 하므로 테스트용으로 .XYZ등을 사용해 보다가 .com이나 .co.kr로 운영하는걸 추천드립니다.

2. 도메인 구입방법

　　가비아에 접속해서 회원가입을 합니다. (www.gabia.com) 그 다음 도메인 검색에서 내가 사용하고 싶은 사이트 주소를 넣고 검색을 해봅니다. naver123으로 검색을 해보니 이런 결과물이 나타났습니다. com은 이미 누군가 사용중이고 kr, shop, xyz, 등이 나타났습니다. me나 io등 다른 나라에 있는 도메인은 사지 않는 것이 좋습니다.

　　사용기간은 기본 3년으로 되어있는데, 1년으로 바꾸는 게 좋습니다. 물론 중간에 포기하지 않으면 계속 사용할 도메인이므로 장기로 결제해도 됩니다. 하지만 할인율이 엄청 큰 것도 아니고, 중간에 해당 도메인을 버려야 하는 경우가 생길 수도 있으므로 1년 단위로 재계약하는 것을 추천합니다.

3. 도메인 등록 시 ㅇㅇ안하면 평생 후회합니다

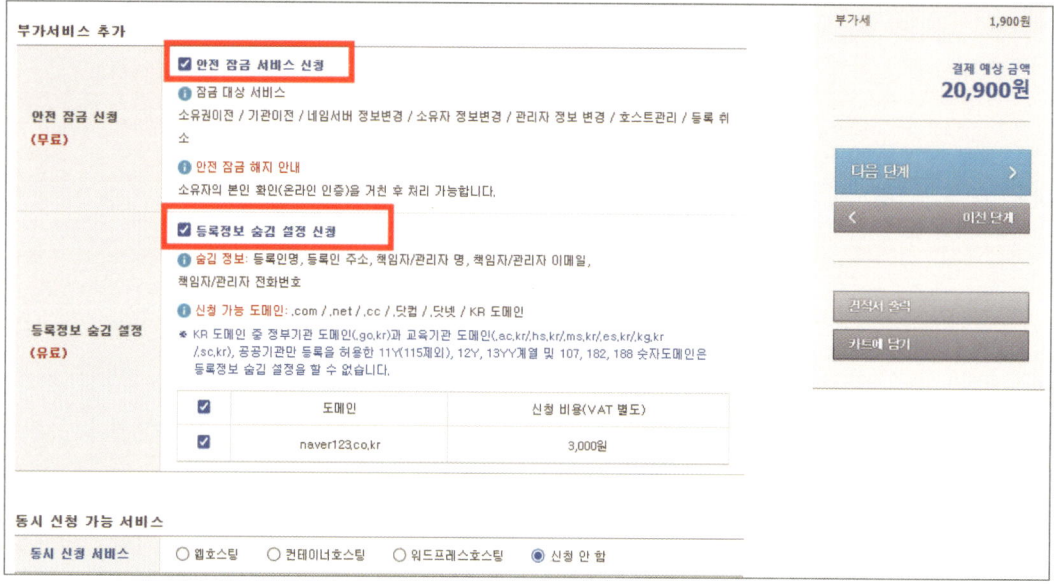

기타 항목들은 모두 기본으로 두어도 됩니다. 하지만, 부가서비스에서 '안전 잠금 서비스'와 '등록정보 숨김 설정 신청'은 신청하는게 좋습니다. 안전 잠금 서비스는 소유권 이전 등을 진행할 때 조금 더 보안 절차를 두는 것이고, 등록정보 숨김 서비스는 도메인 소유자의 인적사항을 가비아 회사명으로 대체해주는 서비스입니다.

링크 이동 QR

후이즈 검색으로 들어가서 도메인을 조회하면 해당 도메인의 소유자를 확인할 수 있기 때문에, 고수익이 되기 시작하면 그대로 따라하는 홈페이지가 많이 생겨나게 됩니다. 이를 방지하고자 3천원을 투자합니다. 도메인 주소를 구매하여 애드센스 신청을 하면 도메인 주소로 연결한 1번 계정의 1번 티스토리 블로그에서 애드센스 승인을 받고 그 다음부터는 2,3,4,5번째 블로그는 새로운 승인을 받지 않고 하위 도메인 주소 설정 후 바로 구글 광고를 송출할 수 있습니다.

즉, 처음 승인받은 블로그가 저품질에 걸리면 2번째 티스토리 블로그에 하위 도메인 주소를 연결하고 바로 애드센스 광고를 적용시킵니다.

광고코드는 동일하게 사용하지만 글이 적은 하위 도메인 블로그는 발행한 날 바로 적절한 광고가 뜨지 않습니다. 수익글이 하나도 없는 블로그는 최소 10~15개는 되어야 광고 매칭이 잘 되기 때문에 처음부터 블로그를 분산해서 키워나가는 것도 방법입니다.

4. 도메인 이름 선정 팁 3가지

구글에서 도메인 네임은 구글 검색 순위 요소가 아니며 도메인 네임에 키워드를 포함하는 것은 SEO 개선, 그리고 웹 사이트와 관련된 순위에 혜택이 없다 밝혔습니다. 하지만, 지금까지 여러 테스트 결과 도메인에 제가 메인으로 차지하고 싶은 키워드를 넣었을 때 조금 더 유리한 경우를 많이 보았습니다. 그렇기에 도메인 이름 정하는것도 굉장히 중요합니다.

1) 도메인 간결화

도메인 네임은 브라우저 표시줄에 쉽게 입력할 수 있을 정도로 짧아야 하지만 원하는 메시지를 방문자에게 전달할 수 있을 상태를 유지해야 합니다. 어떤 분야에선 두 개에서 세 개의 단어로 구성된 도메인 네임이 최적인 반면 다른 분야에선 한 단어 도메인을 선호할 수 있습니다. 도메인이 얼마나 짧아야 하는지에 대한 규칙은 없지만 여기서 명심해야 할 점은 기억하기 어려울 수 있는 지나치게 긴 도메인 네임을 사용하지 않도록 하는 것입니다.

너무 길면 사용자가 기억하기 어려우며 도메인을 입력하기 어려운 반면 너무 짧으면 도메인 네임이 전달하는 메시지가 모호해져 방문자가 이해를 하지 못할 수 있습니다! 그렇기에 도메인을 간결화할 때는 잠재적인 사이트 방문자에게 미치는 영향을 고려하며 구성해야 합니다.

2) 타깃 키워드 포함

과거까지 도메인에서 키워드를 사용하는 것은 매우 중요했습니다. 한때 구글과 같은 사이트에서

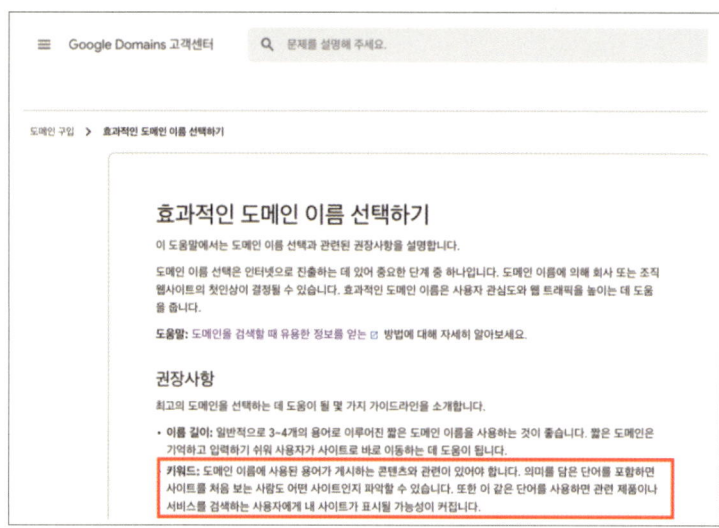

검색 인덱싱의 주요 역할을 하기도 했는데요. 요즘은 도메인 네임에 키워드를 입력하는 것은 검색 엔진 성능 향상에 도움이 되지 않습니다.

그럼에도 불구하고, 구글은 효과적인 도메인 네임 선정 시 타깃 키워드를 포함하는 것을 추천하는데요. 그 이유는 도메인 네임에 여러분의 업종과 관련된 키워드를 기입하면 사이트를 처음 보는 사람도 어떤 사이트인지 쉽게 파악할 수 있기 때문입니다.

그래도 도메인 네임을 오직 타깃 키워드만으로 구성하면 온라인 브랜드 정체성을 구축하는데 어려우며 방문자의 신뢰도 또한 떨어질 수 있기에 최소한의 '브랜드에 대한 명확성을 전달하는' 키워드와 브랜드 네임을 혼합하여 도메인 네임을 구성하는 것을 추천드립니다.

3) 도메인 히스토리 확인

만약 기존에 존재하는 도메인을 구입하는 경우, 도메인 히스토리를 확인하는 것은 필수입니다. 앞서 말씀드렸다시피, 도메인 히스토리는 구글 검색 순위 요소들 중 하나인데요.

이전 소유자가 도메인을 악용했다면, 해당 도메인은 검색 엔진에서 벌써 패널티를 받은상태일 수 있습니다. 그렇기에 도메인을 구매하기 전에 과거 기록을 확인하는 것이 필요합니다. 참고로 도메인 히스토리는 WHOIS에서 무료로 확인하실 수 있습니다.

5. 도메인 연결 방법

이제 도메인을 구매했다면 티스토리에 연결해줄 차례입니다. 위에서 언급했지만, 다시한번 설명하자면 티스토리에 도메인을 연결하는 이유는 애드센스 승인받은 도메인을 자유롭게 사용하기 위함입니다. 때문에, 티스토리 특성상 다음 저품질 등이 자주 발생되어 도메인을 옮기는 횟수가 생각보다 많기 때문에, 도메인 연결 방법을 꼭 숙지하는 것이 좋습니다.

1. [My 가비아]에 접속 후 DNS 관리툴에 접속해주세요.

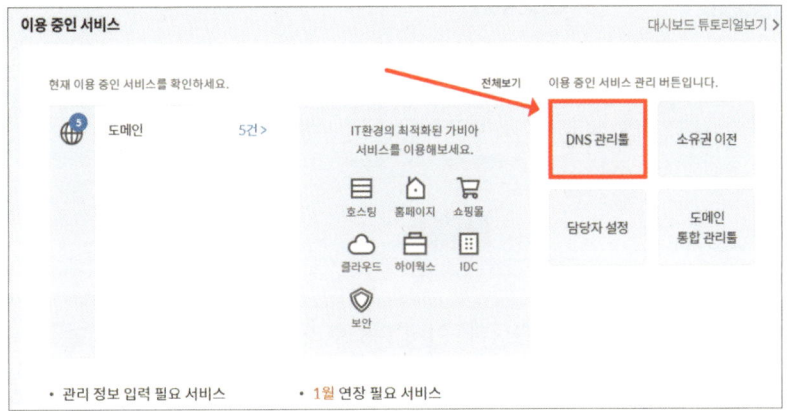

2. 해당 도메인의 [설정] 버튼을 눌러줍니다.

3. 도메인 연결 옆의 [설정] 버튼을 누른 뒤 아래와 같이 티스토리로 설정 후 저장을 눌러주세요.

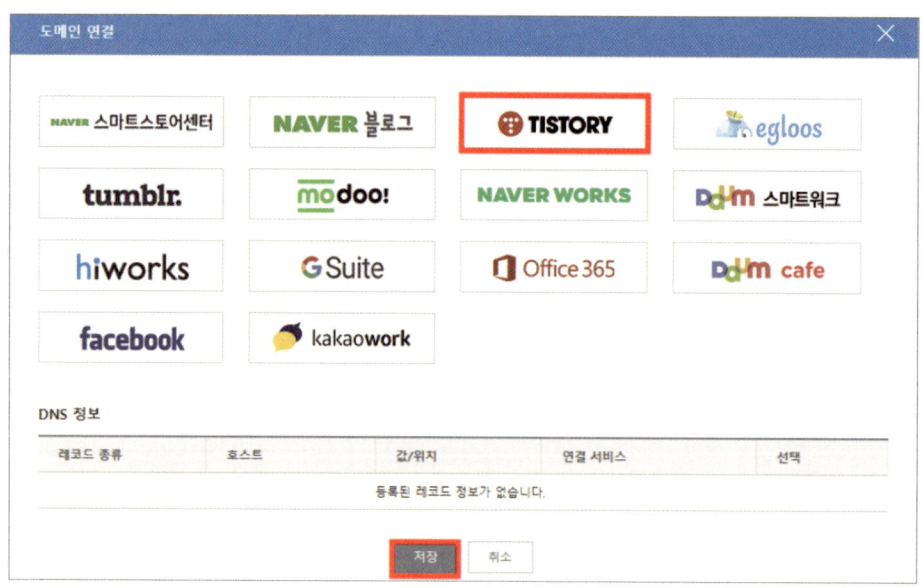

이제 가비아에서 할 일은 모두 마쳤습니다. 이제 티스토리에서 해당 도메인을 연결해주기만 하면 됩니다.

4. [티스토리 관리] - [블로그 메뉴]에서 [개인 도메인 설정]의 도메인 연결하기 버튼을 클릭합니다.

5. 가비아 도메인을 입력해주고 변경사항 저장 버튼을 눌러주면 완료입니다.

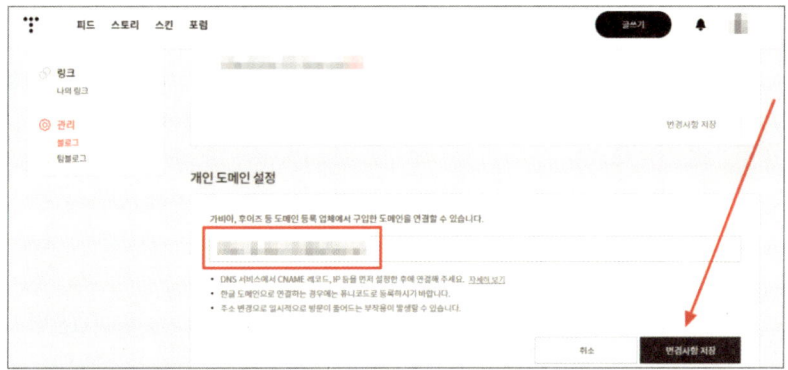

6. 아래와 같이 연결된 것을 볼 수 있습니다. 보안 접속 인증서는 한 두시간 안에 확인 완료로 바뀌게 됩니다.

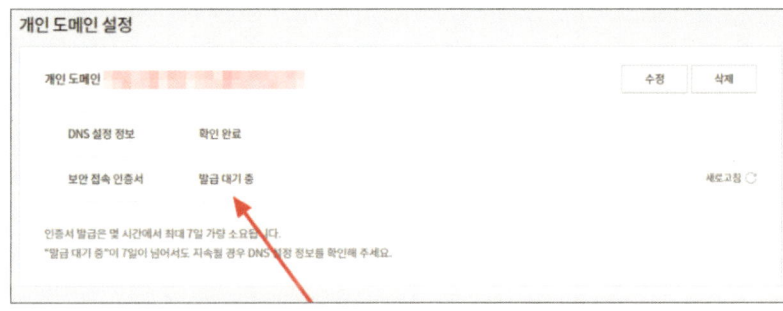

6. 2차 도메인 생성하는 방법

우리가 애드센스에서 도메인을 승인받는 이유는 대표적으로 2차 도메인을 사용하기 위해서라고 위에서 언급해 드렸습니다. 따라서 2차 도메인을 생성하는 방법을 알려드리도록 하겠습니다.

1. [My 가비아] - [DNS 정보]에서 내 도메인의 [설정] 버튼을 클릭해줍니다.

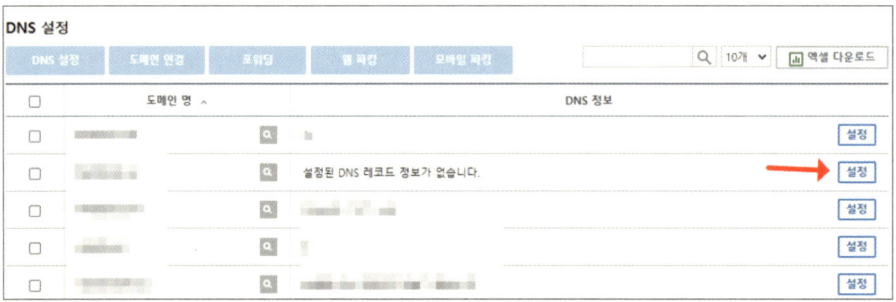

2. 레코드 수정을 눌러주세요.

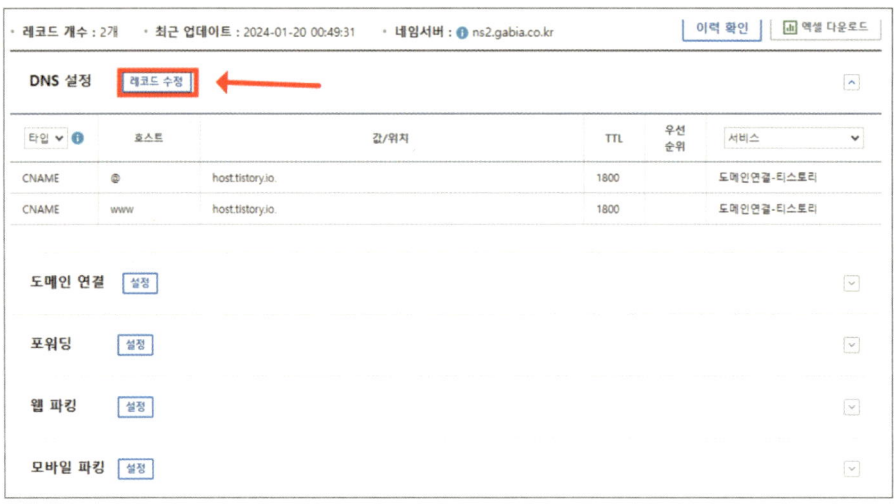

3. [레코드 추가]버튼을 눌러준 뒤, 차례대로 공란을 채워줍니다. 여기서 호스트 부분은 자신이 원하는 것 아무거나 입력하셔도 됩니다. 이후 저장 버튼을 눌러주세요.

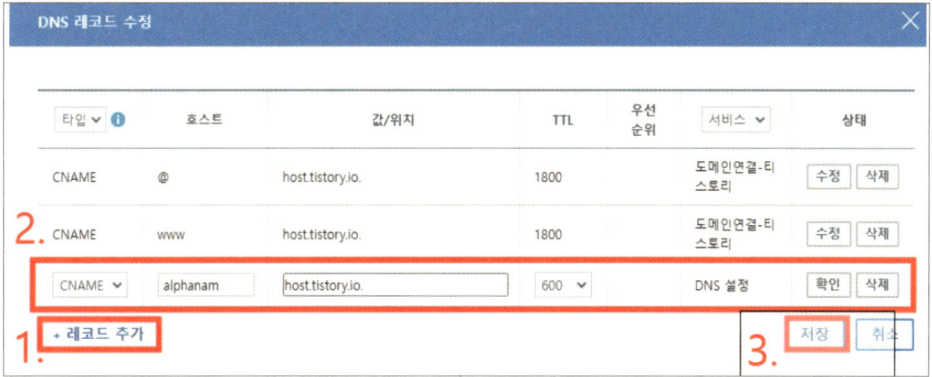

- 타입: CNAME
- 호스트: 원하는 서브도메인명 입력(ex) alphanam)
- 값/위치: host.tistory.io.
- TTL: 1800

4. [티스토리 관리] - [블로그 메뉴]에서 [개인 도메인 설정]의 도메인 연결하기 버튼을 클릭한 뒤 동일하게 연결해주면 됩니다.

이제 해당 계정으로도 동일하게 광고를 송출할 수 있습니다. 애드센스에서 따로 사이트 추가 절차는 밟지 않으셔도 됩니다.

도메인 연결이 비공개로 확인되는 경우 조금 기다려 보시면 됩니다.

티스토리 관리자모드 > 관리 > 블로그 > 개인도메인 설정에서

- DNS 설정 정보 : 확인완료
- 보안 접속 인증서 : 확인완료

위와 같이 확인이 완료되어야 연결이 완료됩니다. 1~3시간정도 시간이 소요될 수 있습니다.
보안 인증서(https)는 자동으로 발급되며, 보통 1~2일 내로 활성화됩니다.

- 보안 인증서 발급은 대부분 1~2일 정도 안에 완료되나 스토리 내부 사정에 따라 7일 이상 소요되는 경우도 있으며 개인에 따라 모두 발급 완료되는 기간이 다릅니다.
- 가비아 연결이 제대로 되어 있다는 전제하에, 보안 접속 인증서 발급이 7일이 넘어가는 경우 다음 고객센터를 통해 문의하시면 보다 빠른 발급이 가능합니다.

보안인증서 발급 전에는?

내 사이트 주소가 https:// 가 아닌 http://로 설정됩니다(s가 없는 상태). 이 상태에서는 내 2차 도메인으로 접속시 아래와 같은 화면이 보입니다.

1. 주의요함, 혹은 안전하지 않음으로 표시됨

2. 2차 도메인으로 접속 시 원활하지 않음
3. 유효한 인증서 찾을 수 없음

4. 발급 대기 중, 혹은 아무것도 없는 상태로 표시됨

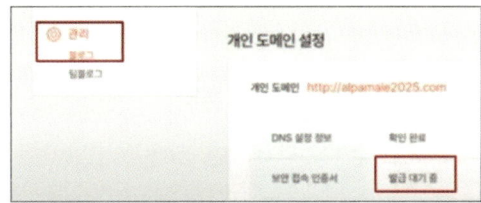

모두 정상적인 과정이니 안심하셔도 됩니다.

티스토리에서 보안인증서를 발급 해주면 바로 위 사진의 "발급 대기중" 이 "발급 완료"로 바뀌며, 이렇게 되면 내 2차 도메인 주소가 http:// 에서 https:// 로 자동 전환되고 위의 화면들도 자동 정상화 됩니다.

2차 도메인 관련 자주하는 질문

Q. 원래 운영하던 티스토리가 있습니다. 글이 100개인데 이제서라도 2차 도메인을 적용해도 될까요?

A. 기존 티스토리에 2차 도메인을 적용하는 것은 추천하지 않습니다. 이유는 다음과 같습니다.

1. SEO 및 검색 노출 문제
- 기존 티스토리는 이미 티스토리 기본 도메인으로 검색엔진에 색인이 완료된 상태입니다.
- 2차 도메인을 적용하면 URL이 변경되면서 기존 페이지의 검색 순위가 하락하거나, 최악의 경우 다시 색인을 받아야 할 수도 있습니다.
- 특히, 구글은 URL 변경을 큰 변화로 인식하기 때문에 트래픽이 감소할 위험이 있습니다.

2. 리다이렉트 문제
- 티스토리는 기본적으로 1차 도메인에서 2차 도메인으로 자동 리

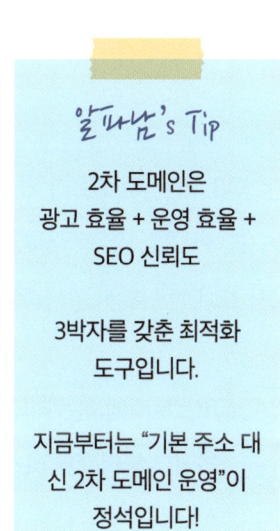

알파남's Tip

2차 도메인은
광고 효율 + 운영 효율 +
SEO 신뢰도

3박자를 갖춘 최적화
도구입니다.

지금부터는 "기본 주소 대신 2차 도메인 운영"이 정석입니다!

다이렉트를 제공하지 않습니다.
- 기존 방문자들이 예전 URL을 통해 유입되었다면, 트래픽 손실이 발생할 가능성이 큽니다.

3. 새 블로그에 2차 도메인을 적용하는 것이 더 유리
- 새로운 블로그를 만들어 2차 도메인을 적용하면, 처음부터 도메인 브랜드를 구축할 수 있습니다.
- 기존 블로그는 유지하면서 트래픽을 확보하고, 새 블로그를 점진적으로 키울 수 있습니다.
- 이후 두 개의 블로그를 다르게 운영하거나, 점차 새 블로그로 중심을 이동하는 방식도 가능합니다.

결론:

기존 티스토리는 그대로 두고, 새로운 블로그를 개설하여 2차 도메인을 적용하는 것이 더 효율적인 방법입니다.

Q1. 2차 도메인을 적용하면 티스토리로 했던 네이버, 구글, 빙 서치 콘솔 설정을 변경해야 하나요?

A. 네, 2차 도메인으로 들어와야 애드센스 수익이 발생하기 때문에 모든 서치 콘솔을 2차 도메인으로 해주셔야 합니다. 네이버 어드바이저에서 새로운 2차 도메인으로 사이트를 추가해야 합니다.

Q2. 다음 검색 등록도 새롭게 해야 하나요?

A. 다음은 도메인을 변경하면 알아서 적용됩니다.

Q3. 기존 티스토리 기본 도메인은 삭제해도 되나요?

A. 아니요, 삭제하지 않는 것이 좋습니다. 기존 도메인을 유지하면 검색 반영을 확인할 수 있으며, 2차 도메인 이전이 원활하게 이루어졌는지 비교할 수 있습니다.

⚠️ 티스토리에서는 리디렉션 코드를 삽입하여 강제로 2차 도메인으로 보내는 것이 제한됩니다. 따라서 기본적으로 티스토리 주소가 검색될 수밖에 없습니다. 하지만, 2차 도메인 내부 링크를 적극 활용하여 방문자를 유도하는 것이 가장 효과적인 방법입니다.

Q4. 기존 블로그 데이터는 유지되나요?

A. 네, 2차 도메인을 적용해도 기존 블로그 데이터 (게시글, 유입 통계 등)는 그대로 유지됩니다. 다만, 검색 엔진에서 새로운 도메인으로 반영되는 데 시간이 걸릴 수 있습니다.

Q5. 2차 도메인을 적용한 후 검색 노출이 줄어드는 경우 어떻게 하나요?

A. 검색 노출이 줄어들 수 있는 주요 원인은 다음과 같습니다:

- 검색엔진에 새로운 도메인이 인덱싱되지 않은 경우 ⋯→ 서치 콘솔에서 사이트맵 제출 필수
- 기존 도메인과의 중복 이슈 ⋯→ 301 리디렉트를 활용하여 새 도메인으로 유도 (티스토리에서는 제한됨)
- 네이버/다음 검색 반영 속도 차이 ⋯→ 일정 시간이 지나면 자연스럽게 반영됨

현재 네이버에서는 티스토리 기본 도메인이 색인되지만, 이는 어쩔 수 없는 부분입니다. 따라서 2차 도메인 내부 링크를 적극적으로 활용하여 방문자가 직접 2차 도메인으로 유입되도록 유도하는 것이 가장 효과적인 방법입니다.

일반적으로 2~4주 내에 새로운 도메인으로 검색 결과가 안정화됩니다.

Q6. 2차 도메인을 적용하면 애드센스 승인 없이도 광고를 게재할 수 있나요?

A. 네, 애드센스가 승인된 블로그의 2차 도메인을 다른 블로그에도 적용하면, 해당 블로그들은 별도의 승인 없이도 광고를 게재할 수 있습니다. 다만, 품질이 낮은 콘텐츠는 애드센스 정책 위반이 될 수 있으므로 주의해야 합니다.

⚠️ 애드센스 광고는 2차 도메인에서만 정상적으로 게재됩니다. 최대한 티스토리 기본 도메인 노출을 줄이고, 2차 도메인에서 유입이 발생하도록 유도해야 합니다.

Q7. 2차 도메인을 적용하면 트래픽이 증가하나요?

A. 도메인 자체가 트래픽을 증가시키지는 않지만, 브랜딩과 SEO 최적화에 유리할 수 있습니다. 자체 도메인을 사용하면 신뢰도가 상승하고, 장기적으로 검색엔진 최적화(SEO)에 긍정적인 영향을 미칠 수 있습니다.

2차 도메인 개념, 아직도 어렵게 느껴지시나요?

"2차 도메인이 뭔지 개념이 잘 안 잡혀요…"

많은 분들이 헷갈려 하시는 부분이라,

제 수강생님이신 '12월'님께서 이해를 돕기 위해 직접 시각 자료까지 제작해주셨습니다.

아래 자료를 보면,

기존 도메인과 2차 도메인의 차이점, 적용 방법까지 한눈에 이해되실 거예요.

정말 감사하게도 초보자 눈높이에 맞춰 너무 잘 정리해주셨답니다.

✅ 1번 방식(기본 2차 도메인 적용)을 가장 먼저 추천드립니다!

처음에는 무조건 1번 구조부터 안정적으로 적용해보는 것이 좋아요.

충분히 익숙해진 뒤에는 아래처럼 다양한 방식으로 변형해볼 수 있습니다.

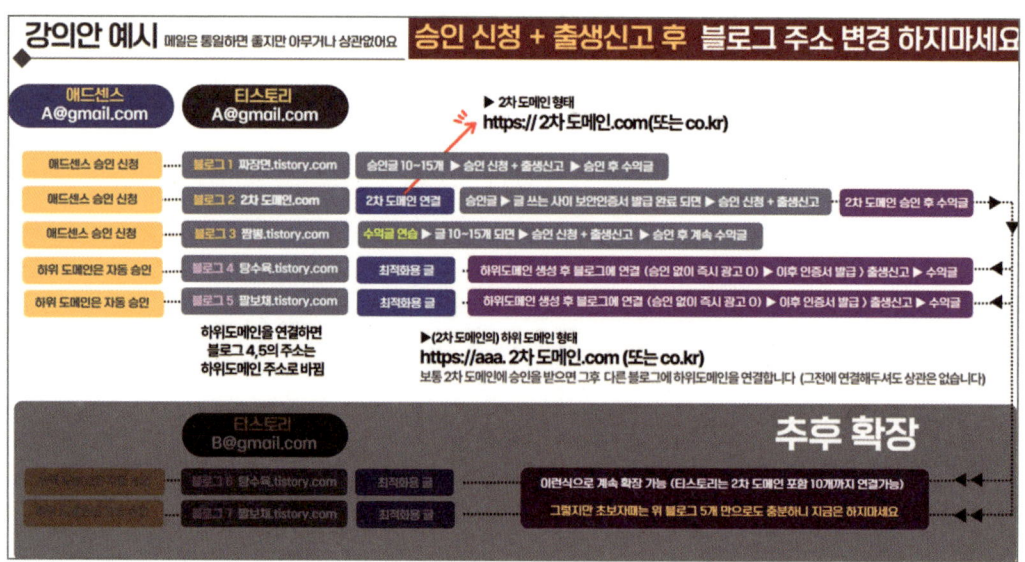

모두 나중에 시도해볼 수 있는 전략이니,

지금은 가장 단순하고 확실한 방식부터 시작해보세요.

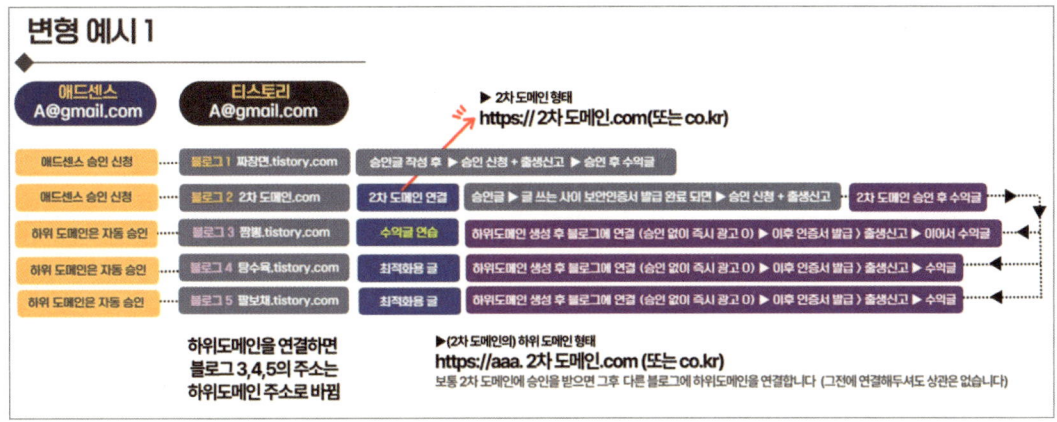
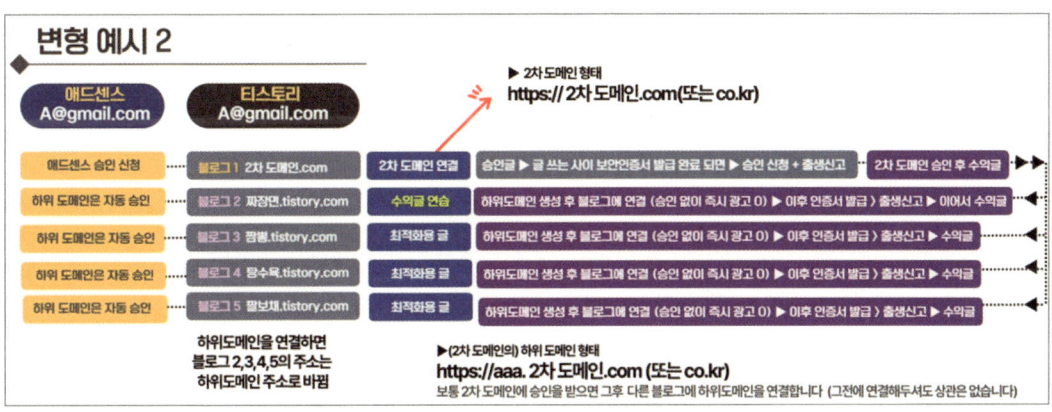
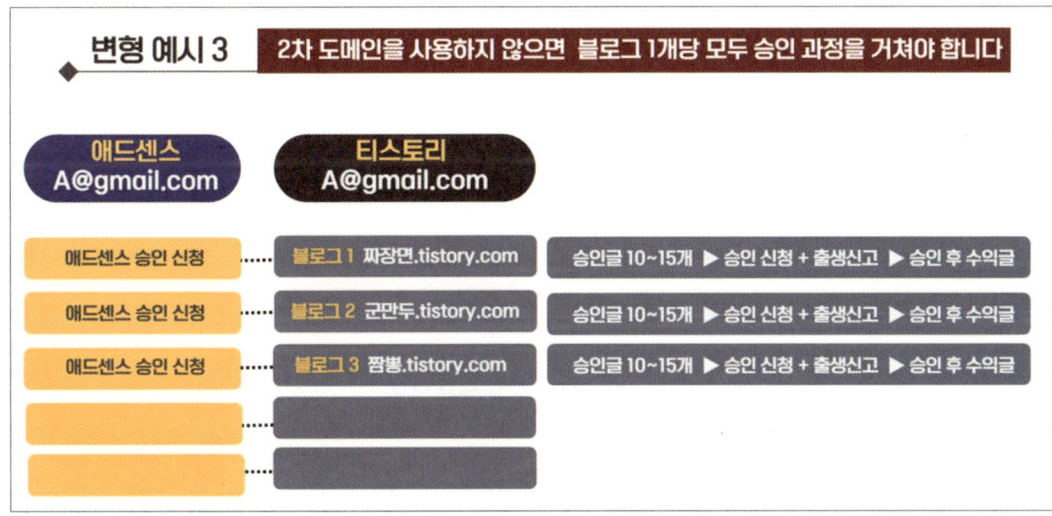

PART 10.

월 1,000만 원을 넘기 위해
꼭 알아야 하는 'ㅇ계정'

2차도메인을 주로 사용하는 이유는 다음 저품질에 자유롭기 위해서입니다. 하지만 2차도메인을 이용하다보면, 결국 'PART 6. 다음 직원도 잘 모르는 유형 3가지'에서 설명 드린 펍벤이란 것에 걸리게 됩니다.

링크 이동 QR

펍벤이란 것보다 다계정을 운영해야 하는 진짜 이유는 "광고 게재 제한(광고 송출 멈춤)" 때문입니다. 만든 지 1년이 되지 않은 계정의 경우 어느 순간 "광고 게재 제한이 적용되었습니다" 라는 보기 싫은 핑크 문구가 뜨는데, 이게 뜨면 구글 광고가 제대로 송출이 안 됩니다. 애드센스 광고 게재 제한이라는 것이 찾아오면 대부분은 멘탈이 심하게 붕괴됩니다. 술집으로 비유한다면, 멀쩡히 제대로 영업하고 있었는데, 몰래 찾아 들어온 청소년들의 신고로 인해 하루아침에 영업 정지를 당한 것하고 똑같습니다.

문제는 블로그 1개에만 영향을 주는 것이 아니라, 구글 애드센스에 연결된 모든 블로그에 영향이 가게 되는 것입니다. 즉 사이트1에서 유발된 무효 트래픽으로 인해, 구글 계정1에 제재가 가해지게 되고, 동시에 이 제재는 아무 잘못 없는 사이트2에까지 영향을 끼쳐 사이트2도 광고가 나오지 않게 됩니다. 만약 사이트2가 아니라, 사이트5까지 연결되어 있는 사이트라면? 상상만 해도 끔찍하실 겁니다.

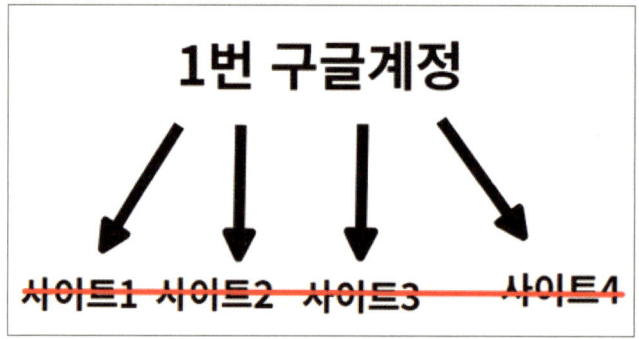

이 때 미리 다른 계정이 준비된 사람은 약간의 타격만 있을 뿐, 빠르게 수익을 이어갑니다. 따라서 대부분 고수익자들은 위와 같이 운영하지 않는 것을 원칙으로 합니다. 옆의 사진처럼 운영하면 한 사이트에서 무효 트래픽이 발생하더라도 다른 사이트에는 영향이 가지 않습니다.

저품질 보다 더 무서운 것은 광고 게재 제한이고 그보다 더 무서운 것은 펍벤입니다.

그리 흔한 경우는 아니기에 경험하지 않으면 제일 좋은 것이고, 그렇게 되더라도 다른 방법이 있기 때문에 겁먹을 필요는 없으며 전자책에 나오는 가이드를 따라서 글을 작성하면 제일 흔하게 마주하는 저품질도 최대한 피해갈 수 있을 거라 생각합니다.

게재 제한이나 저품질은 언제든 올 수 있다는 마음가짐이 있어야 합니다. 그리고 미리 준비해 두었다면 좀 더 수월하게 대처할 수 있기에 가장 이상적이라고 생각하는 계정 운영 방식을 소개해 드리니 따라서 만들어 보시기 바랍니다.

1. 구글도 속이는 다계정 생성방법

애드센스 다계정은 사실 구글의 정책 위반이기는 하지만, 대부분의 고수익자는 적게는 2개, 많게는 10개 이상의 계정을 가지고 있습니다. 애드센스 광고 게재 제한이나 계정 정지, 영구 정지 등의 조치도 있기 때문에 애드센스도 다음 저품질에 대비하듯 준비를 해 놓는 것이 좋습니다.

만약 다계정을 신청하거나 운영하는 팁이 없다면, 기존의 계정도 수익이 몰수되는 위험에 처해질 수 있습니다. 그렇다면 어떻게 해야 할까요? 아래의 주의사항에 따라 계정을 생성하고, 관리하시길 바랍니다.

2. 애드센스 다계정 생성 방법

애드센스 다계정이 처음이시라면, 가족 명의를 활용하는 것이 가장 좋습니다. 애드센스 다계정의 핵심은 휴대폰 번호입니다.

1. 먼저 애드센스를 신청하기 전, 승인을 받을 블로그에 승인용 글을 다 쓴 상태로 준비해주세요.

2. 집과 다른 환경의 IP를 준비해줍니다. 가장 간단한 방법은 피시방에 가거나 다른 장소에 있는 컴퓨터를 활용하는 방법입니다.
만약 컴퓨터 사용이 능숙하다면 휴대폰 핫스팟을 활용해도 좋습니다. 단, 휴대폰 핫스팟을 이용한다면 기존계정과 같은 브라우저에서 사용하지 마시고 분리해서 사용하시길 바랍니다.

3. 구글 가입 및 애드센스 가입을 해줍니다. 이때 중요한 것은 전화번호(★중요)를 기존 번호로 하면 절대 안 됩니다. 보조 이메일 역시 다른 것으로 설정해두는 것이 좋습니다.
핸드폰 번호 수급이 어렵다면, 저렴한 알뜰폰이나 투넘버 혹은 듀얼넘버 서비스를 이용하시면 됩니다. 해당 서비스는 통신사에 직접 문의하면 쉽게 하나의 번호를 더 받을 수 있습니다.

4. 이제 애드센스 신청을 하면 완료입니다. 이제 승인이 완료될 때까지 적당한 텀을 두고 기다리다가 다시 피시방과 같은 다른 IP 환경에서 확인해보시면 되겠습니다.
승인받을 때 집주소 역시 다르게 설정하는 것이 안전합니다. 아래의 방식 같은 간단한 눈속임 정도로 중복 위험을 피할 수 있습니다.

서울특별시 중랑구 면목동 1188 면목빌라 501동 407호	지번
서울특별시 중랑구 겸재로42길 39(면목동) 501동 407호	도로명
서울특별시 중랑구 면목동 1188 면목빌라 501동 406호 옆 407호	기타
서울특별시 중랑구 면목동 1188 면목 Villa 501/407	기타

즉, 저같은 경우 승인용글 20개를 써놓은 경우 ⋯▶ PC방 방문 ⋯▶ 구글계정을 만든다(투넘버 이용 or 가족계정 이용) ⋯▶ 승인신청 ⋯▶ 집에서 크롬분리로 해당 아이디 사용으로 진행했습니다.

3. 애드센스 다계정 운영 방법

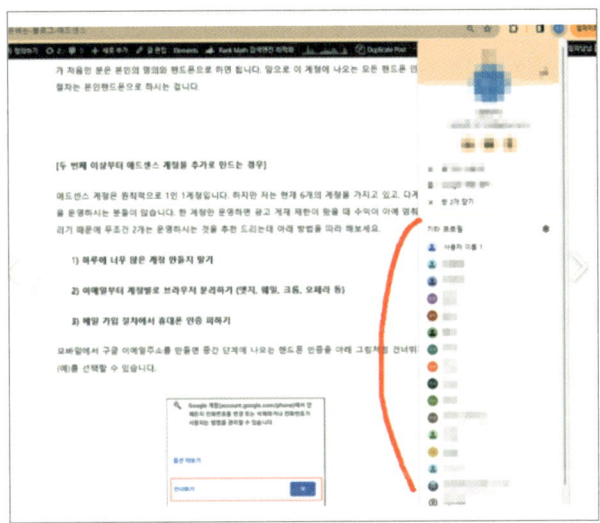

애드센스 다계정 관리하는 방법은 매우 쉽습니다. 구글에서 만든 것만 이용하면 같은 PC를 사용해도 됩니다. 바로 크롬 브라우저의 '프로필' 기능을 이용하는 것입니다. 크롬 브라우저의 우측 상단에 프로필 아이콘을 누르고 프로필을 추가하면 됩니다.

크롬 사용자 추가 후 애드센스 계정 한 개 당 한 프로필을 사용하면 사용자 쿠키 값을 따로 사용하기 때문에 중복 계정에 걸릴 위험이 없어집니다.

수익을 보거나, 광고를 수정하거나 등 모든 활동을 한 컴퓨터에 해도 아무런 문제가 없습니다. 저 역시 이 방법으로 5개가 넘는 계정을 관리하고 있습니다. 애드센스 계정은 대부분 구글 아이디를 그대로 사용할 테니, 해당 구글 계정의 1번 프로필로 로그인한 브라우저로는 1번 애드센스 계정만, 2번 프로필은 2번 애드센스 계정만 관리를 하면 됩니다.

⚠️ 애드센스 다계정 2개 이상 운영·관리 방법 (우측 QR 참고)

링크 이동 QR

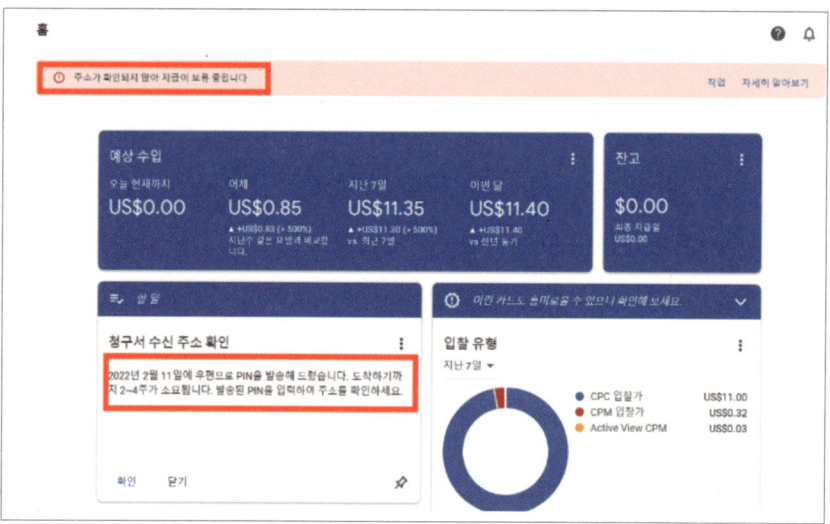

4. 다계정 세팅 '이것' 모르면 평생 돈 못 받습니다

애드센스 계정에 수익금이 $10이상 발생하면 자동으로 PIN코드가 발송됩니다. 보통 싱가포르에서 우리나라로 날아옵니다. 대략 3~4주 정도 걸립니다.

PIN코드를 받지 못했다면 3주 후 최대 3회까지 재 발송 요청을 할 수 있습니다. 3회를 초과하면 출금 요청이 불가능하니 주의해야 합니다. (2회까지 전송했음에도 안 왔으면, 주소를 변경해서 받아보셔야 합니다) PIN코드를 입력하면 수익금 인출을 하기 위한 지급수단을 등록할 수 있습니다.

계좌 또한 매 계정마다 다르게 하고 있는데 제가 사용하는 SC제일은행은 외화계좌를 10개까지 만들 수 있고, 은행 앱에서 바로 개설이 가능하기 때문에 현재까지 6개의 계좌로 잘 이용하고 있습니다. 외환계좌에 돈이 들어오면 바로 일반 계좌로 입금합니다.

출금 최소단위인 $100이상 수익금이 쌓이면 인출을 받을 수 있는데, 그 전에 은행 계좌를 등록해 두어야 합니다. 은행 계좌는 꼭 구글 계정의 명의와 동일하지 않아도 지급되는데 아무런 지장이 없습니다. 통장 주인의 영문 이름만 잘 입력하면 됩니다. 세금과 관련된 부분이니 종합소득세 신고할 때 유리하도록 분배합시다.

✅ 고수익자 팁

여기서 보통 10만불 정도 이상의 금액을 보유하고 있다면, 은행이랑 수수료 딜을 해볼 수 있습니다. 해당 부분은 월 5만불 이상 벌게 되면 은행에 문의해보면 보통 모든 은행이 해줍니다. 은행별로 VIP로 관리해주는 고객들이 있는데, 직접 은행코드로 환전해주어 1달러당 2원정도의 이득을 볼 수 있습니다.

PART 11.

무료로 내 블로그
구글 순위 노출 확인하는 방법

티스토리 블로그 구글 검색순위 확인 방법: 구글 검색 결과에서 자신의 블로그가 어느 위치에 노출되고 있는지 궁금해하는 분들이 많습니다. 특히 많은 블로거들과 웹사이트 운영자들은 자신의 콘텐츠가 구글 검색의 첫 페이지에 언제쯤 노출될지 기다리며, 때로는 이에 대한 명확한 정보 없이 불안해하기도 합니다.

이번 포스팅에서는 구글 서치콘솔을 활용하여 이러한 불확실성을 해소하는 방법을 소개하려고 합니다. 구글 서치콘솔은 구글 검색 결과에서 자신의 웹사이트나 블로그 포스팅이 어느 위치에 노출되고 있는지를 파악할 수 있는 강력한 도구입니다. 이를 통해 사용자들은 자신의 포스팅이 검색 결과에서 어떤 순위에 위치하는지 쉽게 확인할 수 있습니다.

구글 서치콘솔을 사용하면, 단순히 순위 정보뿐만 아니라, 어떤 검색어로 사람들이 자신의 사이트를 찾는지, 그리고 어떤 페이지가 가장 많은 트래픽을 유도하는지 등 다양한 분석 데이터를 얻을 수 있습니다. 이러한 정보는 자신의 웹사이트나 블로그의 SEO 전략을 개선하는 데 매우 유용합니다.

따라서 구글 검색 결과에서의 자신의 위치를 정확히 알고 싶다면, 구글 서치콘솔을 적극적으로 활용하는 것이 좋습니다. 이 도구를 통해 얻은 데이터를 바탕으로 콘텐츠를 최적화하고, SEO 전략을 보다 효과적으로 조정할 수 있습니다.

그럼 어떻게 확인하는지 바로 시작하겠습니다.

1. 구글 검색순위 확인 방법

링크 이동 QR

먼저 구글 서치콘솔 접속 후 실적 > 검색결과에 들어갑니다.

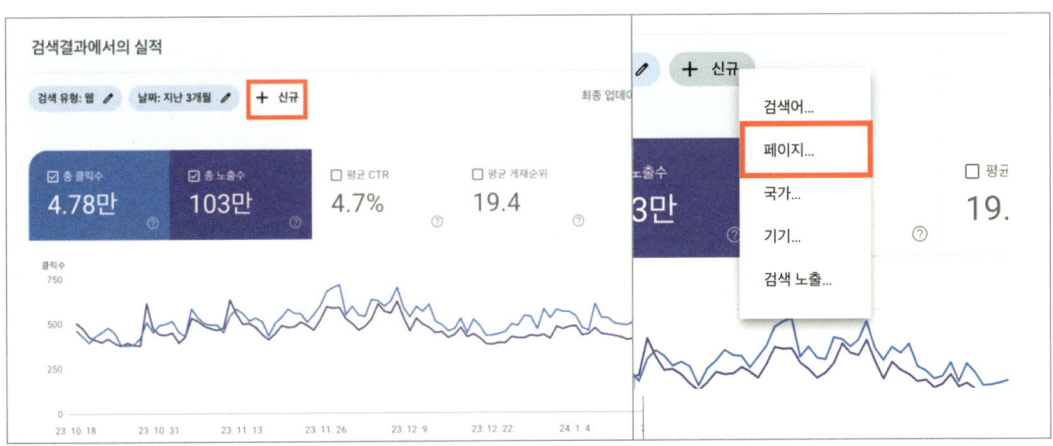

+ 신규 버튼 누르면 다양한 리스트가 나오는데, 거기서 우린 페이지를 누릅니다.

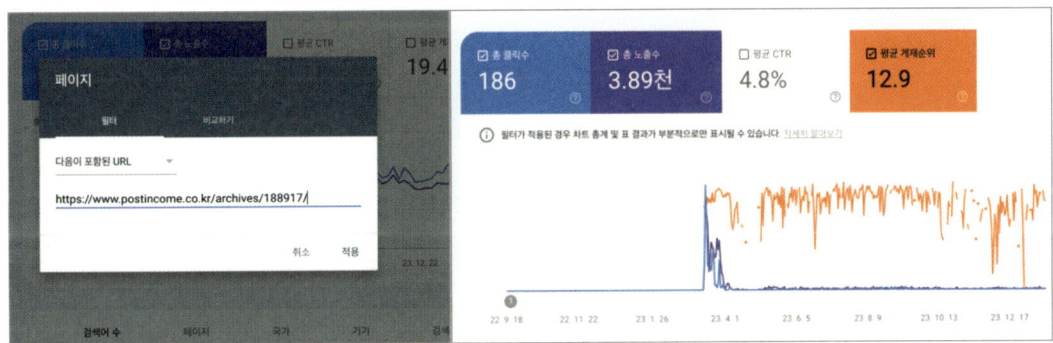

무료로 내 블로그 구글 순위 노출 확인하는 방법

URL 입력 후 적용 버튼을 누르면 위와 같이 총 클릭 수, 총 노출 수, 평균 CTR, 평균 게재순위가 나옵니다. 여기서 평균 게재순위를 눌러 확인해주면 되는데 여기서 주의할 점은 새로 등록한 게시글의 경우 쌓인 데이터가 없기 때문에, 일정 시간 지난 후에 확인할 수 있습니다.

구글 서치콘솔을 사용하면, 각 키워드별로 자신의 포스팅이 검색 결과에서 어느 위치에 있는지 확인할 수 있습니다. 이 기능은 블로그나 웹사이트의 검색 엔진 최적화(SEO) 전략을 수립하는 데 매우 중요합니다.

서치콘솔에서 '검색어 수' 옵션을 선택하면, 해당 포스팅으로 유입되는 데 사용된 키워드들이 노출됩니다. 이를 통해 어떤 키워드가 자신의 포스팅으로 트래픽을 유도하는지 파악할 수 있습니다. 또한, 각 키워드별로 포스팅이 검색 결과에서 몇 번째 위치에 있는지도 확인할 수 있습니다.

특히 중요한 것은 게재 순위가 상대적으로 낮은 키워드들을 주목하는 것입니다. 이러한 키워드들을 분석하여 검색 의도를 파악하고, 이에 맞게 내용을 보완할 필요가 있습니다. 예를 들어, 특정 키워드로 검색하는 사용자들이 찾고 있는 정보가 무엇인지 이해하고, 해당 내용을 포스팅에 추가하거나 개선하면 검색 순위를 높일 수 있습니다.

이러한 방식으로 구글 서치콘솔을 활용하면, 자신의 콘텐츠가 사용자의 검색 의도와 얼마나 잘 맞는지 파악하고, 이를 기반으로 콘텐츠의 질을 향상시킬 수 있습니다. 이는 결국 검색 엔진에서의 더 높은 순위와 더 많은 트래픽으로 이어질 것입니다.

PART 12.

월 1,000만 원 유지를 위해
결국, ○○을 버려야 하는 이유

여러분들이 이 책을 읽다가 혹은 다음 티스토리를 몇 달간 하면서 다음과 같은 생각을 하고 있다면 정확히 고수의 발자취를 따라가고 있는 것입니다.

"월 1,000불씩 벌지만, 더 벌고 싶다."

"결국 다음은 버려야 하잖아."

"다른 방법은 없을까?"

네 정확합니다. 다음은 시장 자체가 작습니다. 수많은 블로그들 속에서 꾸준히 수익을 내는 것은 포화 속에서 갓 난 아이를 안고 있는 것과 같습니다. 그리고 내가 다음을 배제하는 게 아니라, 어떻게 해도 다음에서 배제를 하니까, 결과론적으로 네이버와 구글의 검색노출과 외부유입에 더 신경을 쓰게 됩니다.

그렇다면 실제로 우리가 말하는 고수익자들은 어떻게 꾸준히 돈을 벌까요? 지원금 키워드로 돈을 크게 법니다. 단순히 다음, 네이버, 워드프레스에 글만 쓰면 그렇게 많이 벌 수 있을까요? 당연히 아닙니다.

그들이 다른 사람에게 알려주지 않는 꿀같은 정보, 알려주면 내 파이가 줄어드는 그 방법이 존재합니다. 지원금과 같은 정책 키워드가 나올 때 아무것도 하지 않는 사람은 하수입니다. 키워드를 발굴해 다음이나 네이버에 글이라도 적어보는 사람은 중수입니다.

고수들은 시야가 더 넓습니다. 이제 사람들이 검색을 해서 찾아올 때까지 기다리는 것이 아닌 직접 사람을 모아옵니다. 이 역할을 하는 것이 바로 외부유입과 유료광고입니다.

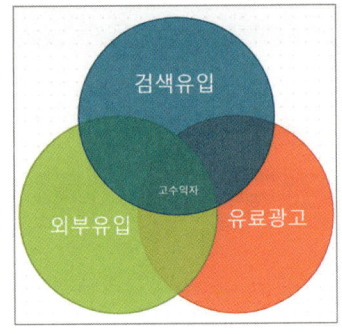

우리가 저품질 후 부랴부랴 워드프레스로 넘어가게 된다면 어떻게 될까요? 티스토리는 다음에 노출되기라도 하지, 워드프레스는 충분한 지식이 없다면 아무 곳에도 노출되지 않습니다.

한 마디로 다음에서 펌벤이나 저품질을 먹고 아무것도 못하는 '바보'상태가 되는 것입니다.

그러나 그 펌벤이나 저품질을 맞은 블로그를 활용하는 방법이 있습니다. 실제로 지금도 몇몇 사람들은 고단가 키워드에서 이 방법을 통해 자리를 꿰차고 있습니다.

1. 월 1,000만 원이상 꾸준히 벌기 위한 디지털 노가다가 아닌 디지털 노마드가 되는 방법

아래와 같이 "Sponsored" 라고 적힌 사이트를 본 적 있을 겁니다.
상위에 노출되기 위해 광고비를 지급한 사이트들인데요.

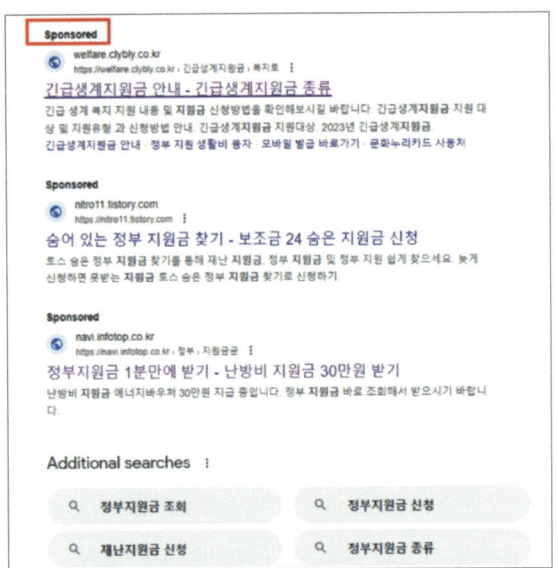

실제로 이 사이트들을 들어가보면 대단한 사이트가 아니라 우리가 사용해왔던 티스토리 블로그입니다. 이들이 해당 키워드로 광고를 낸 건 광고비보다 애드센스 수익이 더 크다는 말이겠죠.

이제 월 500, 월 1,000을 넘어 월1억까지 버는 방법에 대해선 유료 강의에 자세히 다뤘지만, 이 책만 보더라도 월 100, 월300까진 충분히 달성할 수 있습니다.

수많은 강의 중에 수강생이 수익을 증명하는 강사는 극히 드뭅니다. 강사가 제대로 알려주지 않고 숨기거나, 시장이 작아 나눠먹기 구조가 되는 것입니다. 허나 5년간 이 시장은 꾸준히 존재했고, 수강생 10명중 8명은 꾸준히 애드센스로 돈을 벌고 있으며 그중 2명은 꾸준히 고수익을 얻고 있습니다.

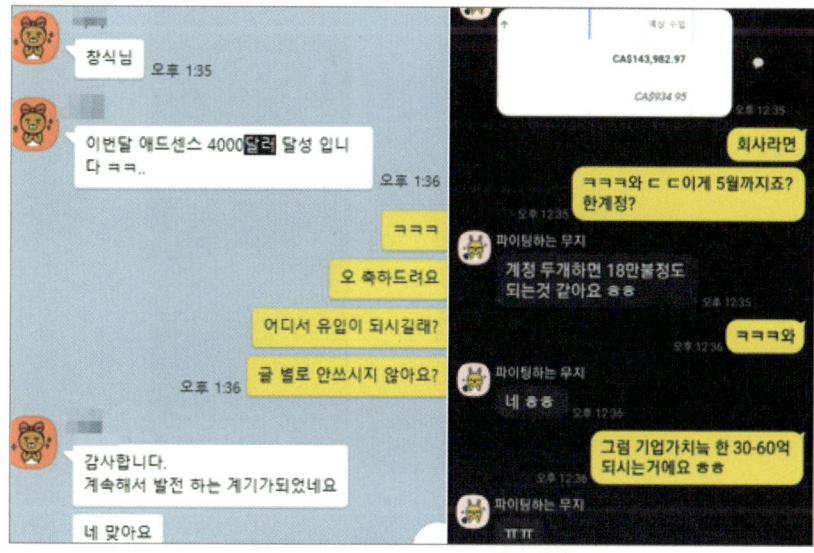

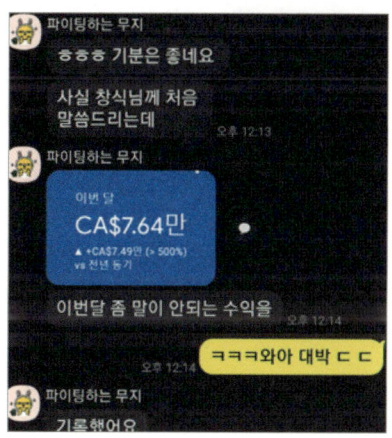

월 1,000만 원 유지를 위해 결국, ○○을 버려야 하는 이유

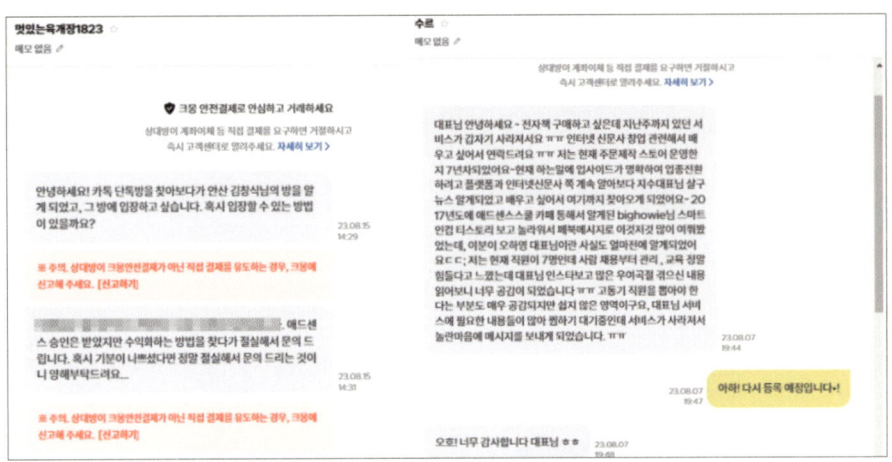

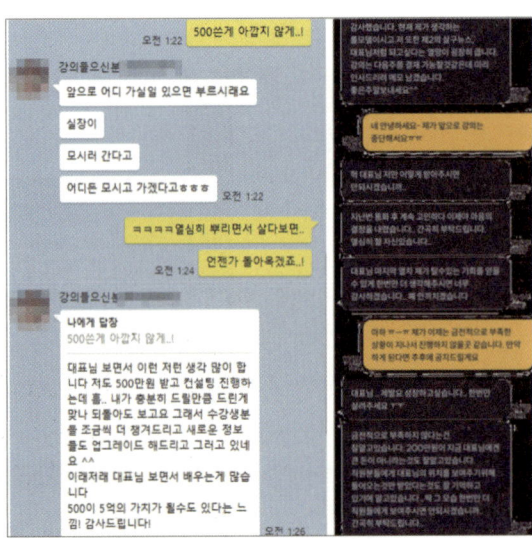

저는 매번 전자책출시나 강의를 하면서 10배의 가치로 되돌려 주자라는 마음으로 강의를 진행합니다. 수강생은 나에게 돈과 시간을 투자한 사람들입니다. 물론 강의를 진행한다고 모든 사람들이 제 강의에 대해서 만족을 하는 것은 아니지만 지금까지 200명이 넘는 수강생 중 환불, 불만족은 0건이였습니다. 이 책도 3만 원이 안 되지만, 5년 동안 제가 직접 1억 원 이상을 쓰면서 23억 원 이상을 번 방법을 구매하는 거니 저렴한 가격이라 생각됩니다.

결국 애드센스를 시작하면, 돈을 버는 게 목적인데요. 저는 이 과정에서 '재미를 느끼는 것' 이 무엇보다 중요하다고 말하고 싶습니다. 돈이 안 벌리면 재미가 없어지거든요. 근데 워드프레스로는 이 재미를 느끼려면 최소 2개월~6개월이란 시간이 필요합니다. (구글 샌드박스 기간, 외부유입의 개념을 알아야 함)

앞서 말씀드렸듯이 처음에 유지비가 안 드는 티스토리로 글쓰기 기술, 돈 버는 키워드, 돈 버는 방식을 어느정도 터득한 이후에 워드프레스로 넘어가는 걸 추천드리고 있습니다.

파이프라인과 애드센스는 모두 좋은 방법이지만, 수익이 없다면 정말로 견디기 힘든 부분이 될 수 있습니다. 하기 싫은 일을 억지로 하게 되는 거나 다름없게 되며 결국 포기하게 됩니다.

허나 제가 알려주는 효율적인 방식으로 포스팅을 하고 그에 대한 반응으로 수익이 오르면, 노력에 대한 보상이 자꾸 주어지니 우리의 뇌는 '재미'를 느끼기 시작합니다. 게임을 하면서 경험치가 쌓이고 점점 레벨이 올라 강해지는 것과 동일합니다.

그러나 게임에서도 난이도가 너무 높아 해결하지 못하고 벽에 부딪히면 곧 흥미를 잃게 됩니다. 이때 적절한 보상을 수월하게 얻기 위해서는 공략집을 보아야 합니다. 마찬가지로 애드센스로 수익형 블로그를 운영하는 것도 공략집이 있습니다. 공략집만 본다면 남들보다 빠르고 쉽게 성장할 수 있습니다.

진짜 돈 버는 노하우는 지금부터 시작이니 마음의 준비를 단단히 해봅시다. 당신도 할 수 있습니다.

- **팩폭 한 스푼!**
- 일단 시작하세요. 운영하면서 배운다! 제발요!!!!!!!!!
이상한 세팅에 시간 좀 그만 낭비하세요!!! 계정 여러 개 만든다고 수익이 바로 나는 게 아닙니다.

- **나이가 있거나, 따라오는 게 느리다고요?**
그럼 더욱 한 개라도 제대로 운영하세요. 기본을 익히고 나서 확장하는 게 맞습니다.
- 욕심내다가 아무것도 못 합니다.

세팅만 하다가 몇 달 지나고 나면, 결국 "아직도 시작 못 했어요…" 이러고 있을 겁니다.
-이제 그만 미루고, 그냥 시작하세요!

부록

2달만에 1000만원 상위 0.01% 티스토리 블로그 운영방법 3탄

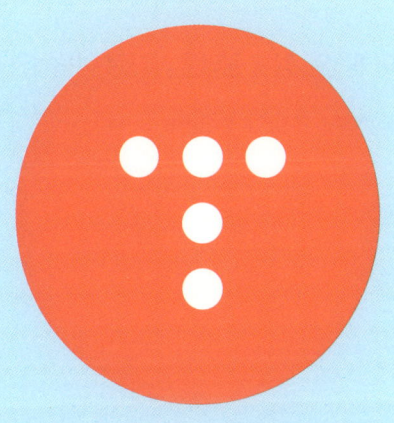

본인은 티스토리 블로그와 워드프레스, 웹사이트를 통해 구글 애드센스로 5년 동안 순수익 23억 원 이상을 벌어온 실전 경험을 가진 디지털 마케터이다. 이 책을 통해 내가 실제로 사용한 SEO 전략과 구글 알고리즘에 대한 깊은 이해를 여러분과 공유하고자 한다.

많은 분들이 SEO를 어렵고 복잡한 개념으로 생각하시지만, 이 파트에서는 가장 기초적인 내용부터 고급 전략까지 누구나 이해할 수 있도록 쉽게 설명해 드리겠다. 수많은 실패와 성공을 통해 얻은 노하우가 여러분의 온라인 비즈니스 성장에 큰 도움이 되길 바란다.

자, 이제 구글의 역사부터 최신 SEO 트렌드까지 함께 알아보겠다.

들어가면서 - 구글 SEO를 알아야 하는 이유

네이버에서 상위 노출을 해준다는 업체들은 많다. 검색해보면 '네이버 키워드 최적화', '네이버 블로그 마케팅' 같은 광고를 쉽게 볼 수 있다. 하지만 구글 SEO를 제대로 다룬다는 업체는 거의 없다. 왜일까?

그 이유는 간단하다. **대부분의 마케팅 업체들이 구글이 어떻게 작동하는지 모른다.** 단순히 키워드를 반복 입력하거나, 트래픽을 조작하는 방식으로는 구글의 검색엔진을 속일 수 없기 때문이다. 네이버는 특정 키워드를 반복 사용하거나 최신 글을 계속 올리는 방식으로도 상위 노출이 가능하지만, 구글은 전혀 다른 원리로 검색 결과를 정리한다.

즉, 네이버에서는 단기적인 꼼수가 먹히지만, 구글은 그렇지 않다. 하지만 반대로 생각해 보면, **구글이 원하는 검색 원리를 제대로 이해하면 한 번 적용한 SEO가 몇 달이고 유지될 수 있다.** 이것이 바로 구글 SEO의 강력한 힘이다.

PART 1.

왜 지금 구글 SEO를
해야 하는가?

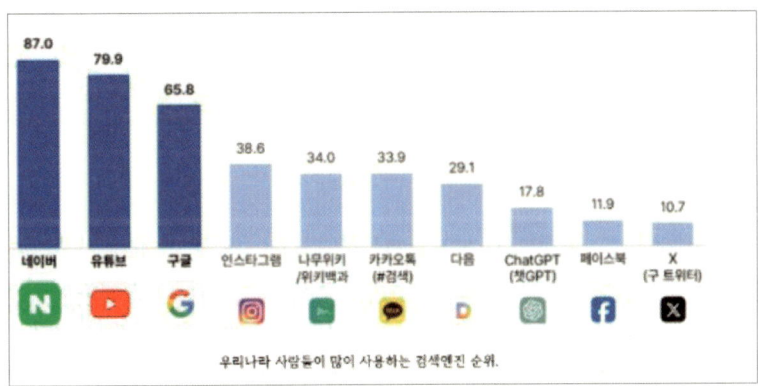

구글 SEO가 중요한 이유는 단순하다. 구글 검색 사용자가 점점 늘어나고 있기 때문이다. 한때 국내 검색 시장은 네이버가 압도적이었다. 하지만 2025년을 기점으로 구글의 검색 점유율이 30%를 돌파했다. 이제는 스마트폰에서 네이버가 아닌 구글을 기본 검색엔진으로 설정하는 사람들이 많아졌다.

그 이유는 무엇일까?

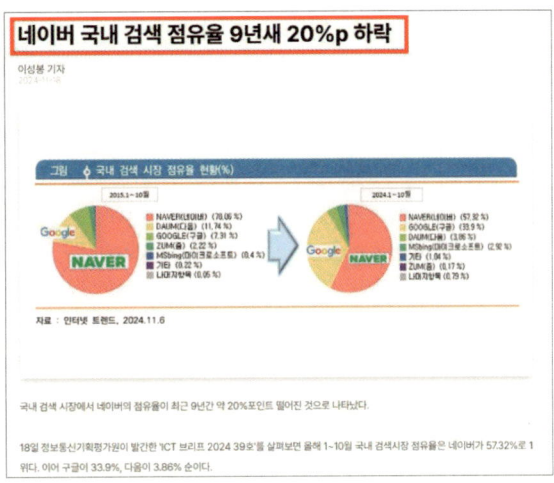

많은 사람들이 네이버에서 원하는 정보를 찾기 어려워졌다고 느끼기 때문이다. 네이버의 검색 결과는 광고성 콘텐츠로 가득 차 있고, 진짜 유용한 정보를 찾기 위해 여러 페이지를 뒤져야 하는 경우가 많다. 반면, 구글은 광고를 제외하면 가장 신뢰도 높은 정보를 상위에 노출시킨다. 이런 차이를 소비자들이 인식하기 시작했고, 점점 더 많은 사람들이 구글을 이용하고 있다.

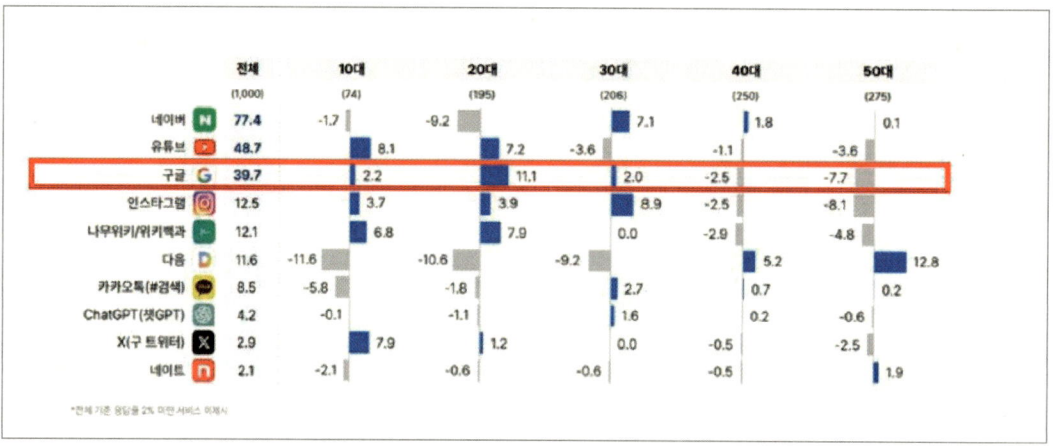

그럼에도 불구하고 여전히 많은 마케팅 업체들은 구글 SEO를 제대로 활용하지 못하고 있다. 여전히 네이버 방식에 의존하고 있으며, 구글 검색의 본질을 이해하지 못한 채 '키워드 밀어넣기' 같은 방식만 반복하고 있다.

즉, 지금이야말로 구글 SEO를 시작할 최적의 타이밍이다. 경쟁이 덜한 상태에서 제대로 된 최적화를 한다면, 네이버보다 훨씬 적은 노력과 비용으로도 엄청난 성과를 낼 수 있다.

1. 왜 구글은 점점 더 강해지고 있을까?

네이버는 한국 시장에서 강력한 영향력을 가지고 있지만, 최근 몇 년 사이 구글의 검색 점유율이 빠르게 증가하고 있다.

그 이유는 다음과 같다.

1. 광고성 콘텐츠 증가 - 네이버 검색 결과에는 광고성 블로그나 PPL 콘텐츠가 많아지면서 신뢰도

가 낮아졌다.
2. **구글의 검색 품질 향상** - 구글은 AI와 머신 러닝을 활용해 검색 결과를 더욱 정교하게 개선하고 있다.
3. **젊은 세대의 변화** - 30대 이하의 사용자들은 네이버보다는 구글을 더 많이 사용한다.

특히, 광고성 콘텐츠가 많은 네이버와 달리, 구글은 '가장 신뢰도 높은 정보를 제공한다'는 원칙을 유지하고 있다.

구글이 계속해서 시장을 장악하는 이유는 결국 검색 결과의 질에 있다. 사용자가 원하는 정보를 빠르고 정확하게 제공하는 것이 구글의 가장 큰 강점이다.

2. 구글 SEO를 배우기 전에 꼭 알아야 할 것

구글 SEO를 배우려면 구글이 어떻게 검색 결과를 정리하는지를 먼저 알아야 한다. 그런데 여기서 한 가지 의문이 들 수도 있다.

"나는 내 웹사이트를 당장 1페이지에 올리고 싶은데, 왜 구글의 역사를 먼저 알아야 하죠?"

이 질문은 당연한 반응이다. 하지만 구글이란 기업이 어떤 배경에서 탄생했고, 어떤 철학을 가지고 있는지를 이해하는 것은 SEO를 제대로 배우기 위한 필수 과정이다.

그 이유는 간단하다. 구글이 검색엔진을 운영하는 방식이 바로 그들의 철학을 반영한 것이기 때문이다. 구글은 1998년 창립 이후 단 한 가지 원칙을 지켜왔다.

👉 "사용자에게 가장 유용한 정보를 제공하겠다."

이 원칙은 단순한 구호가 아니라, 실제로 구글의 모든 검색 알고리즘에 반영되어 있다. 즉, 구글이 원하는 검색 결과를 만들기 위해서는 구글이 중요하게 생각하는 기준을 이해해야 한다.

3. 구글 검색 알고리즘, 단순한 공식이 아니다

SEO를 공부하다 보면 '검색 알고리즘'이라는 말을 자주 듣게 된다. 알고리즘이라는 단어가 어렵게 들릴 수도 있지만, 사실 간단히 말하면 구글이 검색 결과를 정리하는 원리라고 생각하면 된다.

구글의 검색 알고리즘은 수없이 바뀐다. 하지만 기본 원리는 1998년 구글이 처음 탄생한 이후 지금까지 변하지 않았다.

구글의 검색 알고리즘이 따르는 핵심 원칙은 다음과 같다.

- ✅ 사용자가 원하는 정보를 가장 먼저 보여준다.
- ✅ 낚시성 콘텐츠는 제외한다.
- ✅ 사이트의 신뢰도를 점수화해서 반영한다.

이 원칙은 앞으로도 크게 변하지 않을 것이다. 물론 알고리즘의 세부적인 요소들은 계속해서 업데이트되겠지만, 구글이 검색 결과를 정리하는 기본적인 방식은 변하지 않는다.

즉, 우리는 구글의 역사와 철학을 이해한 뒤, 이 원리를 실제 사이트에 적용하는 법을 배우면 된다.

4. 이제 실전으로 들어가 보자

이제부터 우리는 구글이 어떻게 탄생했고, 어떤 검색 기술을 발전시켜왔는지를 살펴볼 것이다. 그리고 그 과정에서 **구글이 검색엔진을 통해 원하는 것이 무엇인지**를 파악하게 될 것이다.

이후에는 구글의 검색 알고리즘을 분석하고, 실제로 내 웹사이트를 최적화하는 방법을 배울 것이다. 다행히도 이 과정은 생각보다 어렵지 않다. **기술을 몰라도 따라 할 수 있는 방법들이 많다.**

그럼 이제, 진짜 구글 SEO의 세계로 들어가 보자.

PART 2.

구글의 역사와
알고리즘

구글과 네이버의 가장 큰 차이점은 무엇일까? 많은 요소들이 있겠지만, 가장 대표적인 차이는 바로 '지식in' 서비스다.

네이버는 지식in 서비스를 통해 엄청난 성장을 이루었다. 사람들이 궁금한 점을 질문하면 다른 이용자들이 답변을 다는 방식의 서비스였다. 이 서비스는 단순한 Q&A 게시판이 아니었다. 당시 네이버는 인터넷에서 원하는 정보를 쉽게 찾기 어려운 환경이라는 점을 정확히 파악했고, 사람들이 직접 정보를 제공하게 만들어 문제를 해결했다.

결과는 대성공이었다. 수많은 사용자들이 지식in을 통해 정보를 얻었고, 네이버는 자연스럽게 한국 인터넷 시장에서 검색 강자로 자리 잡게 되었다.

그렇다면 구글은 왜 지식in 같은 서비스를 만들지 않았을까?
이유는 간단하다. 구글은 애초에 사람이 직접 답을 달 필요가 없는 검색엔진을 만들었기 때문이다.
구글은 네이버와 다르게, 질문을 입력하면 자동으로 가장 적합한 웹페이지를 찾아주는 기술을 개발하는 데 집중했다. 검색 결과가 정확하다면, 굳이 사람이 직접 질문하고 답할 필요가 없다는 것이 구글 창립자들의 철학이었다.
실제로 구글 검색을 사용해 보면, 네이버와 비교할 때 큰 차이가 느껴진다.

1. 네이버 검색 vs. 구글 검색: 차이는 어디에서 오는가?

예를 들어, '자취방 구하기'나 '유럽 여행 준비' 같은 키워드로 검색을 해보자.

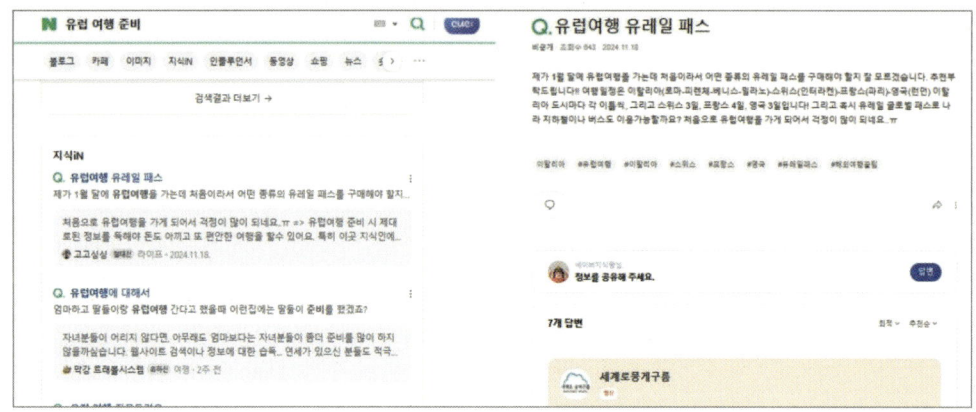

　네이버에서는 뉴스, 광고성 블로그, 지식in 답변 등이 뒤섞여 나온다. 원했던 정보를 찾기 위해 블로그 몇 개를 클릭해야 하고, 심지어 광고성 콘텐츠라면 쓸모없는 정보를 접하게 될 수도 있다. 네이버는 사용자가 여러 개의 페이지를 클릭하도록 유도하는 구조를 가지고 있기 때문에, 정보를 찾는 과정이 복잡해질 수밖에 없다.

　반면 구글에서 같은 키워드를 검색하면 어떨까? 구글은 검색 결과의 1페이지에서 정확한 정보가 담긴 웹사이트를 우선적으로 보여준다. 몇 개의 결과만 클릭하면 원하는 답을 쉽게 찾을 수 있다.
　유럽 여행 준비 구글 검색 결과, 2년전 작성된 양질의 글이 상위노출 된다.

　이 차이가 발생하는 이유는 구글의 검색 알고리즘이 네이버와 근본적으로 다르기 때문이다.

2. 구글의 검색 알고리즘: 네이버와의 근본적인 차이

우리는 매일같이 구글을 사용한다. 검색창에 원하는 정보를 입력하면, 가장 정확한 답이 1페이지 맨 위에 나타난다.

하지만 이런 질문을 해본 적이 있는가? 어떻게 구글은 사람들이 찾는 정보를 1페이지에 정확하게 보여줄 수 있을까?

이 질문에 대한 답은 간단하다. 구글의 강력한 검색 알고리즘 덕분이다. 사실 구글과 네이버의 가장 큰 차이점도 바로 이 '알고리즘'에서 나온다.

구글의 창립자 래리 페이지와 세르게이 브린은 1998년, 새로운 방식의 검색엔진을 만들었다. 당시 기존의 검색엔진들은 단순히 키워드가 포함된 페이지를 나열하는 방식이었기 때문에, 원하는 정보를 찾기가 어려웠다. 하지만 구글은 다른 접근법을 사용했다.

3. 알고리즘이란 무엇인가?

쉽게 말해, 알고리즘이란 문제를 해결하는 공식이다.

예를 들어, 초등학생 때 배운 '곱셈공식'이 있다.

3 × 7 = 21

4 × 9 = 36

이처럼 일정한 규칙을 가지고 문제를 해결하는 것이 알고리즘이다.

즉, 검색 알고리즘이란 '어떤 방식으로 검색 결과를 정리해서 보여줄 것인가'에 대한 공식이다. 그리고 구글이 네이버와 전혀 다른 검색 결과를 보여주는 이유는 바로 이 공식이 다르기 때문이다.

4. SEO와 알고리즘의 관계

많은 사람들이 SEO(검색엔진 최적화)를 이야기하지만, 사실 구글의 검색 알고리즘을 이해하지 못하면 SEO도 제대로 할 수 없다.

구글이 어떤 원리로 검색 결과를 정리하는지 모른 채, 그저 키워드를 넣거나 백링크를 늘리는 것은 아무런 의미가 없다. SEO를 잘한다는 것은 결국 구글의 검색 알고리즘을 잘 이해하고 있다는 것과 같은 말이다.

그렇다면 구글의 핵심 알고리즘은 무엇일까?
구글의 핵심 알고리즘은 페이지랭크(PageRank)라는 기술을 기반으로 한다.

5. 구글의 핵심 알고리즘: 페이지 랭크(PageRank)

구글의 알고리즘은 '페이지 랭크(PageRank)'에서 시작되었다. 이 알고리즘은 단순한 검색 기술이 아니다. 인터넷을 바라보는 새로운 방식이었다. 여기서 '페이지 랭크'라는 단어는 두 가지 의미를 가진다.

1. 웹페이지(Page)들의 순위를 매긴다(Rank)
2. 구글 창업자 래리 페이지(Larry Page)가 만들었다

회사의 핵심 기술에 창업자의 이름이 붙을 정도로, 구글의 창립자들은 이 기술에 자신이 있었다. 그렇다면 이 페이지 랭크는 어떻게 탄생한 것일까?

6. 구글이 등장한 진짜 이유

우선 구글이 등장하기 전, 이미 검색엔진은 존재했다. 1994년에는 야후(Yahoo)가, 1995년에는 알타비스타(Altavista)가 등장했다. 당시 인터넷에는 수많은 웹사이트가 생겨나고 있었고, 검색엔진이 없이는 원하는 정보를 찾는 것이 거의 불가능했다. 하지만 당시의 검색엔진들은 문제가 있었다.

7. 초기 검색엔진의 문제점: '빈도수 방식'

초기 검색엔진들은 '빈도수 방식'을 사용했다. 이 방식은 특정 단어가 많이 포함된 페이지를 검색 결과 상위에 노출하는 방식이었다.

예를 들어, 당신이 '삶은 달걀 요리법'을 검색한다고 해보자.
- ✅ 당신이 원하는 정보: 달걀을 어떻게 삶으면 더 맛있을까?
- ❌ 실제 검색 결과: '달걀'이라는 단어가 6번 들어간 엉뚱한 글

즉, 내용의 질은 상관없이 단순히 특정 키워드가 많이 포함된 페이지가 상위에 올라갔다. 이 때문에 검색을 하면 원하지 않는 결과가 1페이지에 쏟아졌고, 사람들이 원하는 정보를 찾기 위해 5~10페이지를 뒤져야 하는 일이 흔했다.

야후와 알타비스타 같은 검색엔진들이 사용한 방식이 바로 이 '빈도수 방식'이었다. 하지만 이 방식에는 치명적인 문제가 있었다.

1. 특정 키워드를 반복적으로 입력한 엉터리 사이트도 상위에 노출되었다.
2. 사용자가 원하는 정보를 정확하게 찾기 어려웠다.
3. 검색 결과가 신뢰할 수 없는 경우가 많았다.

이 문제를 해결하지 못한 야후는 결국 검색엔진을 개선하는 대신, 뉴스와 생활 정보를 정리해서 보여주는 방식으로 방향을 바꾸었다. 하지만 사람들이 원하는 정보를 찾지 못하는 문제는 여전히 남아 있었다. 이때 등장한 것이 바로 구글이다.

8. 구글의 혁신: '백링크' 개념 도입

구글 창업자인 래리 페이지와 세르게이 브린은 원래 검색엔진을 만들 생각이 없었다. 그들은 단순히 박사과정에서 논문을 연구하던 중이었다. 그런데 논문을 찾기 위해 인터넷을 검색하다 보니, 아무리 찾아도 원하는 결과를 얻을 수가 없었다.

기존의 검색엔진들은 논문을 찾기에는 너무 엉망이었다. 이때 두 사람은 중요한 아이디어를 떠올린다.

"논문의 가치를 평가하는 기준을 웹사이트에도 적용하면 어떨까?"

보통 연구자들이 논문을 평가하는 기준은 두 가지다.
- 얼마나 많이 인용되었는가?
- 어떤 권위 있는 학술지에 실렸는가?

아무리 잘 쓴 논문이라도 다른 연구자들이 인용하지 않는다면 의미가 없다. 반면, 수십 번, 수백 번 인용된 논문이라면 중요한 연구로 인정받는다. 또한, 인용된 논문이라도 신뢰할 수 있는 학술지에 실린 논문이라면 더욱 가치가 높아진다.

이 원리를 웹사이트에도 적용하면 어떨까?
- 많은 곳에서 링크된 사이트라면 좋은 사이트일 것이다.
- 권위 있는 사이트에서 링크된 사이트라면 더 좋은 사이트일 것이다.

이 개념을 바탕으로 개발된 것이 바로 구글의 '페이지 랭크(PageRank)' 알고리즘이다.

9. 페이지 랭크의 원리? '링크 = 신뢰'

페이지 랭크 알고리즘은 단순히 키워드 빈도수를 세는 방식이 아니다. 대신, 웹사이트가 얼마나 많이 다른 사이트에서 링크되었는지를 분석한다.

예를 들어보자.
- ✅ A라는 사이트가 있다. 그런데 수많은 웹사이트가 A 사이트를 링크하고 있다.
- ✅ B라는 사이트가 있다. 그런데 링크가 거의 없다.

이 경우, A 사이트가 더 신뢰할 수 있는 사이트라고 판단하여 검색 결과 상위에 노출시킨다.

하지만 여기서 끝이 아니다. 링크가 많다고 무조건 좋은 것이 아니라, '어떤 사이트에서 링크되었는가'도 중요한 기준이 된다.
- ✅ 만약 '서울대학교 공식 홈페이지'에서 A 사이트를 링크했다면?
- ✅ 혹은 정부 기관에서 A 사이트를 링크했다면?

이런 경우, A 사이트의 신뢰도는 더욱 높아진다. 즉, 단순히 많이 링크된 것이 아니라 '권위 있는 사이트에서 추천받은 것'이 더 중요하다는 것이다.

이 개념은 오늘날에도 SEO의 핵심 원리로 작용한다. 즉, 구글 SEO를 잘하려면, 단순히 키워드를 반복하는 것이 아니라 '신뢰도를 높이는 것'이 중요하다.

10. 페이지랭크(PageRank) 3줄 정리

페이지랭크는 단순히 키워드가 많이 포함된 웹페이지를 우선적으로 보여주는 방식이 아니다. 대신, 웹페이지의 신뢰도를 평가하는 방식을 사용한다.

1. **백링크(Backlink)의 개수와 질** - 다른 사이트에서 해당 웹페이지를 많이 추천하고 있다면, 신뢰할 만한 정보라고 판단한다.
2. **페이지의 권위(Authority)** - 신뢰도가 높은 사이트에서 링크를 받았는지 분석한다.
3. **사용자의 행동(User Behavior)** - 검색한 사용자가 해당 페이지에서 머무르는 시간, 클릭률, 만족도를 측정하여 반영한다.

이 방식 덕분에, 구글은 사용자가 입력한 키워드에 대해 가장 신뢰할 수 있는 정보를 우선적으로 보여줄 수 있었다. 반면, 네이버는 자체적으로 콘텐츠를 관리하는 방식이었다. 지식in, 블로그, 카페 등의 데이터를 활용해 검색 결과를 정리하는 방식이었고, 이는 구글과 비교할 때 검색 결과의 신뢰도에서 차이가 날 수밖에 없었다.

다음 단계: 최신 구글 알고리즘의 변화

이제 우리는 구글이 어떻게 검색 결과를 정리하는지 기본 원리를 이해했다. 하지만 구글의 알고리즘은 끊임없이 발전하고 있다.

다음 챕터에서는 페이지 랭크 이후, 구글의 최신 알고리즘 변화와 SEO 적용법을 다룬다. 구글이 중요하게 여기는 요소는 무엇인지, 그리고 상위 노출을 위해 어떤 전략을 사용해야 하는지 본격적으로 살펴보자.

PART 3.

구글 알고리즘(페이지 랭크)의 **원리**

🔵 왜 어떤 사이트는 1페이지에 나오고, 어떤 사이트는 사라지는가?

우리는 앞에서 구글이 검색 결과를 정리하는 원리를 배웠다. 구글은 단순히 키워드 빈도수를 기반으로 검색 결과를 정리하지 않는다.

대신 웹사이트의 '신뢰도'와 '유용성'을 평가하는 알고리즘을 사용한다. 그렇다면, 구체적으로 어떻게 구글이 '좋은 사이트'와 '나쁜 사이트'를 구별하는지 알아보자.

구글의 페이지 랭크(PageRank) 알고리즘을 이해하는 가장 쉬운 방법은 예를 들어보는 것이다.

1. 링크가 많은 사이트 = 신뢰도가 높은 사이트?

- ✅ 영희가 '달걀 요리법'에 대한 블로그 글을 썼다.
- ✅ 길동도 '달걀 요리법'에 대한 블로그 글을 썼다.
- ✅ 영희의 글은 1개의 웹사이트에서 링크되었고, 길동의 글은 3개의 웹사이트에서 링크되었다.

이 경우, 구글은 길동의 글이 더 많이 참고되었다고 판단하고 길동의 글을 더 상위에 노출시킨다. 이 원리가 바로 페이지 랭크의 핵심이다. 즉, 좋은 사이트로부터 링크를 많이 받을수록, 구글은 해당 사이트를 신뢰하고 더 상위에 올려준다.

이 개념은 구글 창립자들이 1998년 논문 「대규모 하이퍼텍스트 웹 검색 엔진의 해부」에서 밝힌 내용이기도 하다. 물론 시간이 흐르면서 구체적인 알고리즘은 계속 변화했지만, '권위 있는 사이트로부터의 링크가 중요하다'는 기본 원칙은 변하지 않았다.

- ✅ 좋은 사이트로부터 많은 링크를 받을수록, 구글 1페이지에 보여질 가능성이 올라간다.

그렇다면, 단순히 무작정 링크를 많이 늘리면 되는 것일까?

2. '링크 100개'만 늘리면 구글에서 1등 할 수 있을까?

링크가 많다고 해서 무조건 좋은 사이트로 평가받는 것은 아니다. 구글은 단순히 링크 개수가 아니라 '링크의 질'을 평가한다.

- ✅ 구글은 '질이 떨어지는 사이트'에서 오는 링크를 싫어한다.
- ✅ 낚시성 사이트, 스팸 사이트에서 링크를 받으면 오히려 점수가 깎인다.

왜 그럴까?

구글이 원하는 검색 결과는 사용자가 검색했을 때 가장 정확한 답을 제공하는 사이트다. 그러므로 단순히 링크 개수가 많은 것보다, '이 사이트가 정말로 유용한가?'가 더 중요하다.

이를 평가하는 또 하나의 기준이 방문자의 행동 데이터다.

- ✅ 사용자가 사이트에서 머무르는 시간
- ✅ 사이트 내 다른 글을 클릭하는 비율

이 두 가지가 높을수록, 구글은 해당 사이트가 '좋은 사이트'라고 판단한다.

3. 방문자가 오래 머무르는 사이트가 유리하다

구글은 '검색을 한 사용자가 만족했는가?'를 지속적으로 분석한다. 이를 위해 사이트 방문자의 행동 데이터를 활용한다.

- ✅ 만약 사용자가 1초 만에 사이트를 나가버린다면?
- ⋯▶ 구글은 이 사이트가 '낚시성' 사이트일 가능성이 높다고 판단한다.

✅ 반대로 사용자가 5분 이상 머물면서, 사이트의 여러 글을 읽고 간다면?
⋯▶ 구글은 이 사이트가 '유용한 정보'를 제공한다고 판단한다.

결과적으로, 사용자가 오래 머물고, 사이트의 다른 글도 많이 클릭할수록 구글에서 더 높은 점수를 받는다. 이러한 평가 기준이 적용되면서 자연스럽게 낚시성 사이트는 뒤로 밀리고, 신뢰도 높은 사이트가 상위에 올라가게 된다.

즉, 구글이 원하는 '질 좋은 콘텐츠'란, 사용자가 오래 머물면서 정보를 얻어가는 사이트를 의미한다. 이제, 우리는 이 원리를 활용해 실제로 구글 상위 노출을 만드는 방법을 배울 것이다.

4. 어떤 글이 구글에서 1페이지에 올라가는가?

구글에서 1페이지에 올라가는 글은 단순히 키워드를 많이 포함한 글이 아니다. 구글이 원하는 핵심 요소를 충족하는 콘텐츠만이 상위 노출될 수 있다.

✅ **1페이지에 올라가는 글의 핵심 요소**
- 검색 의도를 정확히 파악한 콘텐츠
- E-E-A-T(경험, 전문성, 권위, 신뢰)를 반영한 글
- 모바일 & 데스크톱에서 가독성이 좋은 글
- 다양한 멀티미디어(이미지, 영상, 인포그래픽) 포함
- 체류 시간이 긴 글 (방문자가 오래 머무는 콘텐츠)
- 내부 링크와 외부 링크를 적절히 활용한 구조
- 빠른 로딩 속도와 최적화된 HTML 구조

✅ **구글이 선호하는 글의 특징**
- 구체적인 정보 제공 - 단순 나열식 글이 아니라, 실제 경험과 분석이 담긴 콘텐츠
- 사용자 질문에 대한 명확한 답변 포함 - 질문과 답변 형식의 글이 SEO에서 유리함
- 관련 키워드 자연스럽게 포함 - 억지로 키워드를 반복하는 게 아니라, 문맥 속에서 자연스럽게

사용
- 다른 유용한 콘텐츠와 연결 - 내부 링크를 통해 사용자가 사이트에 오래 머물도록 유도
- 클릭을 유도하는 메타 제목 & 설명 - 사용자가 검색 결과에서 클릭하고 싶게 만드는 제목 & 설명 작성

✅ 실제 1페이지에 올라가는 글의 예시

① 예시: '최고의 블로그 SEO 전략'
- 검색 의도: 블로그 운영자가 SEO를 배우고 싶어 함
- 글의 구성: SEO 개념 ⋯▸ 최신 트렌드 ⋯▸ 실전 적용법 ⋯▸ 체크리스트 제공
- 멀티미디어: 인포그래픽, 표, 영상 포함
- 내부 링크: 관련 SEO 글로 자연스럽게 연결

② 예시: '홈트레이닝 기구 추천 TOP 10'
- 검색 의도: 홈트 기구를 구매하려는 사용자가 정보를 찾음
- 글의 구성: 제품 비교 ⋯▸ 장점 & 단점 ⋯▸ 실제 사용자 후기 ⋯▸ 구매 링크 제공
- 멀티미디어: 제품 이미지, 사용 영상 포함
- 내부 링크: '홈트 운동법' 같은 관련 글과 연결

✅ 결론

구글에서 1페이지에 올라가려면 단순 정보 나열이 아니라, '사용자가 원하는 정보'를 정확하게 제공해야 한다.

PART 4.

실전편
- 당장 실행할 수 있는 방법

이제 본격적으로 실전 전략을 배울 차례다. 이 방법을 익혀두면, 누구나 손쉽게 구글 SEO를 정복할 수 있다. 특히, 무작정 키워드를 넣거나 가짜 링크를 만드는 방식이 아니라 실제 한국 시장에서 효과적인 방법을 소개한다.

1. 구글 서치 콘솔 등록
(Google Search Console)

구글은 전 세계 인터넷을 돌아다니면서 사이트 정보를 수집한다. 하지만 모든 사이트를 100% 즉시 수집하는 건 아니다. 구글이 자동으로 수집하는 사이트의 비율은 약 99.9% 정도이며, 경우에 따라 검색 엔진에 등록되는 데 최대 2개월 이상 걸릴 수도 있다.

이런 이유로 마냥 기다리기보다는 구글 서치 콘솔에 직접 등록하는 게 가장 효과적이다.

✅ 구글 서치 콘솔이란?
- 구글이 내 사이트를 빠르게 인식하도록 도와주는 도구
- 어떤 키워드로 내 사이트가 검색되고 있는지 확인 가능
- 사이트의 오류나 검색 노출 문제를 직접 해결할 수 있음

구글 서치 콘솔을 활용하면 사이트를 직접 등록하여 검색 반영 속도를 빠르게 만들 수 있다.

✅ [구글 서치 콘솔 등록 방법]
①Google Search Console 접속 ⋯▶ search.google.com/search-console
②내 웹사이트 추가하기 (도메인 등록)

③사이트 소유권 인증 (DNS 또는 HTML 파일 업로드)

④사이트맵(Sitemap) 제출하여 크롤링 요청하기

이 과정을 완료하면, 구글이 내 사이트를 더 빠르게 수집하고 검색 결과에 반영한다.

즉, SEO의 가장 첫 번째 단계는 구글 서치 콘솔 등록이다.

등록이 완료되면, 이제 사이트의 구조를 구글에 알려주는 사이트맵 추가 과정으로 넘어가자.

2. 사이트맵 추가

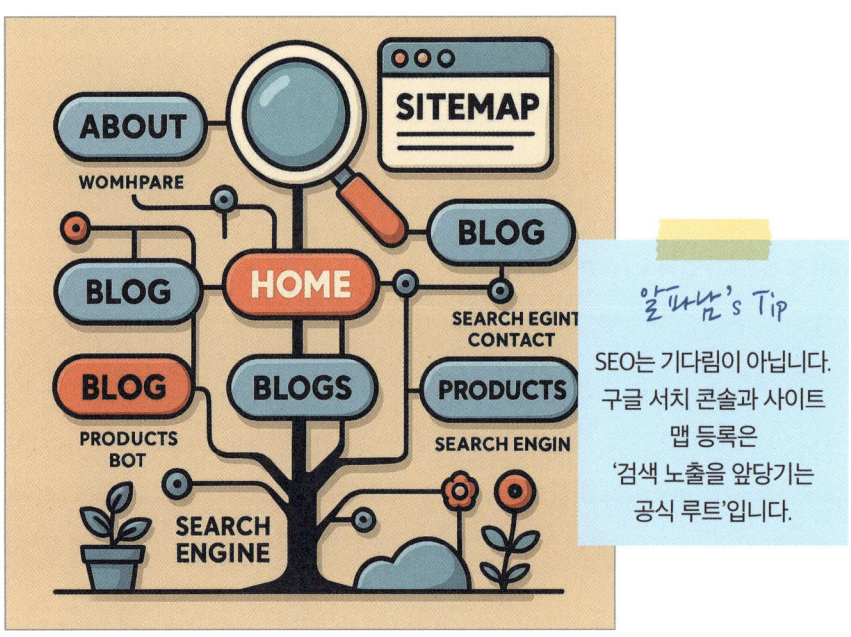

알파남's Tip
SEO는 기다림이 아닙니다.
구글 서치 콘솔과 사이트맵 등록은
'검색 노출을 앞당기는 공식 루트'입니다.

사이트맵(Sitemap)은 말 그대로 웹사이트의 구조를 검색 엔진에게 알려주는 역할을 한다. 사이트맵을 추가하면 구글이 사이트를 더 빠르고 정확하게 크롤링할 수 있어 검색 순위에도 유리하다.

사이트맵 추가 방법

1. 사이트맵 만들기

- https://www.xml-sitemaps.com/에서 사이트 주소 입력 후 사이트맵 생성
- 사이트맵 생성이 완료되면 다운로드

링크 이동 QR

2. 사이트맵을 웹사이트에 업로드
- 예) https://yourwebsite.com/sitemap.xml

3. 구글 서치 콘솔에서 사이트맵 추가
- 구글 서치 콘솔 ⋯▶ '사이트맵' 메뉴에서 추가
- 등록 후 몇 시간 내에 구글이 사이트맵을 인식함

사이트맵을 추가하는 건 간단하지만, SEO 최적화 효과가 크니까 반드시 실행하자.

3. 사이트의 '권위'를 높이는 방법

우리는 앞에서 '권위 있는 사이트로부터의 링크가 중요하다'는 것을 배웠다. 그렇다면, 실제로 어떻게 하면 내 사이트의 권위를 높일 수 있을까?

1) 트래픽이 많은 사이트에서 링크를 받자

한국에서 가장 강력한 사이트 중 하나는 '나무위키'다. 나무위키는 검색엔진이 좋아하는 텍스트 중심의 콘텐츠를 가지고 있다. 다양한 커뮤니티에서 나무위키 링크를 걸어주면서, 구글에서 강력한 점수를 받는다.

✅ **트래픽이 높은 사이트 목록 (한국 기준)**

2025년 3월 기준, 한국에서 가장 인기 있는 커뮤니티 사이트 상위 10개는 다음과 같다.

1. 디시인사이드 (dcinside.com) - 종합 커뮤니티, 월간 방문자 수: 2,102만 명
2. 에펨코리아 (fmkorea.com) - 종합 커뮤니티, 스포츠, 월간 방문자 수: 1,023만 명
3. 더쿠 (theqoo.net) - 여성 커뮤니티, 월간 방문자 수: 558만 명
4. 뽐뿌 (ppomppu.co.kr) - 쇼핑 커뮤니티, 월간 방문자 수: 477만 명
5. 인벤 (inven.co.kr) - 게임 커뮤니티, 월간 방문자 수: 448만 명
6. 엠팍 (엠엘비파크) (mlbpark.donga.com) - 종합 커뮤니티, 스포츠, 월간 방문자 수: 434만 명

7. 루리웹 (ruliweb.com) - 게임 커뮤니티, 월간 방문자 수: 422만 명

8. 네이트 판 (pann.nate.com) - 여성, 종합 커뮤니티, 월간 방문자 수: 389만 명

9. 아카라이브 (arca.live) - 월간 방문자 수: 378만 명

10. 클리앙 (clien.net) - 종합 커뮤니티, 디지털, 월간 방문자 수: 348만 명

✅ 백링크 작업 방법

1. 내 사이트에 글 작성 후, 링크 준비

2. 트래픽 높은 커뮤니티에서 관련된 게시글 찾기

3. 자연스럽게 내 사이트 링크를 댓글로 남기기 (과도한 홍보 금지!)

4. 한 번에 10~15개의 사이트에 링크를 남긴 후 기다리기

⚠️ 주의할 점

- 과도한 링크 작업은 피하자 (스팸 처리될 위험)
- 댓글을 달거나 커뮤니티 활동을 하면서 자연스럽게 링크 삽입
- SEO 효과는 보통 3개월 이상 걸리니까 꾸준히 유지해야 한다.

2) 사이트 내부 링크를 강화하자

- 구글은 '사이트 안에서도 유저가 오래 머무는지'를 중요하게 본다.
- 글과 글 사이에 연관 링크를 넣으면, 사용자가 자연스럽게 다른 글도 보게 된다.
- 결과적으로 방문자가 오래 머무르면서 SEO 점수가 올라간다.

3) SNS를 활용하자

- 트위터, 페이스북, 인스타그램 등에서 내 사이트 링크를 공유하면, 구글이 더 빠르게 인식한다.
- 특히, SNS에서 많이 공유되는 사이트는 트래픽 증가 효과가 있어 검색 순위에도 긍정적인 영향을 준다.

4. 단축 URL과 서브도메인은 주의해서 사용하자

SEO 최적화를 위해 링크 작업 시 아래 사항을 고려해야 한다.

✅ 서브도메인보다 하위 디렉터리를 사용하자

구글은 blog.yoursite.com과 www.yoursite.com을 별개의 사이트로 인식할 수 있다. 하나의 도메인에서 SEO 점수를 집중시키려면 가능하면 하위 디렉터리(yoursite.com/blog/)를 사용하는 것이 유리하다. 단, 온라인 스토어(shop.yoursite.com)처럼 분리 운영이 필요한 경우 서브도메인을 활용할 수도 있다.

✅ 단축 URL보다 원본 URL을 사용하자

bit.ly, shorturl.at 같은 단축 URL은 Google이 SEO 점수에 반영하지 않는다. 검색엔진이 여러 번 리디렉션을 따라가야 하므로 가능하면 원본 URL을 직접 사용하는 것이 SEO에 더 유리하다.

다만, SNS나 문자 메시지에서 가독성을 위해 단축 URL을 활용하는 것은 유효한 전략이 될 수 있다.

> **알파남's Tip**
> SEO는 '링크를 심는 기술'입니다.
> 심을 땐 자연스럽게, 퍼뜨릴 땐 전략적으로

5. SEO 작업 후, 기다림이 필요하다

- SEO는 즉각적인 효과가 나타나는 작업이 아니다.
- 보통 SEO 효과가 나타나기까지 최소 3개월이 걸린다.
- 한 번 1페이지에 노출되면 몇 달 동안 유지되는 경우가 많다.
- SEO 세팅을 마친 후, 시간을 두고 결과를 확인해야 한다.

SEO는 '단기적인 작업'이 아니라 장기적인 자산이다. 지금 SEO를 세팅하면, 몇 개월 후에는 자동으로 트래픽이 유입되면서 '검색 유입'이 증가하는 효과를 얻을 수 있다.

이제 SEO의 핵심적인 80% 작업을 마쳤다.
- 구글 서치 콘솔 등록 완료

- 사이트맵 추가 완료
- 백링크 작업 완료
- 단축 URL과 서브도메인 회피 완료
- SEO 효과를 기다리는 단계 진입

이제 남은 20%는 테크니컬 SEO(사이트 속도 최적화, 메타태그 정리, HTTPS 적용 등)다. 하지만, 지금까지 배운 방법만으로도 한국에서 SEO의 80%는 해결된 것과 다름없다. 다음 장에서는 더 깊이 있는 SEO 기술과 최신 구글 알고리즘 대응 전략을 다뤄보겠다.

PART 5.

테크니컬 SEO
- 검색 최적화의 마무리

이제 SEO의 기본적인 80%는 마쳤다. 하지만 진짜 강력한 검색 최적화를 하려면 테크니컬 SEO를 신경 써야 한다. 테크니컬 SEO는 사이트의 속도를 올리고, 크롤링이 원활하게 되도록 돕는 작업이다. 이 작업을 잘하면 구글이 내 사이트를 더 쉽게 이해하고, 상위 노출될 가능성이 커진다.

1. 사이트 속도 최적화

구글은 사용자 경험을 중요하게 생각한다. 그 중에서도 사이트 속도는 검색 순위에 영향을 미치는 중요한 요소다.

- ✅ 사이트 속도가 빠를수록 방문자가 오래 머무른다.
- ✅ 페이지 로딩 속도가 3초를 넘으면 방문자의 50%가 이탈한다.
- ✅ 구글은 로딩 속도가 빠른 사이트를 더 우선적으로 노출한다.

사이트 속도를 높이는 방법

1. 이미지 최적화

- 너무 큰 이미지는 로딩 속도를 느리게 한다.
- JPG, WebP 포맷을 활용해서 용량을 줄이자.
- https://www.iloveimg.com/ 같은 사이트를 사용해 압축하자.

링크 이동 QR

2. 캐싱 사용

- WP Super Cache, LiteSpeed Cache 같은 플러그인을 사용하면 사이트 속도가 확실히 빨라진다.

3. 불필요한 코드 제거

- HTML, CSS, JavaScript를 압축(Minify)해서 필요 없는 공백과 줄바꿈을 없애라.
- Autoptimize 플러그인을 활용하면 자동으로 최적화된다.

4. 빠른 웹 호스팅 선택

- 저렴한 호스팅은 속도가 느릴 수밖에 없다.
- 클라우드플레어(Cloudflare) CDN을 활용하면 빠른 속도를 유지할 수 있다.

2. HTTPS 보안 인증 적용

구글은 보안이 강화된 사이트를 선호해. HTTPS가 적용된 사이트는 검색 순위에서 가산점을 받는다.

- ✅ HTTPS가 적용된 사이트는 신뢰도가 높다.
- ✅ 크롬, 사파리 같은 브라우저에서 HTTP 사이트는 '안전하지 않음' 경고가 뜬다.
- ✅ SSL 인증서를 적용하면 HTTPS로 변경할 수 있다.

HTTPS 적용하는 방법

1. Let's Encrypt 같은 무료 SSL 인증서를 적용한다.
2. 호스팅 업체에서 제공하는 SSL 인증서를 구매해 적용한다.
3. 사이트 주소를 HTTP에서 HTTPS로 리디렉션한다.

HTTPS 적용은 필수다. 안 하면 구글이 내 사이트를 '안전하지 않은 사이트'로 간주할 수도 있다.

3. 모바일 친화성 (Mobile-Friendly) 체크

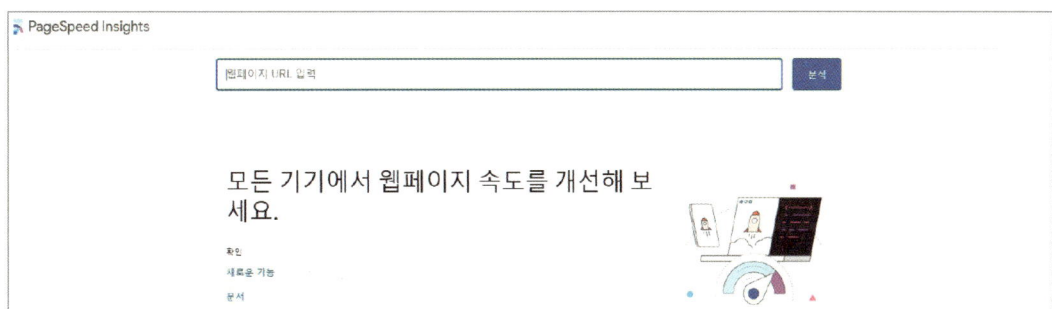

구글 검색의 70% 이상이 모바일에서 이루어지고 있다. 그래서 모바일에서 잘 보이는 사이트가 SEO에서 유리하다.

- ✅ 구글은 '모바일 퍼스트 인덱스'를 적용한다.
- ✅ 모바일 친화적인 사이트는 검색 순위가 올라간다.
- ✅ 사용자가 모바일에서 쉽게 읽고 클릭할 수 있어야 한다.

모바일 최적화 방법

1. 반응형 웹 디자인 적용
- 화면 크기에 따라 자동으로 조절되는 레이아웃을 사용하자.

2. 폰트 크기 조절
- 모바일에서는 16px 이상의 폰트가 가독성이 좋다.

3. 버튼과 링크 크기 조정
- 너무 작으면 클릭하기 어렵다.

4. 모바일 페이지 속도 체크
- Google PageSpeed Insights(https://pagespeed.web.dev/)에서 내 사이트의 모바일 속도를 확인해 보자.

링크 이동 QR

4. 내부 링크 구조 최적화

내부 링크는 방문자가 사이트에서 더 오래 머무르게 만드는 중요한 요소다. 내부 링크 최적화를 잘 하면 SEO 점수도 높아지고, 체류 시간도 늘어나면서 검색 순위에도 긍정적인 영향을 미친다.

- ✅ 페이지 간 연결을 잘하면 방문자가 여러 페이지를 탐색한다.
- ✅ 관련 글을 자연스럽게 연결하면 체류 시간이 증가한다.
- ✅ 구글은 내부 링크가 많은 페이지를 중요한 페이지로 간주한다.

내부 링크 최적화 방법

1. 관련 글 링크 삽입하기
   - 글을 작성할 때, 같은 주제의 다른 글을 자연스럽게 연결하자.

2. 사이트 구조 단순화
   - 너무 깊은 구조보다는 3단계 이내의 구조가 좋다.
   - (예: 홈 ⋯ 카테고리 ⋯ 게시글)

3. 중요한 페이지에는 더 많은 내부 링크 걸기
   - 구글은 내부 링크가 많은 페이지를 더 중요하게 여긴다.

5. 중복 콘텐츠 피하기 (Duplicate Content)

구글은 같은 내용이 여러 곳에 반복되는 것을 싫어한다. 중복 콘텐츠가 많으면 검색 순위가 떨어질 수 있다.

- ✅ 중복 콘텐츠가 있으면 구글이 어떤 페이지를 먼저 보여줘야 할지 혼란스러워한다.
- ✅ 같은 내용을 여러 페이지에 올리면 검색 순위가 낮아진다.
- ✅ 특히, 다른 사이트의 콘텐츠를 그대로 가져오면 패널티를 받을 수 있다.

중복 콘텐츠 해결 방법

1. 같은 내용의 페이지는 하나로 통합하기
2. 필요하면 'Canonical 태그'를 사용해서 원본 페이지를 명확히 지정하기
3. 콘텐츠를 복사하지 말고, 항상 새로운 정보를 추가하기

6. 크롤링과 색인(Indexing) 최적화

구글이 내 사이트를 제대로 읽을 수 있도록 크롤링과 색인을 최적화해야 한다.
- 검색 엔진이 내 사이트를 쉽게 이해하도록 도와야 한다.
- 구글봇이 모든 중요한 페이지를 크롤링할 수 있어야 한다.
- robots.txt와 메타 태그를 활용해서 불필요한 페이지는 크롤링에서 제외할 수 있다.

크롤링 최적화 방법

1. 구글 서치 콘솔에서 색인 상태 확인하기
2. robots.txt 파일을 수정해서 불필요한 페이지 차단하기
3. 'noindex' 메타 태그를 사용해서 검색 노출을 원하지 않는 페이지 관리하기
4. 구글에 '색인 요청'을 보내서 중요한 페이지를 빠르게 반영하기

이제 테크니컬 SEO까지 마무리했다.

- 사이트 속도 최적화 완료
- HTTPS 적용 완료
- 모바일 친화성 체크 완료
- 내부 링크 최적화 완료
- 중복 콘텐츠 정리 완료
- 크롤링 최적화 완료

이제 구글 SEO 최적화의 모든 요소를 갖췄다. 남은 건 꾸준한 콘텐츠 업데이트와 SEO 트렌드 분석이다. 다음 장에서는 SEO 트렌드 변화와 최신 구글 알고리즘 업데이트 대응법을 다뤄보겠다.

PART 6.

최신 SEO 트렌드
- 변화하는 구글 알고리즘에 대응하는 법

SEO는 절대 한 번 설정하고 끝나는 작업이 아니다. 구글은 매년, 아니 매달 검색 알고리즘을 업데이트하고 있다. 구글의 변화에 적응하지 않으면, 어제까지 1페이지에 있던 사이트가 하루아침에 사라질 수도 있어. 반대로, 이 변화를 빠르게 캐치해서 대응하면 엄청난 트래픽을 끌어올 수도 있다.

이 장에서는 최신 SEO 트렌드와 변화하는 구글 알고리즘에 대응하는 방법을 알려주겠다.

1. 구글의 알고리즘 업데이트 주기와 특징

구글은 하루에도 수십 번 알고리즘을 조정하지만, 큰 변화를 주는 업데이트는 1년에 몇 차례 발표된다. 이 업데이트는 검색 결과의 순위를 뒤흔들 수 있기 때문에 SEO를 하는 사람이라면 꼭 알고 있어야 한다.

- ✅ 코어 업데이트(Core Update) - 연 3~4회 실시, 검색 결과 순위 대폭 변경됨
- ✅ 콘텐츠 품질 업데이트 - 저품질 콘텐츠와 AI 생성 글을 걸러내는 알고리즘
- ✅ 링크 관련 업데이트 - 가짜 백링크, PBN(Private Blog Network) 같은 편법을 차단
- ✅ 페이지 경험 업데이트 - 사용자 경험이 좋은 페이지를 상위로 올림 (예: 속도, 모바일 최적화)

구글이 알고리즘을 업데이트할 때마다 검색 순위가 출렁일 수 있다. 그래서 SEO 트렌드를 꾸준히 체크하고, 변화에 맞춰 전략을 수정하는 게 중요하다.

2. 2025년 SEO 트렌드: 무엇이 중요할까?

챗gpt가 나오고 AI시대가 되며 구글은 단순한 키워드 최적화가 아니라 사용자 경험(UX)과 콘텐츠 품질을 가장 중요하게 보고 있다. 2025년에도 여전히 중요한 SEO 요소들을 정리해보면 아래와 같다.

1) E-E-A-T: 신뢰할 수 있는 콘텐츠가 살아남는다

E-E-A-T는 구글이 콘텐츠 품질을 평가하는 기준이다.

- Experience (경험)
- 직접 경험한 정보가 있는가?
- Expertise (전문성)
- 글쓴이가 해당 분야의 전문가인가?
- Authoritativeness (권위) - 신뢰할 만한 출처에서 인용했는가?
- Trustworthiness (신뢰성) - 사용자들이 믿을 만한 정보인가?

단순히 키워드를 많이 넣는다고 되는 게 아니라, 진짜 유용한 정보를 제공해야 검색 순위가 올라간다.

2) AI 생성 콘텐츠, 어떻게 다룰까?

ChatGPT, Bard 같은 AI가 콘텐츠를 자동으로 생성할 수 있는 시대다. 하지만 AI로 생성한 콘텐츠를 무작정 올리면 SEO 점수에 악영향을 줄 수도 있다.

⚠️ **주의할 점**
- AI가 생성한 내용을 그대로 올리지 말 것
- AI 콘텐츠는 퀄리티 체크 없이 대량 생산하지 말 것

✅ **대응 전략**
- AI를 활용해 초안을 만든 후, 직접 경험을 바탕으로 수정할 것
- AI가 제공하는 정보에 출처를 명확하게 표기할 것
- AI 생성 콘텐츠라도 E-E-A-T 기준을 충족하는지 확인할 것

ex) AI로 초안을 만들고, 명령어로 내 경험을 추가해달라고 하면서 포스팅 하면 된다.

3) 동영상 SEO의 부상

텍스트뿐만 아니라 영상 콘텐츠도 SEO에 큰 영향을 미치고 있다.

✅ **동영상 SEO 최적화 방법**
- 유튜브에 올린 영상은 제목, 설명, 해시태그에 키워드 포함하기
- 블로그에 영상을 삽입하면 체류 시간이 늘어나서 SEO에 유리함
- 자막(SRT 파일)을 추가해서 검색 노출을 높이기

3. SEO 트렌드 변화에 빠르게 대응하는 법

유튜브, 틱톡, 인스타그램 릴스를 활용한 멀티미디어 콘텐츠가 SEO에서 중요해지고 있으니 적극 활용해야 한다. SEO는 항상 변화하고 있다. 하지만 몇 가지 원칙을 지키면 변화에 빠르게 적응할 수 있다.

1) SEO 뉴스와 구글 공식 발표를 체크하자
- Google Search Central Blog - 구글의 공식 SEO 블로그
- Search Engine Journal - 최신 SEO 뉴스

2) 트래픽 변화를 주기적으로 분석하자

구글 서치 콘솔에서 클릭 수, 노출 수, 평균 검색 순위를 꾸준히 모니터링하기 구글 애널리틱스에서 유입 경로와 체류 시간을 분석하기

3) 경쟁 사이트의 SEO 전략을 분석하자

경쟁 사이트가 어떤 키워드로 상위 노출되는지 확인하기 백링크 전략을 분석해서 따라 해볼 만한 것들을 적용하기

4) SEO 전략을 유연하게 수정하자

- 키워드 검색량이 줄어들면 새로운 키워드로 전환
- 구글이 중요하게 여기는 요소(E-E-A-T, UX 등)를 우선순위로 반영

4. AI 시대 앞으로 SEO에서 살아남는 법

지금까지 구글이 중요하게 여기는 SEO 트렌드를 살펴봤다.
그렇다면 앞으로 SEO에서 살아남고 성공하려면 어떤 전략을 써야 할까?

1) 자동화 SEO가 아니라, 차별화된 콘텐츠를 만들어라

- AI가 못 만드는 '진짜 경험이 담긴 콘텐츠'를 제작해야 한다.
- 단순 정보 전달이 아니라, 나만의 관점과 분석이 들어가야 한다.

2) 블로그, 유튜브, SNS를 함께 활용하라

- 이제는 '텍스트 SEO'만으로 부족하다. 멀티미디어 콘텐츠를 같이 운영해야 한다.
- 유튜브 영상, 인스타그램 이미지, 블로그 글을 하나로 묶어 SEO 전략을 짜야 한다.

3) 최신 트렌드를 계속 공부하라

- SEO는 하루아침에 바뀌지 않지만, 장기적으로 보면 변화가 크다.

- 최신 SEO 정보를 꾸준히 업데이트하면서 내 사이트를 최적화해야 한다.
- 구글 SEO는 한 번 설정하고 끝나는 작업이 아니다. 지속적으로 변화하는 구글 알고리즘에 맞춰 전략을 바꿔야 한다.

지금까지 배운 걸 정리해보겠다.
- ✅ 기본적인 SEO 세팅 (서치 콘솔, 백링크, 사이트맵 등록) 완료
- ✅ 테크니컬 SEO (속도 최적화, HTTPS 적용, 모바일 최적화) 완료
- ✅ 최신 SEO 트렌드 (E-E-A-T, AI 콘텐츠, 동영상 SEO) 적용

이제 남은 건 꾸준한 실천과 지속적인 업데이트다. SEO를 제대로 활용하면 누구나 구글에서 트래픽을 확보하고, 더 많은 방문자와 수익을 창출할 수 있다. 다음 장에서는 본격적인 돈 벌기 단계이다. SEO 최적화를 통한 수익화 전략을 알아보자.

> **알파남's Tip**
> SEO는 한 번 끝내는 프로젝트가 아닙니다. 계속 배우고, 꾸준히 실천하는 사람만이 상위에 오래 남습니다.

PART 7.

SEO로 돈 버는 법
- 트래픽을 수익으로 바꾸는 전략

    이제 SEO 최적화를 마쳤다면, 본격적으로 트래픽을 돈으로 바꾸는 방법을 알아보자. SEO를 잘 활용하면 광고 수익 뿐만 아니라 다양한 방식으로 수익을 창출할 수 있다. 이 장에서는 구글 SEO를 활용한 수익화 전략을 구체적으로 설명하겠다.

1. 구글 애드센스로 돈 벌기

구글 애드센스 수익을 극대화하는 방법

- ✅ CPC(클릭당 비용)가 높은 키워드를 찾아라
  - 키워드 플래너를 활용해 광고 단가가 높은 키워드를 찾아라.

- ✅ 광고 위치를 최적화하라
  - 콘텐츠 상단, 본문 중간, 사이드바 위치가 가장 수익이 높다.

- ✅ 모바일 최적화를 철저히 하라
  - 모바일 유저 비율이 높기 때문에 광고도 모바일 친화적으로 배치해야 한다.

- ✅ 방문자의 관심사에 맞는 콘텐츠를 제작하라
  - 트래픽이 많아도 방문자가 광고를 클릭하지 않으면 수익이 적다.

최대한 광고를 클릭할 수 있는 글을 작성하거나, 대량의 트래픽으로 밀어 붙여야한다.

애드센스를 활용하면 일정 수준 이상의 트래픽을 확보할 경우, 매달 안정적인 광고 수익을 기대할 수 있다.

2. 쿠팡 파트너스 & 제휴 마케팅으로 수익 올리기

애드센스 외에도 제휴 마케팅(Affiliate Marketing)을 활용하면 더 높은 수익을 올릴 수 있다. 대표적인 방법이 쿠팡 파트너스, 아마존 어필리에이트, 각종 브랜드의 제휴 프로그램이다.

✅ 쿠팡 파트너스란?

쿠팡 파트너스는 쿠팡의 제휴 마케팅 프로그램으로, 특정 상품의 링크를 생성하여 공유하면 해당 링크를 통해 이루어진 구매에 대해 일정 비율의 커미션을 받을 수 있는 서비스이다. 가입이 간단하고, 다양한 상품을 홍보할 수 있어 블로그, 유튜브, SNS 운영자들에게 인기가 많다. 특히 인스타그램이나, 유튜브에서 적극적으로 활용된다.

쿠팡 파트너스나 아마존 어필리에이트를 활용하면 애드센스보다 높은 단가의 수익을 얻을 수도 있다.

✅ 쿠팡 파트너스 수익 구조

- **쿠팡 파트너스 링크 생성** - 파트너스 계정에서 상품 링크를 생성하여 블로그, 유튜브, SNS 등에 공유한다.
- **구매 전환 발생** - 사용자가 해당 링크를 클릭한 후 일정 기간(24시간) 내에 상품을 구매하면 커미션이 발생한다.
- **커미션 지급** - 구매된 상품에 따라 1~3% 정도의 커미션이 적립되며, 매월 일정 금액 이상이 되

면 정산된다.
- **추가 수익 기회** - 사용자가 클릭 후 24시간 이내에 원래 링크된 상품이 아닌 다른 쿠팡 상품을 구매해도 커미션이 지급될 수 있다.

✅ 여행 블로거를 위한 제휴 마케팅 활용법
- **아고다 파트너스**: 숙소 예약을 통해 수익을 얻을 수 있는 글로벌 제휴 프로그램으로, 호텔 예약 수익의 일정 비율을 제공한다.
- **마이리얼트립**: 국내외 여행 액티비티, 투어 예약 등을 통해 수익을 창출할 수 있는 한국 기반 제휴 마케팅 프로그램이다.
- **세시간전**: 맞춤형 숙소 및 항공권 딜을 제공하며, 이를 활용한 제휴 링크를 통해 수익을 창출할 수 있다.

여행 관련 블로그를 운영한다면, 호텔 예약, 액티비티, 투어 상품을 소개하는 방식으로 제휴 마케팅을 적극 활용할 수 있다.

✅ 제휴 마케팅 수익을 극대화하는 방법
- 구매 전환율이 높은 키워드를 공략하라
- '최고의 노트북 추천', '2025년 가성비 스마트폰 비교' 같은 키워드는 구매로 이어질 확률이 높다.

- 리뷰형 콘텐츠를 작성하라
- 단순히 상품 링크만 걸지 말고, 직접 사용해 본 리뷰를 작성하면 신뢰도가 올라간다.

- 비교형 콘텐츠를 만들어라
- 'A vs B 제품 비교', '가장 인기 있는 노트북 TOP 5' 같은 글은 클릭률과 전환율이 높다.

- SEO 최적화를 통해 검색 상위 노출을 유지하라
- 트래픽이 많을수록 제휴 마케팅 수익도 함께 증가한다.

쿠팡 파트너스나 아마존 어필리에이트를 활용하면 애드센스보다 높은 단가의 수익을 얻을 수도 있다.

3. 온라인 강의 & 정보상품 판매하기

SEO를 활용해서 트래픽을 모았다면, 직접 만든 디지털 상품을 판매할 수도 있다. 대표적인 방법으로는 온라인 강의, 전자책, 유료 컨설팅이 있다.

✅ **정보상품으로 돈을 버는 방법**

- 블로그나 유튜브에서 유용한 정보를 무료로 제공하라
- 무료로 제공하는 정보의 질이 높을수록 사람들이 유료 콘텐츠도 구매한다.

- 온라인 강의를 만들어라
- SEO, 블로그 운영법, 재테크, 프리랜서 수익 창출 등 다양한 주제가 가능하다.

- 구매 유도형 콘텐츠를 활용하라
- '무료 가이드북 다운로드' 같은 방법으로 이메일 리스트를 확보하고, 이후 유료 상품을 홍보할 수 있다.

- SNS & 이메일 마케팅을 활용하라
- SEO로 유입된 방문자를 이메일 리스트로 전환하면 장기적인 수익 창출이 가능하다.

정보상품은 한 번 만들어 놓으면 추가 비용 없이 지속적인 수익을 창출할 수 있는 좋은 방법이다.

4. SEO 기반의 이커머스 전략

블로그나 웹사이트를 운영하면서 실제 상품을 판매할 수도 있다.

대표적인 방법이 스마트스토어, 쇼피파이(Shopify), 자체 쇼핑몰을 활용하는 것이다.

SEO를 활용한 이커머스 수익화

- 검색 트래픽을 활용한 스토어 유입 증가

'최고의 러닝화 추천' 같은 콘텐츠를 만들어 제품 페이지로 연결하자.

- 리뷰 콘텐츠를 활용한 신뢰도 상승

직접 사용해 본 경험을 바탕으로 한 리뷰가 판매 전환율을 높인다.

- 장기 키워드를 활용한 트래픽 확보

'2024년 여름 캠핑 필수템 추천' 같은 키워드는 경쟁이 적고 구매 전환율이 높다.

- 블로그 & 유튜브 & SNS를 함께 운영하라

SEO 트래픽 뿐만 아니라 다양한 유입 경로를 확보하면 매출이 안정적으로 증가한다. 이커머스는 SEO를 잘 활용하면 별다른 광고비 없이도 꾸준한 판매가 가능하다.

SEO만으로 트래픽을 확보하는 것도 좋지만, SNS와 함께 활용하면 훨씬 더 효과적인 수익 창출이 가능하다.

5. SEO를 결합한 수익화 전략

SNS를 활용한 SEO 트래픽 증대 방법

- SNS에서 공유될 만한 콘텐츠를 만들어라
- 인스타그램, 트위터, 페이스북에서 공유하기 좋은 이미지 & 글을 함께 제작하자.

- 유튜브와 블로그를 연결하라
- 유튜브 영상의 설명 란에 블로그 링크를 추가하면 추가적인 트래

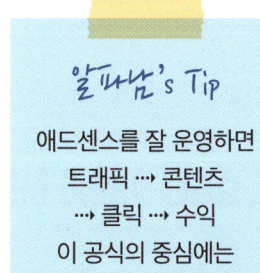

알파남's Tip

애드센스를 잘 운영하면
트래픽 ⋯▶ 콘텐츠
⋯▶ 클릭 ⋯▶ 수익
이 공식의 중심에는
언제나 'SEO'가 있습니다.

픽을 확보할 수 있다.

- • 네이버 블로그와 병행 운영하라
- 구글 SEO뿐만 아니라 네이버 검색 유입도 함께 잡으면 더 많은 트래픽을 확보할 수 있다.

- • 커뮤니티 & SNS에서 자연스럽게 링크를 걸어라
- 사람들이 검색하는 키워드가 포함된 글을 SNS에 공유하면 SEO에도 긍정적인 영향을 준다. SEO와 SNS를 함께 운영하면 트래픽이 훨씬 빠르게 증가하고, 수익화도 더 쉬워진다.

지금까지 SEO를 활용한 다양한 수익화 방법을 살펴봤다. SEO는 단순히 트래픽을 늘리는 게 목적이 아니라, 트래픽을 돈으로 바꾸는 것이 핵심이다.

- • 구글 애드센스 - 광고 수익 극대화
- • 쿠팡 파트너스 & 제휴 마케팅 - 구매 전환율 높은 콘텐츠 활용
- • 정보상품 판매 - 온라인 강의, 전자책, 컨설팅으로 수익화
- • 이커머스 - 제품 판매로 직접적인 매출 창출
- • SNS와 SEO 결합 - 검색 트래픽 + SNS 트래픽 활용

이제 SEO를 활용해 트래픽을 확보하고, 그 트래픽을 활용해 지속적인 수익을 창출하는 단계로 나아가자.

PART 8.

SEO 마스터를 위한 고급 전략
- 경쟁에 앞서가는 방법

지금까지 SEO의 기본 원리부터 실전 적용법, 그리고 수익화 전략까지 배웠다. 이제 한 단계 더 나아가서 SEO를 더욱 정교하게 다듬는 고급 전략을 살펴보겠다. 이 장에서는 경쟁 사이트보다 더 빠르게 성장하고, 지속적인 트래픽을 확보하는 심화 SEO 전략을 알려주겠다.

1. SEO 자동화 시스템 구축하기

SEO는 장기적인 작업이다. 그렇다고 해서 매일 키워드 분석하고, 링크 작업하고, 데이터를 체크하는 건 너무 비효율적이다. 자동화 툴을 활용하면 시간을 아끼면서 SEO를 최적화할 수 있다.

✅ 필수적인 SEO 자동화 툴
- Ahrefs / SEMrush - 경쟁 사이트 분석, 백링크 추적
- Google Search Console - 검색 순위 모니터링
- Google Analytics - 방문자 행동 분석
- Rank Math / Yoast SEO - 워드프레스 SEO 플러그인

이런 툴을 활용하면 데이터를 기반으로 SEO 전략을 세울 수 있다.

✅ 자동화 설정 방법
- 특정 키워드의 검색 순위 변화를 이메일로 자동 알림 받기
- 경쟁 사이트의 백링크 변화를 추적해서 전략적으로 링크 확보
- 방문자 행동 데이터를 AI 분석해서 최적화 포인트 찾기

자동화를 활용하면 SEO 운영을 훨씬 효율적으로 할 수 있다.

2. 검색 의도를 정확히 파악하는 키워드 전략

단순히 검색량이 높은 키워드를 찾는 것만으로는 충분하지 않다. 사용자의 검색 의도(Search Intent)를 정확히 분석해야 트래픽을 유지할 수 있다.

✅ 검색 의도는 4가지로 나뉜다
① 정보 탐색형(Informational) - 'SEO란 무엇인가?' 같은 개념을 배우려는 검색
② 탐색형(Navigational) - 특정 브랜드나 사이트를 찾는 검색 ('네이버 블로그 로그인')
③ 상업 조사형(Commercial Investigation) - '최고의 노트북 비교'처럼 구매 전 결정을 위한 검색
④ 구매 의도형(Transactional) - '아이폰 15 프로 최저가'처럼 바로 구매하려는 검색

- 구매 전환율을 높이려면 상업 조사형 + 구매 의도형 키워드를 공략하라.
- 검색 의도를 맞추지 않으면 트래픽이 높아도 전환율이 낮다.

예를 들어 '홈트 운동법'은 정보 탐색형이지만, '홈트 추천 기구'는 구매 의도형이다. 후자가 더 수익화에 유리하다. 이제 AI를 활용한 SEO가 대세다. 하지만 AI가 만든 글을 그대로 올리는 건 좋은 전략이 아니다. AI를 보조 도구로 활용해 최적화하는 방법을 배워보자.

3. AI 기반 콘텐츠 최적화 (ChatGPT + SEO 툴 활용)

✅ AI를 활용한 SEO 콘텐츠 작성법
- ChatGPT, Claude AI로 초안을 생성한 후 사람이 수정하기
- Surfer SEO, Clearscope 같은 툴로 키워드 최적화
- 구글이 선호하는 'E-E-A-T' 기준(전문성, 신뢰성, 경험) 반영
- AI가 제공하는 데이터에 직접적인 경험과 분석을 추가하기

AI는 시간을 줄이는 데 도움이 되지만, 진짜 경험이 담긴 콘텐츠만이 구글에서 살아남는다.

4. 구글 디스커버 & 뉴스 SEO 활용

SEO 하면 검색 결과 상위 노출만 생각하기 쉬운데, 사실 트래픽을 올릴 수 있는 또 다른 강력한 방법이 있다. 구글 디스커버(Google Discover)와 구글 뉴스(Google News)를 활용하는 것이다.

✅ 구글 디스커버란?
- 모바일 구글 앱에서 '추천 콘텐츠'로 뜨는 기사
- 특정 키워드를 검색하지 않아도 관심사에 따라 노출됨
- 검색 트래픽이 아니라 추천 트래픽이기 때문에 추가적인 유입이 가능함

✅ 구글 디스커버에 노출되려면?
- 클릭을 유도하는 강렬한 제목 작성 ('이것만 알면 10kg 감량 가능!')
- 고퀄리티 이미지 삽입 - 썸네일이 중요한 역할을 한다.
- 모바일 친화적인 UX 유지 - 모바일 최적화가 필수다.

✅ 구글 뉴스 SEO 적용 방법
- 신뢰도 높은 정보 제공 - 데이터 기반, 출처 명확한 글 작성
- 짧지만 강렬한 뉴스 스타일 글쓰기
- 구글 뉴스 피드에 사이트를 등록하고 피드백 확인

디스커버와 뉴스 SEO를 활용하면 검색 노출을 뛰어넘는 트래픽 확보가 가능하다.

필자도 여길 활용해서 10억 이상은 벌었다. 해당 방법에 대한 자세한 내용은 애드센스팜에 나와있다.

5. 고급 백링크 전략: 링크 빌딩의 새로운 접근법

백링크는 여전히 SEO에서 중요한 요소다. 하지만 무작정 많은 백링크를 만드는 게 아니라, 구글이 인정하는 '좋은 백링크'만 확보하는 전략이 필요하다.

✅ 2025년 구글이 선호하는 백링크 전략

- HARO(Help a Reporter Out) 활용 - 기자들에게 전문가 의견 제공하고 백링크 확보
- 게스트 포스팅 - 권위 있는 사이트에 직접 글을 기고하고 링크 삽입
- 디지털 PR 전략 - 바이럴 마케팅을 통해 자연스러운 언급 유도
- 소셜 미디어 & 커뮤니티 활용 - 트위터, 스레드, 디시인사이드 같은 플랫폼에서 자연스러운 링크 배포

구글은 이제 '자연스러운 링크'를 더 높이 평가하고 있다. 품질 좋은 사이트에서 백링크를 얻는 것이 핵심이다.

✅ SEO 마스터가 되기 위한 마지막 한 걸음

이제 SEO의 기본부터 고급 전략까지 모두 익혔다. 남은 건 꾸준한 실천과 지속적인 최적화다.

- SEO 자동화 시스템 구축 - 시간 절약 + 효율적인 운영
- 검색 의도 기반 키워드 전략 적용 - 전환율을 높이는 키워드 선택
- AI 활용 + 구글 최신 알고리즘 반영 - 변화에 적응하는 SEO 전략
- 구글 디스커버 & 뉴스 활용 - 검색 외 트래픽 채널 확보
- 고급 백링크 전략 적용 - 구글이 인정하는 자연스러운 링크 빌딩

이제 SEO를 제대로 활용하면, 단순한 트래픽 증가를 넘어서 안정적인 수익과 브랜드 성장까지 연결할 수 있다. 다음 장에서는 SEO 성과를 지속적으로 유지하고 개선하는 방법을 알려주겠다.

PART 9.

SEO 성과 유지와
지속적인 성장 전략

이제 SEO 최적화를 마쳤고, 트래픽도 증가했다. 하지만 SEO는 한 번 세팅한다고 끝나는 작업이 아니다. 구글의 알고리즘은 계속 변화하고, 경쟁자들도 최적화를 진행하고 있기 때문에 SEO 성과를 유지하면서 계속 성장할 전략이 필요하다.

이 장에서는 SEO 성과를 지속적으로 유지하고, 트래픽을 꾸준히 증가시키는 방법을 다뤄보겠다.

1. SEO 유지 관리를 위한 핵심 지표 분석

SEO 성과를 유지하려면 데이터 분석이 필수다. 무작정 글을 쓰고 링크를 걸어도 어떤 부분이 효과가 있는지 모르면 제대로 성장할 수 없다.

✅ 꼭 체크해야 할 SEO 지표
- 구글 서치 콘솔(GSC) - 클릭 수, 검색 노출 수, 평균 순위 변동 체크
- 구글 애널리틱스(GA4) - 유입 트래픽, 방문자의 행동 패턴 분석
- 페이지 속도(PageSpeed Insights) - 사이트 속도 최적화 필요 여부 확인
- 백링크 분석(Ahrefs, SEMrush) - 내 사이트가 얼마나 링크를 받고 있는지 확인

이 지표들을 매주 혹은 매월 분석해서 SEO 전략을 계속 조정해야 한다. 복잡한 것 같으면 초보자는 생략해도 좋다.

2. 지속적으로 콘텐츠 업데이트하고 리프레시하기

구글은 '새로운 정보'를 선호한다. 즉, 오래된 콘텐츠를 방치하면 검색 순위가 떨어질 가능성이 높다.

✅ 콘텐츠 리프레시 전략
- 오래된 글을 최신 정보로 업데이트하기
- 새로운 키워드 트렌드 반영해서 제목과 본문 수정하기
- 최신 통계나 연구 자료를 추가해 신뢰도를 높이기
- 기존 글에 새로운 내부 링크를 연결해서 SEO 최적화 유지

예를 들어, '2024년 노트북 추천' 같은 글이 있다면 '2025년 최신 노트북 추천'으로 업데이트하고 최신 모델 정보를 추가하는 방식이다.

SEO는 경쟁자들과의 싸움이다. 내 사이트만 최적화한다고 해서 상위 노출이 보장되는 게 아니라, 경쟁 사이트보다 더 나은 콘텐츠와 전략이 필요하다.

3. 경쟁 사이트 분석을 통해 SEO 전략 보완하기

✅ 경쟁 사이트 분석 방법
- Ahrefs, SEMrush를 이용해 경쟁자의 주요 키워드 분석(생각보다 비싸니, 초보자면 안해도 된다. 어느정도 돈이 벌리고 하는 것을 추천)
- 경쟁 사이트가 상위 노출된 글과 내 글을 비교해 부족한 점 보완
- 경쟁 사이트가 받고 있는 백링크 출처를 확인하고 동일한 전략 적용
- 경쟁 사이트의 트렌드 반영 속도를 체크하고 우리도 신속히 대응

예를 들어, 경쟁 사이트가 '최고의 가성비 스마트폰' 키워드로 상위에 있다면, 비슷한 주제지만 더 깊이 있는 '최고의 가성비 스마트폰 TOP 10 + 사용 후기 분석' 같은 콘텐츠를 만들어볼 수 있다.

SEO만으로 트래픽을 확보하는 것도 좋지만, 검색 엔진 의존도를 줄이기 위해 SNS와 이메일 마케

팅을 함께 활용하는 게 중요하다. 예를 들어, 월급쟁이부자들, 아웃스탠딩, 뉴닉, 아이보스등의 뉴스레터를 구독하고 어떻게 활동하는지 살펴보면 좋다.

4. SEO와 SNS, 이메일 마케팅을 결합해 트래픽 극대화

✅ SNS와 SEO의 시너지 효과
- SNS(트위터, 페이스북, 인스타그램, 유튜브)에서 콘텐츠 공유하기
- 블로그 콘텐츠를 짧은 스레드나 영상으로 변환해 SNS 노출 강화
- 유튜브 SEO를 활용해 구글 검색 트래픽과 영상 트래픽 동시 확보
- SNS 유입이 많은 글은 구글도 더 긍정적으로 평가할 가능성이 높음

✅ 이메일 마케팅을 활용한 방문자 재유입 전략
- SEO를 통해 유입된 방문자의 이메일을 수집해 뉴스레터 발송
- 블로그에서 가장 인기 있는 글을 이메일 구독자들에게 공유
- 이메일을 활용해 신규 콘텐츠 홍보, 다시 방문하도록 유도

이런 방식으로 SEO + SNS + 이메일 마케팅을 결합하면 검색엔진 의존도를 줄이고 더 안정적인 트래픽을 확보할 수 있다. 위에서 말했듯이, 초보자면 쉽지 않으니, 최소 3년정도 경력과 시스템이 되었을때 이 방법을 추천한다.

5. 상위 0.1% 전문가들이 활용하는 SEO 분석 도구 BEST 3

SEO는 데이터를 기반으로 분석하고 최적화하는 과정이다. 제대로 된 분석 도구를 활용하면, 경쟁사보다 한 발 앞서고, 최적의 전략을 실행할 수 있다.

1) 시밀러웹 (SimilarWeb)

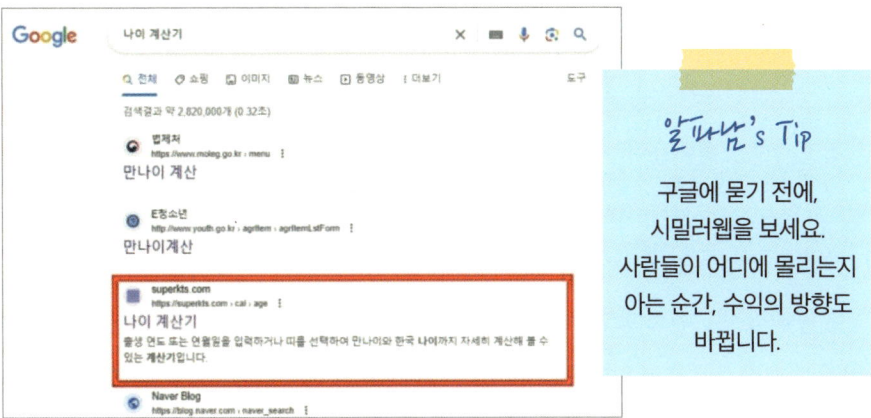

시밀러웹(SimilarWeb)은 비즈니스용 웹 애널리틱스 서비스를 제공하는 웹사이트이다. 이 기업은 고객에게 자신의 클라이언트와 경쟁사의 웹사이트 트래픽의 양, 키워드 분석을 포함한 리퍼럴 소스(referralsource), 웹사이트의 상주 정도(사이트 방문 시간, 페이지 뷰, 이탈률) 등의 기능을 제공한다.

그럼 우리가 시밀러웹 서비스를 어떻게 활용하면 좋을까? 나만의 웹페이지를 만들고 애드센스와 같은 광고를 붙이고 이로부터 수익이 창출되기 위해서는 내 페이지를 접속하는 방문자의 수가 절대적으로 중요하다. 그럼 웹서비스를 만들 때 아무거나 만드는 것이 아니라 정말 사람들이 필요하고 많이 접속하는 페이지를 만드는 것이 좋지 않을까? 그럴 때 사용하는 것이 바로 시밀러웹이다.

예를 들어 '나이 계산기' 기능을 서비스하는 웹페이지를 예로 들어 보도록 하겠다. 구글에서 '나이 계산기'로 검색을 한 뒤 하나를 선택해서 들어가 보도록 하겠다.

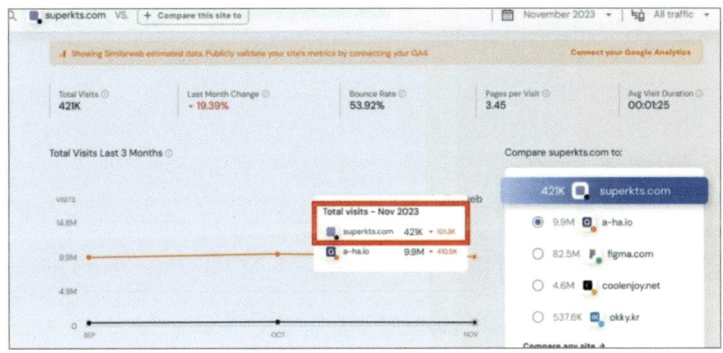

복사하여 먼저와 같이 시밀러웹 페이지에서 분석을 해 보도록 하겠다. 여러 가지 정보가 보이지만 우리가 주목해야 할 정보는 아래쪽에 Trafficand Engagement라는 항목이다. 월별 방문자 수를 나타내는데. 보면 33만 8천명이 매달 방문하고 있다. 정말 엄청난 방문자수라고 할 수 있겠다.

그럼 이 방문자수로 벌어들이는 수익은 얼마나 될까?
https://www.google.com/intl/ko_kr/adsense/start

위 링크를 통해서 애드센스 메인 페이지로 이동한 뒤 메인페이지에서 아래로 조금만 내려가면 방문자수에 따라서 대략적인 수익을 알아볼 수 있는 페이지를 볼 수 있다.

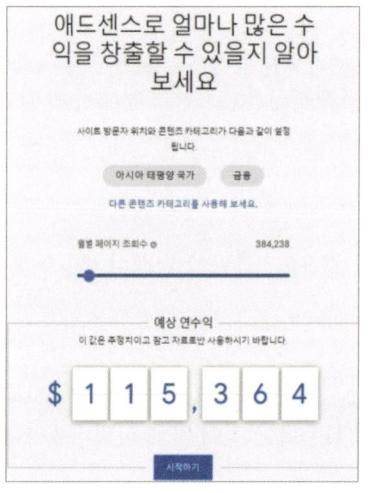

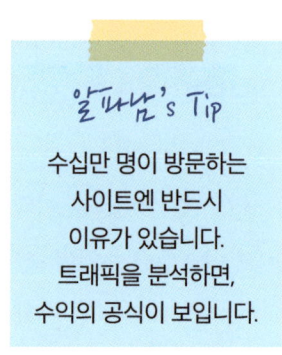

알파남's Tip

수십만 명이 방문하는 사이트엔 반드시 이유가 있습니다. 트래픽을 분석하면, 수익의 공식이 보입니다.

나이계산기와 같은 사이트를 만드는건 생각보다 어렵지 않다. 그렇다면 해당 사이트들을 상위 노출 시키려면 어떻게 해야할까? 이제 상위 페이지들의 백링크와 도메인 분석을 하며 벤치마킹 해야 한다. 그 부분은 옆에 설명할 2개의 사이트(Ahrefs, Semrush)에서 가능하다.

✅ **활용법:**
1. 인기 있는 웹사이트(예: '나이 계산기')를 찾아 트래픽 분석
2. 해당 사이트가 매달 수십만 명의 방문자를 확보하는지 확인
3. 유사한 서비스를 제작하고 SEO 최적화하여 트래픽 유입 유도

2) Ahrefs

Ahrefs.com은 회원가입을 하지 않아도 무료로 백링크 확인이 가능하다. 웹사이트 접속 후 가장 아래 부분에 FEATURES이라는 영역안에 Backlink checker를 클릭하면 된다. 분석을 원하는 도메인을 입력 후 Check backlinks를 클릭하면 아래와 같은 화면이 나온다. 이것도 무료로 이용하는 방법이기 때문에 연결된 모든 백링크를 알 수 없다. 유료회원으로 등록하면 다른 도메인 분석 툴도 사용이 가능하지만 1달에 99달러를 지불해야 한다.

- 강력한 백링크 분석 도구
- 경쟁 사이트의 키워드와 도메인 분석
- 1달에 99달러 유료지만, 무료 기능도 일부 제공

✅ **활용법:**

1. 경쟁 사이트의 백링크 분석 ⋯▶ 어디서 링크를 얻는지 확인
2. 동일한 사이트에 백링크 요청하여 SEO 점수 강화
3. 도메인 점수를 비교하여 내 사이트의 신뢰도 평가

3) Semrush

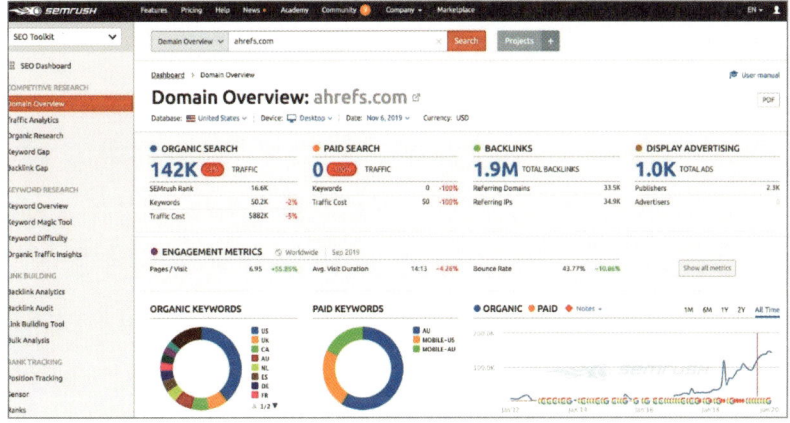

- 키워드 조사, 사이트 트래픽 분석, 백링크 확인 가능
- 경쟁사의 SEO 전략을 쉽게 분석할 수 있음

- Ahrefs보다 종합적인 데이터 제공, 1달 99달러 유료

✅ 활용법:

1. 내 사이트와 경쟁 사이트의 SEO 지표 비교
2. 부족한 부분을 보완하고, 강점을 더욱 강화
3. 검색 트렌드 분석을 통해 신속하게 새로운 키워드 반영

SEO 도구를 활용하면 단순한 감이 아니라, 정확한 데이터를 기반으로 최적화할 수 있다.
결국 SEO는 이렇게 활용해야 한다.

- ✅ SEO 지표를 분석해서 성과 체크하기
- ✅ 오래된 콘텐츠를 최신 정보로 리프레시하기
- ✅ 경쟁 사이트 분석을 통해 부족한 부분 보완하기
- ✅ SNS와 이메일 마케팅을 결합해 트래픽을 극대화하기
- ✅ 최신 SEO 트렌드를 지속적으로 체크하고 대응하기

이제 SEO를 '단기적인 최적화'가 아니라, 장기적인 성장 전략으로 활용해야 한다.

Semrush라는 사이트를 활용하여 백링크를 확인할 수 있다. 회원가입 이후 무료회원에게 제한적으로 도메인 분석관련 서비스를 제공하고 있다. 로그인 이후 상단 검색창에 분석하고 싶은 도메인을 입력하면 아래와 같은 데이터를 제공한다.

예를 들어 검색창에 google.com을 입력했을 때 트래픽의 양, 백링크의 숫자, 트래픽의 추세 등 관련 정보를 제공한다. 백링크에 대한 자세한 정보는 검색창 옆의 Drop bar에서 Backlink Analytics를 클릭하면 된다. 여기에서는 Overview, Backlinks, Anchors 등 백링크에 대해서 제한적으로 정보를 확인할 수 있다. 전체 데이터를 확인하기 위해선 유료회원으로 등록해야 하며, 비용은 1달에 99달러이다.

백링크 분석 및 데이터 정확도 면에서 긍정적인 피드백이 많다. 궁극적으로 두 도구 사이의 선택은 현재의 비즈니스의 상황과 개인의 선호도 및 예산에 따라 다르기 때문에, 실제로 구입하기 전에 데모 계정 체크 후 구입하는 것을 추천한다.

PART 10.

웹사이트 완성 후 글쓰기 전
꼭 해야할 작업

(국내에는 아래 작업을 빼먹는 업체가 상당히 많다. 그렇기에 아래 부분을 조금만 신경 써도 구글 상위노출이 어렵지 않다)

• **작성 글의 책임자 명시**

구글은 자체 시행하는 Page Quality (페이지 품질) 평가 작업에서 E-E-A-T (Experience -Expert - Authoritativeness - Trustworthiness)를 중요한 고려 사항으로 두고 있는데. 그중 T (Trustworthinesst, 신뢰성)를 가장 중요하게 생각한다. 구글은 신뢰할 수 없는 웹사이트에 대해 '저품질'로 판단하며 이는 웹사이트 상위 노출에도 간접적인 영향을 가한다.

그렇기에, 웹사이트 / 콘텐츠 저품질 평가를 피하기 위해선 웹사이트 및 콘텐츠에 대한 책임자를 명시하는 것을 추천한다.

책임자를 명시하는 방식은 다양하지만 웹사이트를 소개하는 'About Us' 페이지 제작과 작성 글의 글쓴이를 명시하는 정도로도 T (Trustworthiness, 신뢰성)의 기준을 어느 정도 충족할 수 있다.

더 나아가 글쓴이의 닉네임에 Linkedin과 같은 비즈니스 계정을 연동하여 신뢰성을 올리는 것도 훌륭한 방법이다.

워드프레스 기준으로는 아래와 같다.

사용자 프로필을 설정하기 위해서는 워드프레스 관리자 화면에서 사용자 〉 모든 사용자 〉 설정하고 싶은 사용자 이메일을 클릭한다.

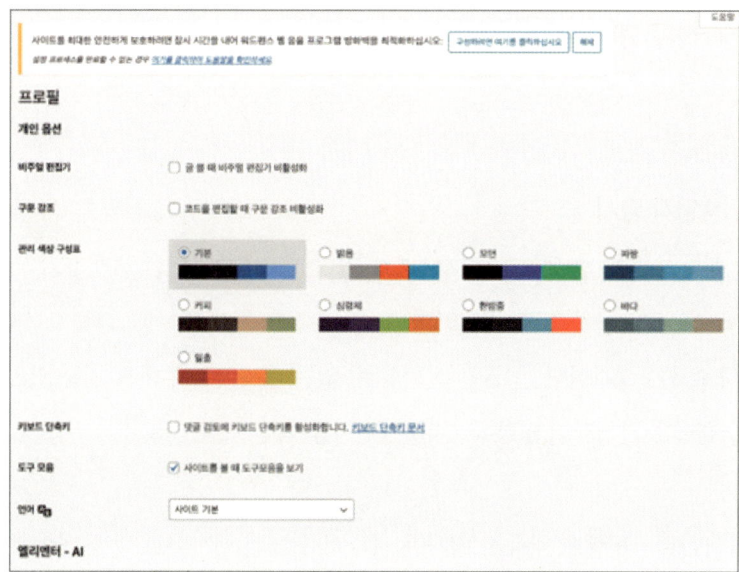

아래 내용을 통해 '사용자 프로필' 페이지를 이해하고 설정할 수 있다.

1. 사용자명: 사용자명은 변경할 수 없다.
2. 별칭: 다른사람에게 보이는 별칭은 변경할 수 있다. 별칭은 글을 읽는 독자들에게 공개적으로 표시할 이름이다.
3. 이메일: 실제 사용하는 이메일로 입력한다.
4. 프로필 사진: 아래 그라바타의 프로필 그림을 변경할 수 있습니다를 클릭해 그라바타로 자신의 프로필 사진을 꾸며 넣을 수 있다.
5. 사용자 관리: 사용자의 비밀번호를 변경하려면 새 비밀번호 설정을 클릭해 바꿀 비밀번호를 입력한다.

PART 11.

SEO에 대한 흔한 오해
Q&A

SEO는 크게 2종류로 나눌 수 있는데, 바로 온페이지 SEO와 오프페이지 SEO다.

온페이지 SEO란?

홈페이지를 제작할 때 수행하는 작업을 의미한다. 포털사이트의 크롤링 로봇들이 홈페이지의 정보를 잘 읽어가게 하고, HTML 구조를 알맞게 구성하고, 로딩이 빠른 사이트를 만들고, 사용자들로 하여금 홈페이지에 더 오래 머물도록 유도하는 것이 온페이지 SEO의 목표다. 그리고 이 작업을 홈페이지 제작사에서 하는 것이다.

오프페이지 SEO란?

홈페이지 제작이 완료되고 나서 홈페이지의 링크를 퍼뜨리는 작업을 의미한다. 전문 용어로 백링크라고 하며, 쉽게 말하자면 홍보를 의미한다. 블로그, SNS, 광고 등을 통해 더 많은 사람들에게 홈페이지 링크를 노출시키고, 접속을 유도하는 행위라고 생각하면 된다.

홈페이지 제작사에서 하는 것은 온페이지 SEO다.

대부분 홈페이지를 제작할 때 SEO 최적화 작업을 포함하는데, 이것이 바로 온페이지 작업이다. 그런데 과연 온페이지가 SEO의 전부일까? 아니다. 온페이지 SEO는 사전 작업이다. 오프페이지 SEO를 하기에 앞서 더욱 효과적이고 효율적으로 검색 결과에 상위 노출될 수 있도록 준비하는 작업이다. 오프페이지 SEO 없이, 온페이지 SEO만으로 상위노출 할 수 있다는 것은 말이 안 된다.

이해하기 쉽게 축구를 예를 든다면, 온페이지는 기초체력과 근력, 패스, 기술 등을 기르는 작업이고 오프페이지는 시합에 나가는 것과 같다. 아무런 준비가 되지 않은 상태에서 경기를 나가면 아무리 열심히 해도 당연히 좋은 성적을 거두지 못할 것이다. 반대로 몸을 아무리 만들어봐야 경기에 나가지 않으면 성과를 거둘 수 없다. SEO도 마찬가지다. 온페이지와 오프페이지 둘 다 겸비되어야만 인기 키워드에 상위노출 될 가능성이 생긴다.

그럼 일부 홈페이지 제작사에서 홍보하는 이런 문구는 진실일까, 거짓일까?

"○○홈페이지 제작사에서 제작한 홈페이지, SEO최적화를 통해 ○○키워드 상위노출되었습니다!"

위에서 언급했다시피, 온페이지 SEO만으로는 불가능하다. 반드시 광고와 백링크 작업 등 오프페이지 작업을 거쳐야만 한다. 그리고 이는 홈페이지 제작사의 업무가 아니다. 이건 마케팅사의 업무다. 홈페이지를 다 만들고 나서, 마케팅사를 통해 백링크 작업을 열심히 해서 상위노출이 된 것인데, 이것을 그저 홈페이지 제작사의 업적으로 말한다면, 이것은 명백한 소비자 기만이다. 마케팅 비용을 홈페이지 제작사에서 내주는 게 아니라면 말이다.

Q1. SEO를 설정했는데 왜 검색엔진에서 즉각 설정되지 않나요?
A1. 로봇의 수집을 기다리는 인내심이 필요하다.
SEO 프로세스는 기다림이 필요한 작업이다. 검색 엔진 로봇이 사이트에 방문하기를 기다리고, 수집해가기를 기다려야 한다. 설정했다고 바로 나타나는 일반적인 설정과는 다르다. 물론 그 기간이 하루일지 일주일인지는 알 수 없지만 꾸준히 계속해서 진행된다.

Q2. 트래픽이 엄청 많아요! 인기 많으니 상위 검색에 오르겠죠?
A2. 트래픽 양으로 상위 검색에 오르는 것이 아니다.
검색엔진은 전반적인 웹 트래픽의 내부 정보가 없어서 사이트가 정확히 얼마나 인기 있는지 알 수는 없다. 하지만 찾은 사이트 중 얼마나 많은 사이트가 그 사이트로 링크를 거는지를 집계할 수 있어 오히려 위에서 설명한 콘텐츠 내 링크가 가장 중요한 요인이 된다.

Q3. 사이트 주소만 제대로 바로 가기에 등록해 놓으면 되지 않나요?
A3. SEO는 사이트의 전체의 문제가 아니라 사이트의 각 페이지들에 관한 문제다. 사이트 내에 개별 페이지가 저마다 존재하기 때문에 각 페이지마다 콘텐츠에 힘을 실어야 한다. 그렇다고 중복 콘텐

츠를 많이 올린다고 좋은 것이 아니라 좋은 키워드가 들어간 콘텐츠가 중요하다. SEO 동향은 매우 빠르게 변한다. 즉, 어느 한 가지에 집중하거나 트렌드가 있는 것이 아니라 글에서 설명한 세 가지 방법 '키워드, 링크, 콘텐츠'에 집중해 꾸준하게 관리하는 것이 중요하다. SEO는 인내심이 요구되는 작업이지만 분명히 그 효과가 직접 눈으로 보이기에 즐겁고 흥미로운 작업이 될 수 있다.

PART 13.
마무리하며

외부유입에 대한 디테일한 설명과 제휴업체들에 대한 설명은 시간이 될 때 업데이트 해두도록 하겠습니다. 쓰다 보니 생각보다 길어졌네요.

위 내용들은 홈페이지를 만들 때 필요한 기초 세팅이라고 생각합니다. 정말 기초적인 세팅인 거지, 이후 유입은 또 다른 다양한 전략들이 필요합니다.

물론, 이외의 디테일한 것들은 포스팅 하지 못했지만, 홈페이지를 만들 때 해야 하는 필수 작업 정보는 최대한 올렸습니다.

웹사이트 제작 시 제작사에 사이트 최적화에 대해 꼭 언급을 해주시기 바랍니다. 제작사는 의뢰를 받고 제작을 해주는 것에 목적이 있기 때문에 따로 언급이 없으면 만들어주고 나 몰라라 끝내는 경우가 있기 때문입니다.

참고하셔서 꼭 진행하시고 매출에 도움이 되길 진심으로 바랍니다.

결국 어떤 부업이든지 시작하면, 돈을 버는 게 목적인데요. 저는 이 과정에서 '재미를 느끼는 것'이 무엇보다 중요하다고 말하고 싶습니다. 돈이 안 벌리면 재미가 없어지거든요. 근데 워드프레스로는 이 재미를 느끼려면 최소 2개월~6개월이란 시간이 필요합니다. (구글 샌드박스 기간, 외부유입의 개념을 알아야 함)

앞서 말씀드렸듯이 처음에 유지비가 안 드는 티스토리로 글쓰기 기술, 돈 버는 키워드, 돈 버는 방식을 어느 정도 터득한 이후에 워드프레스로 넘어가는 걸 추천드리고 있습니다.

파이프라인과 애드센스는 모두 좋은 방법이지만, 수익이 없다면 정말로 견디기 힘든 부분이 될 수 있습니다. 하기 싫은 일을 억지로 하게 되는 거나 다름없게 되며 결국 포기하게 됩니다.

허나 제가 알려주는 효율적인 방식으로 포스팅을 하고 그에 대한 반응으로 수익이 오르면, 노력에 대한 보상이 자꾸 주어지니 우리의 뇌는 '재미'를 느끼기 시작합니다. 게임을 하면서 경험치가 쌓이고 점점 레벨이 올라 강해지는 것과 동일합니다.

그러나 게임에서도 난이도가 너무 높아 해결하지 못하고 벽에 부딪히면 곧 흥미를 잃게 됩니다. 이때 적절한 보상을 수월하게 얻기 위해서는 공략집을 보아야 합니다. 마찬가지로 애드센스로 수익형 블로그를 운영하는 것도 공략집이 있습니다. 공략집만 본다면 남들보다 빠르고 쉽게 성장할 수 있습니다.

1. 궁극적으로 나아가야 할 방향

쉽지 않은 작업이지만 장기적으로 안정적인 수익을 창출하려면 내 사이트를 하나의 브랜드로 만들어야 합니다. 단순히 트래픽을 모으는 것에서 끝나는 게 아니라, 사람들이 내 콘텐츠를 직접 찾아오도록 만들고, 신뢰할 수 있는 브랜드로 자리 잡는 것이 중요합니다.

- **브랜딩을 강화하는 전략**
  - ✓ 브랜드명 & 도메인 정하기 - 뉴스 사이트처럼 신뢰감을 주는 이름 선택
  - ✓ 일관된 톤 & 스타일 유지 - 블로그, SNS, 유튜브 등 모든 채널에서 동일한 브랜드 아이덴티티 구축
  - ✓ SNS & 커뮤니티 활용 - 페이스북, 인스타그램, 유튜브, 네이버 카페 등에서 팬 확보
  - ✓ 충성 독자 확보 - 이메일 마케팅, 뉴스레터 운영으로 꾸준한 방문 유지
- **SEO는 단기적인 트래픽 증가보다, 장기적인 브랜드 구축을 목표로 해야 합니다.**
- **SEO 도구를 활용하면 단순한 감이 아니라, 정확한 데이터를 기반으로 최적화할 수 있습니다.**

2. 하루 1시간만 일하고 한달만에 1,000만 원 벌고 싶나요?

"한 달 안에 월 1,000만 원 벌고 싶어요."

"나는 하고 싶은 걸 하면서 살 거야."

듣기만 해도 달콤합니다. 하지만 세상은 그렇게 만만하지 않습니다. 물론 꿈을 크게 가질 수 있습니다. 하지만 현실을 무시한 꿈은, 꿈이 아니라 망상입니다.

준비도 없이, 노력도 없이, 그저 하루 1시간 투자로 인생을 바꿀 수 있을 거라고 믿는 순간부터 이미 실패는 예정된 겁니다.

목표만 크고, 준비는 대충이면? 거의 100% 실패합니다. 하루 1시간 투자해서, 경험도 없으면서, 4주 안에 1,000만 원 벌겠다고요?

그건 현실이 아니라 그냥 소원입니다. 큰 목표를 세우면, 그만큼 몸으로, 시간으로, 돈으로 때려박을 준비를 해야 합니다. 안 그러면, 실패는 당연한 겁니다.

"나는 내가 하고 싶은 거 하면서 살래요."
"나는 자유롭게 살고 싶어요."

좋죠. 누구나 그렇게 살고 싶죠. 문제는 그 대가입니다. 가게를 차리고 싶으면, 새벽에 나가서 재료 사고, 설거지하고, 뒷정리까지 해야 합니다. 유튜브로 돈 벌고 싶으면, 밤새 영상 찍고, 편집하고, 조회수 10 나오는 날도 견뎌야 합니다.

하고 싶은 거 할 수 있습니다. 대신 그에 따른 고생도 같이 해야 합니다.
제가 경험해본 바로는, 가장 빠른 길은 단 하나였습니다. 이미 성공한 사람에게 찾아가 배우는 것. 혼자 몇 개월, 몇 년을 끙끙대는 것보다, 단 하루라도 제대로 방향을 잡는 것이 훨씬 빨랐습니다. 저 역시 그렇게 성장했습니다. 물론, 배운다고 끝나는 게 아닙니다. 배운 뒤에는 실행하고, 꾸준히 쌓아가는 것이 필수입니다.

그리고 무엇보다 중요한 것은, 자기확신과 자기고집을 구분할 줄 아는 것입니다. 많은 사람들이 강의를 듣고, 조언을 듣습니다. 하지만 시간이 지나면 결국 '자기가 하고 싶은 대로' 합니다. 저는 여기서 다르게 했습니다. 성공한 사람의 조언을 흘려듣지 않고, 걱정 없이, 잔생각 없이, 바로 행동으로 옮겼습니다. 그 차이가, 작은 성공과 실패를 가르는 갈림길이었습니다.

쉬고 싶으면 쉬세요. 놀고 싶으면 노세요. 누구도 뭐라 하지 않습니다. 하지만 그 시간, 어딘가에선 누군가 땅을 파고 씨앗을 심고 있습니다. 남들 농사 다 끝내고 수확할 때, 빈손으로 부러워하지는 말아야 합니다.

결국 인생은 선택이고, 선택에는 무조건 대가가 따라온다는 걸 잊지 마세요.

꿈은 큽니다. 말도 쉽습니다. 바라보는 것도 자유입니다. 하지만 바라는 만큼 준비하고, 말한 만큼 버티지 않는다면, 그 꿈은 그냥 한때의 착각으로 끝납니다. 크게 꿈꿨다면, 그만큼 크게 견뎌야 합니다. 이게 세상이 돌아가는 기본 룰입니다. 이걸 모르면, 앞으로도 계속 "나도 해봤는데 안 되더라." 라는 말이나 하며 살게 될 겁니다.

블로그를 운영하다 보면 이런 질문을 수도 없이 듣습니다.
"백링크 작업을 꼭 해야 하나요?"
"그냥 글만 잘 쓰면 되는 거 아닌가요?"
이런 질문을 받을 때마다 저는 한 가지 비유를 들곤 합니다.

당신이 깊은 산속에서 최고의 라면 가게를 열었다고 상상해봅시다. 면발은 쫄깃하고, 국물은 기가 막힙니다. 한 번 맛보면 누구나 단골이 될 정도로 훌륭합니다. 그런데 문제는… 아무도 모릅니다.

길도 제대로 나 있지 않고, 안내판도 없습니다. 그러니 사람들이 찾아오기를 기대하는 건, 마치 "운 좋으면 오겠지"라는 도박에 가깝습니다.

백링크는 바로 그 길을 닦는 작업입니다. 여러 곳에서 내 블로그로 오는 길을 만들어두면, 구글이 그 길을 타고 들어와 내 블로그를 평가하고, 더 많은 사람들이 자연스럽게 방문하게 됩니다.

물론, 좋은 글이 기본입니다. 길을 닦아 놨다고 해도, 정작 가게에 가봤더니 라면이 맛없다면? 손님들은 다시는 오지 않을 것이고, 소문도 나지 않을 것입니다. 그러니 백링크 작업보다 중요한 건 "진짜 맛있는 글"을 쓰는 것입니다.

이제 막 블로그를 시작하는 분들은 종종 이런 착각을 합니다.
"아, 그냥 글 잘 쓰고 몇 개만 올리면 수익이 나겠지?"

하지만 현실은 다릅니다. 블로그 운영은 게임과 같습니다. 처음에는 트래픽이 안 나와서 답답할 수도 있고, 구글 알고리즘 변화 때문에 순위가 떨어질 수도 있습니다. 그럴 때 많은 사람들이 포기해버립니다.

그런데 이걸 게임처럼 즐기는 사람들이 있습니다.
"오, 이번에 구글이 업데이트했네? 그럼 난 이렇게 대응해야지!"
"어? 내 글이 3페이지에 있네? 어떻게 하면 1페이지로 올릴 수 있을까?"
이런 식으로 문제를 하나씩 풀어가면서 성장하는 분들은 결국 살아남는 자입니다. 그리고 수익을 가져갑니다.

제가 블로그로 돈을 벌면서도, 이런 정보를 공개하는 이유는 간단합니다.
"이거 다 해도, 결국 남는 사람은 많지 않습니다."
중간에 포기하는 사람이 워낙 많아서, 제대로 끝까지 해내는 사람은 극히 일부입니다. 그리고 시장이 너무 거대합니다. 구글 코리아 한국 매출만 10조원이 넘습니다.

결국 포기하지 않으면 이깁니다.
자, 이제 이 글을 읽고 있는 당신은 어떤 선택을 할 것인가요?

백링크든, 글쓰기든, 블로그 운영이든 중요한 건 꾸준히 하는 것입니다. 도중에 포기하지 않고, 문제를 해결해가면서 한 단계씩 올라가다 보면 어느 순간, 당신의 블로그는 더 이상 '깊은 산속의 가게'가 아니라 많은 사람이 찾아오는 핫플레이스가 되어 있을 것입니다.

저 역시 이 방법들을 하나하나 직접 실험하고 경험을 통해 깨달았습니다. 그리고 여러분이 이 글을 읽으면서 "이 사람은 어떻게 이걸 알게 되었을까?" 라는 질문을 던지며 고민해봤으면 합니다.

이제 여러분은 단순한 독자가 아니라, 저와 같은 길을 걷는 동료라 생각합니다. 블로그 운영은 결코 쉬운 길이 아니지만, 포기하지 않고 끝까지 나아간다면 반드시 원하는 결과를 얻을 수 있습니다. 도전하는 여러분을 응원합니다.

하지만 너무 스트레스 받지는 맙시다. 결국, 중요한 건 흘러가는 대로 행복하게 사는 것. 저도 그렇게 살다 보니 운이 찾아왔고, 그 운을 잡을 준비가 되어 있어서 좋은 기회로 이어졌을 뿐입니다. 그러니 너무 조급해하지 말고, 지금 하고 있는 일 자체를 즐겨봅시다. 그게 결국 가장 강한 힘이 됩니다.

그러니 오늘도 한 걸음 더 나아갑시다.

여러분이 이 책을 읽고 작은 실행을 하길 바랍니다. 그리고 그 작은 실행이 여러분을 성공의 길로 안내하길 진심으로 바랍니다.

"도서 후기"만 써주시면,
비공개 자료 4종 + 전자책 PDF본 추가 증정

이 책을 읽고 마음속에 단 하나의 울림이라도 남았다면, 그걸 '네이버 OR 티스토리 블로그 후기'로 나눠주세요.

여러분의 생생한 후기는 또 다른 누군가의 변화의 계기가 됩니다. 후기 작성자에게는 비공개 자료집 4종 세트와 해당 책 PDF본을 전달 드립니다.

"0원으로 시작하는 온라인 건물주", "애드센스팜" 이 두 키워드 중 한가지만 포함해주시면, **총 20만원 상당의 실전 자료 + 전자책 2권**을 무료로 보내드립니다.

✅ 단 한 줄이어도 괜찮습니다

여러분의 후기는 또 다른 누군가의 인생을 바꾸는 계기가 됩니다. 그리고 저는, 그 시작에 작은 보답을 드리고 싶습니다.

🎉 후기 작성 시 제공되는 자료

- ◆ 종이책 PDF 본 추가 제공 / 비공개 자료 4종 세트
- 2일 밤새 정리한 인스타그램 기본 세팅 가이드 (feat. 팁스타그램)
- 홈페이지 유입표 총정리
- 홈페이지 개설 시 체크리스트 / 커뮤니티_밴드_카페 리스트

✏️ 후기 작성 방법

링크 이동 QR

1. 네이버 블로그 또는 티스토리, 워드프레스 등 자유롭게 후기 작성
2. 제목 또는 본문에 '애드센스팜 종이책 후기' 포함
3. 여러분의 솔직한 느낌, 배운 점, 적용 의지 등을 자유롭게 작성
4. 작성 후 아래 링크로 제출 👉 [제출 폼 또는 QR 코드] https://forms.gle/rW2Bv9RjTzGrgFix8
5. 확인 후 자료 전송!

　　　예시 제목: • "0원으로 시작하는 온라인 건물주 후기 - 애드센스팜으로 블로그 부업 시작!"
　　　　　　　　• "이런 책은 처음, 애드센스팜 종이책 후기 남깁니다" "0원으로 시작해 부자가 되는 가장 현실적이고 빠른 방법"

0원으로 시작해 부자가 되는
가장 현실적이고 빠른 방법

저는 2020년 유튜브를 보고 블로그로 시작했습니다. 자본도, 인맥도, 특별한 기술도 없었습니다. 그저 글 하나, 키워드 하나 붙잡고 매일 컴퓨터 앞에 앉았을 뿐입니다.

그러나 2025년 현재, 제 통장엔 현금만 30억 원이 있습니다. 누군가는 운이 좋았다고 할 수도 있고, 블로그로 그게 가능하냐며 웃을 수도 있습니다.

하지만 저는 압니다. 이건 운이 아니라 구조였고, 감이 아니라 '꾸준함'이었다는 걸. 블로그는 단순히 글을 쓰는 공간이 아닙니다. 0원으로 시작해 온라인 시장 전체를 이해하고, 수익을 구조화할 수 있는 유일한 현실적 출발점입니다.

많은 사람들이 빠르게 부자가 되는 방법을 찾지만, 대부분은 초반부터 방향을 잘못 잡습니다. 큰돈부터 들이고, 복잡한 기술부터 배우려 합니다.

하지만 진짜 빠른 길은 언제나 단순합니다.
'지금 있는 자리에서, 할 수 있는 것부터 시작하는 것.'

저에겐 그게 블로그였습니다. 이 글을 읽는 당신에게도, 블로그가 그 출발선이 될 수 있습니다. 돈 없이, 리스크 없이, 현실에서 가장 빨리 부를 만들어갈 수 있는 방법. 지금부터 그 이야기를 해보려 합니다.

블로그, 안 하면 손해입니다 - 0원으로 시작해서 온라인 시장 전체를 꿰뚫는 법

처음 블로그를 시작했을 때, 저는 블로그를 쉽게 생각했습니다. 글 좀 쓰고, 방문자 좀 모이면, 애드센스로 커피값은 벌 수 있겠지 싶었죠. 그런데 그게 전부가 아니었습니다.

진짜 중요한 건, 블로그라는 플랫폼을 제대로 파고들면 온라인 마케팅의 본질을 공짜로 배울 수 있다는 겁니다. 그걸 안다는 건, 지금 이 시대에서 사업의 주도권을 잡을 수 있다는 뜻이기도 하고요.

모든 사업은 결국 '노출-유입-전환' 구조로 움직인다

블로그에 애드센스를 달아봤던 사람이라면 한 번쯤 이런 착각을 해봤을 겁니다. 조회수만 많으면 수익이 생길 줄 알았죠. 저도 처음엔 그랬습니다. 그런데 광고를 달고 나서 자꾸 눈에 밟히는 게 있었어요. 바로 '전화번호를 남기라'거나 '상담을 유도하는' 광고들이었죠.

보험, 대출, 건강식품, 수술 정보, 이사, 인테리어, 법률 상담… 분야는 제각각이지만 그들이 원하는 건 하나입니다. 사람의 정보, 다시 말해 연락처 즉, DB입니다. 광고의 화려한 문구는 전부 그 목적을 향해 달려가고 있죠.

그리고 이걸 이해하는 순간, 사업이라는 게 더 이상 복잡하게 느껴지지 않게 됩니다. 겉으로 보기에 이름도 다르고 방식도 다른 것 같지만, 결국 구조는 똑같습니다.

이름만 다를 뿐, 모든 구조는 '노출-유입-전환'이라는 한 줄로 설명되기 때문입니다. 블로그를 하다 보면 결국 그 진짜 구조를 몸으로 체험하게 됩니다. 그래서 저는 말합니다. 블로그, 안 하면 손해입니다. 그 안에 지금 시대의 모든 흐름이 들어 있으니까요.

1. 노출 - 보이지 않으면 존재하지 않는 것

사업이든 블로그든 결국 사람이 봐야 시작입니다. 그런데 사람은 그냥 찾아오지 않아요. 보여야 합니다. 이게 첫 번째입니다. 보여지지 않으면, 존재하지 않는 것이나 다름없습니다.

SNS든, 블로그든, 유튜브든, 전단지든, 심지어 입소문이든. 수단은 다를 수 있지만, 본질은 같아요. 어디서든 사람들에게 노출돼야 DB를 확보할 수 있습니다.

핵심은 단순합니다. 사람들이 몰리는 곳에 내가 있어야 하고, 그 자리에서 내가 어떤 사람인지, 무슨 일을 하는 사람인지 한눈에 보여야 합니다. 그게 첫 단추예요.

2. 유입 - 클릭하게 만들 수 있느냐의 문제

노출됐다고 다 끝난 게 아닙니다. 이제 사람을 데려와야 합니다. 그게 유입입니다. 관심을 가진 사람이 나에게 다가오는 단계죠.

이때부터는 심리 게임입니다. "왜 지금 이걸 클릭해야 할까?", "내가 도와줄 수 있는 게 뭐지?" 이걸 상대방의 머리 대신 내가 먼저 답해줘야 합니다.

사람은 단순한 호기심이 아니라, 필요 때문에 움직입니다. 그래서 유입은 그 사람의 문제, 귀찮음, 찾고 있는 것을 정확히 찔러줘야 가능합니다.

"이거 귀찮으시죠?", "이거 찾고 계신가요?", "제가 정리해봤습니다."
이런 문장들이 바로 클릭을 부르는 겁니다. 결국, 유입은 감정과 필요를 자극하는 설계에서 시작됩니다.

3. 전환 – 지갑을 여는 건 신뢰와 타이밍의 합작품

노출되고, 유입됐습니다. 이제 진짜 행동이 필요합니다. 전화, 상담, 결제, 가입, 예약… 바로 전환이죠.

그런데 여기서 실수하는 사람들이 많습니다. "어떻게 설득하지?"를 고민하는데, 핵심은 설득이 아닙니다. 신뢰와 타이밍이에요.

이 사람이 왜 지금 결정을 해야 하는지, 믿고 맡겨도 되는지, 이걸 짚어줘야 합니다.

그래서 후기, 사례, 지금만 가능한 혜택, 이런 것들이 중요해집니다.

한마디로, 상대가 느끼는 리스크를 줄여줘야 전환이 일어납니다.
"당장 안 해도 되지"라는 생각이 드는 순간, 전환은 무너집니다. 그래서 이 마지막 관문에서는 긴장감과 신뢰를 동시에 심어야 합니다.

블로그는 0원으로 시작하는 최고의 실전 훈련장

요즘 세상에 돈 안 들이고 뭔가 배울 수 있는 플랫폼이 몇 개나 될까요?
온라인 광고를 배우려면 수십, 수백만 원이 필요하고, 쇼핑몰 돌려보려 해도 초기비용만 수십만 원입니다.

그런데 블로그는 다릅니다. 가입은 공짜, 글쓰기도 공짜, 운영도 공짜. 단지 시간과 꾸준함만 있으면 누구나 시작할 수 있습니다.

이건 마치 무료로 입장 가능한 체력 단련장이에요. 처음엔 글 쓰는 연습, 키워드 찾기, 콘텐츠 기획이 전부인 것 같지만 조금만 깊게 들어가다 보면 유입, 전환, 브랜딩, SEO, 콘텐츠 전략, 고객 심리까지 전부 배우게 됩니다.

진짜 온라인 마케터가 되려면 수십 개의 책과 강의가 필요한 줄 알았는데, 블로그 하나 열심히 굴려보면 그걸 몸으로 익히게 됩니다.

블로그를 하다 보면 '팔리는 구조'가 보인다

블로그를 하다 보면 어느 순간 깨닫습니다.
"아, 이게 단순히 글 써서 돈 버는 구조가 아니구나."
조회수를 올리기 위해 키워드를 분석하게 되고, 사람들을 클릭하게 하려고 제목을 바꾸고, 머무르게 하려고 본문을 설계합니다. 그리고 광고 수익을 넘어 제품을 소개하고, 리뷰를 쓰고, 특정 행동을 유도하는 법을 익히게 되죠.

이 모든 과정이 사실 온라인 마케팅 전체의 축소판입니다.
블로그를 잘 한다는 건, 결국
- 무엇을 노출시킬지 판단하고
- 어떻게 유입을 유도할지 계산하고
- 어떤 타이밍에 전환이 일어나는지를 파악할 수 있다는 뜻입니다.

이걸 한 번 체화하면, 이제는 어떤 상품이든, 어떤 서비스든 '어떻게 팔릴 수 있는지' 감이 생깁니다.

구조는 늘 같습니다, 이름만 다를 뿐입니다

이 글을 읽고 있는 분이 어떤 일을 하든 상관없습니다. 업종, 서비스, 제품, 콘텐츠, 플랫폼 전부 다르겠지만, 구조는 똑같습니다.

- 나를 어떻게 알릴 것인가? (노출)
- 관심 있는 사람을 어떻게 데려올 것인가? (유입)
- 그 사람이 어떻게 결정을 내리게 할 것인가? (전환)

이 세 가지입니다. 그 어떤 마케팅도, 브랜딩도, 전략도, 결국은 이 셋 중 하나를 해결하기 위한 몸

부림일 뿐입니다.

사업이 잘 안 풀리고 있다면, 괜히 복잡하게 생각하지 마세요.

이 세 가지 중 어디에서 막혔는지 보면 됩니다.

- 나를 아는 사람이 없나? (노출의 문제)
- 나에게 오긴 하는데 그냥 지나치나? (유입의 문제)
- 사람들이 봤는데 왜 결정을 안 할까? (전환의 문제)

답은 항상 단순한 데 있습니다. 이 구조만 알고 있으면, 언제든 다시 시작할 수 있습니다. 사업이든 블로그든, 결국은 '사람'입니다. 그 사람을 보이게 하고, 끌어오고, 움직이게 하는 것, 이게 전부입니다.

요즘 부자들의 공통점은 '이곳을 장악한 사람들'

예전에는 부자가 되려면 땅을 사거나, 건물을 사거나, 제조업 공장을 돌려야 했습니다. 하지만 요즘은 다릅니다. 진짜 빠르게 돈 번 사람들, 그들의 공통점은 하나입니다.

온라인을 잘 다룬다는 것. 쿠팡 창업자, 유튜버, 인플루언서, 쇼핑몰 사장, 디지털 노마드, 인스타 작가, 심지어 블로그로 돈 번 사람들까지. 그들은 모두 '온라인 시장'을 일찍 눈치챘고, 거기서 노출-유입-전환 구조를 만든 사람들입니다. 심지어 어떤 사람은 상품도 없고, 창고도 없고, 직원도 없는데, 한 달에 수천만 원씩 벌기도 합니다.

왜냐고요?

사람이 모이는 구조, 팔리는 구조를 온라인에서 만들어냈기 때문입니다.

이 구조를 만들기 위한 첫걸음이 뭐냐고요?

바로 블로그입니다. 0원으로 시작할 수 있고, 그 안에 온라인 시장의 모든 원리가 들어 있으니까요. 블로그를 하면서 검색 트렌드를 읽고, 사람들이 어떤 제목에 반응하는지 체험하고, 클릭을 유도하고, 후기와 콘텐츠로 신뢰를 쌓는 과정을 익히는 것.

이게 바로 요즘 돈 되는 감각을 만드는 훈련입니다. 오프라인만 믿고 있다면, 이미 늦었습니다. 사람들의 관심과 지갑은 전부 온라인에 쏠려 있는데, 거기서 '나'를 노출시키지 못한다면, 싸움이 시작도 되기 전에 진 겁니다.

지금 시대에 돈을 벌고 싶다면, 그리고 그걸 오래 지속하고 싶다면, 온라인 시장을 배워야 합니다. 블로그는 가장 저렴하고 강력한 수단이 되어줄 겁니다.

블로그를 안 한다는 건, 기회를 외면하는 것

결국 블로그는 하나의 '수익 수단'이 아니라, 온라인 시장에서 살아남기 위한 기본 체력입니다. 애드센스로 돈을 벌 수도 있고, 제품 리뷰로 수익을 낼 수도 있고, 누군가는 그걸로 퍼스널 브랜딩을 만들어 1:1 컨설팅까지 합니다.

그런데 그 모든 시작점이 블로그입니다. 돈 없이, 리스크 없이, 세상에 나를 알릴 수 있는 거의 유일한 채널. 안 하는 건 선택이 아니라 기회를 눈앞에서 걷어차는 것과 같습니다.

무기가 없다고 말하지 마세요

요즘처럼 자영업자든 프리랜서든, 직장인이든 누구나 '나를 알리고 팔아야 하는 시대'에 블로그는 돈 없이 시작할 수 있는 진짜 실전 무기입니다. 그걸 들고도 싸우지 않겠다면, 이제 남는 건 남들한테 뒤처지는 것뿐입니다.

블로그든 유튜브든 SNS든 안 하면 손해입니다. 지금 바로 시작하세요.
0원으로, 온라인 시장 전체를 내 손에 넣는 첫걸음.

처음 운전을 배울 때를 떠올려 보세요. 엑셀과 브레이크가 어색하고, 깜빡이를 켜는 것도 헷갈렸을 겁니다. 하지만 반복하다 보면 어느새 자연스럽게 몸이 반응하게 되죠. 블로그 운영도 마찬가지입니다. 처음에는 어렵고 낯설지만, 시행착오를 겪으며 차근차근 익혀가면 어느 순간 자연스럽게 글을 쓰고, 수익을 만들어가는 자신을 발견할 것입니다.

가장 중요한 것은 '꾸준함'입니다. 빠르게 가려 하면 오히려 지치고 포기하게 됩니다. 하루하루 작은 습관을 쌓아가다 보면 결국 원하는 목표에 도달할 수 있습니다.

블로그를 시작하는 여러분께 몇 가지 중요한 원칙을 공유하고 싶습니다.

1. 가볍게 시작하세요

열정이 넘쳐 처음부터 모든 것을 완벽하게 하려는 분들이 많습니다. 하지만 그러면 금방 지치고 부담을 느끼게 됩니다. 다이어트를 생각해 보세요. 처음부터 3시간씩 운동하고 극단적인 식단을 유지하면 오래 지속하기 어렵습니다. 블로그도 마찬가지입니다. 처음부터 완벽한 글을 쓰려 하지 말고, 하루 한 줄이라도 써보세요. 작은 습관이 결국 큰 성과를 만듭니다.

2. 매일 반복하세요

속도를 내는 것보다 중요한 것은 매일 꾸준히 하는 것입니다. 예를 들어, 하루에 영어 단어 100개를 외우겠다고 시작하면 열흘 뒤에는 포기하기 쉽습니다. 하지만 하루 5개씩 외우면 1년이면 1,800개의 단어를 자연스럽게 익히게 됩니다. 블로그도 마찬가지입니다. 하루 한 개의 키워드를 분석하고, 글 한 개라도 작성해보세요. 매일 반복하다 보면 속도는 자연스럽게 붙습니다.

3. 남과 비교하지 마세요

각자의 속도와 방식이 다릅니다. 누군가는 빠르게 성장하고, 누군가는 천천히 갑니다. 중요한 것은 '어제의 나'보다 나아지는 것입니다. 타인과 비교하며 조급해하지 마세요. 내 페이스를 유지하며 꾸준히 가는 것이 가장 빠른 길입니다.

4. 함께 성장하세요

블로그는 혼자 하는 싸움이 아닙니다. 같은 목표를 가진 사람들과 정보를 나누고, 서로 격려하며 함께 성장하는 것이 중요합니다. 강의를 통해 얻은 지식과 경험을 공유하고, 시행착오를 줄이며 더 빠르게 목표에 도달할 수 있도록 서로 도와주세요.

5. 블로그는 수익이 전부가 아닙니다

블로그를 운영하면서 당장 큰 수익이 나지 않는다고 실망할 필요는 없습니다. 블로그를 하면서 배우는 경험과 지식은 이후 다양한 방식으로 확장될 수 있습니다. 글쓰기 능력, 검색 엔진 최적화(SEO),

트렌드 분석, 네트워킹 등 블로그를 통해 얻을 수 있는 것들은 무궁무진합니다. 이것이 훗날 다른 분야로 확장될 기회가 될 수도 있습니다.

6. 글 하나가 시작입니다 - 확장 가능한 콘텐츠의 씨앗

예전에는 글 하나를 쓰면 블로그에만 머물렀습니다. 하지만 이제는 시대가 바뀌었습니다. AI와 영상 플랫폼의 시대, 글 하나가 수익의 파이프라인이 됩니다.

저도 하나의 블로그 글을 쓰고 나서, 그 글을 바탕으로 인스타그램 카드뉴스를 만들고, 핵심 내용을 요약해 릴스를 제작합니다.

그 짧은 영상을 유튜브 쇼츠, 틱톡, 네이버 클립에도 그대로 올립니다. 반응이 좋으면, 그 내용을 기반으로 전자책이나 강의로도 확장합니다. 이게 바로 원소스 멀티유즈(One Source Multi Use)입니다.

글 하나가 단순한 포스팅이 아니라, SNS 콘텐츠가 되고, 영상이 되고, 강의와 상품이 됩니다. 처음엔 작은 글 한 편이지만, 그 안에 담긴 생각과 정보는 다양한 방식으로 재가공되어 수익과 기회로 연결될 수 있습니다.

글 하나, 영상 하나가 여러 플랫폼에서 동시에 일하고 있다면, 이건 단순한 '글쓰기'가 아니라, 진짜 자산 구축의 시작입니다.

이렇게 글쓰기를 중심으로 확장성과 시스템을 생각하는 습관을 갖는 것, 그게 요즘 시대의 새로운 경쟁력입니다. 오늘 한 줄을 쓰는 그 행동이 내일 영상이 되고, 모레는 강의가 되고, 다음 주에는 새로운 수익이 되어 돌아올 수도 있습니다. 글 하나가 콘텐츠 전체의 출발점이자, 가장 강력한 자산이 될 수 있다는 걸 잊지 마세요.

7. 마지막으로, 너무 조급해하지 마세요

지금 이 순간, 우리는 같은 출발선에 서 있습니다. 시작은 어렵지만, 저는 여러분이 목표를 이룰 수 있도록 천천히, 그리고 꾸준히 도와드릴 것입니다. 오늘부터 작은 한 걸음을 내디뎌 보세요. 내일도 또 한 걸음. 그렇게 쌓이면 결국 커다란 변화가 될 것입니다. 끝까지 포기하지 마세요. 꾸준함이 결국, 우리를 원하는 곳까지 데려다 줄 것입니다.

여러분의 성장을 응원하며,
알파남 드림.

나는 0원으로
강남 건물주보다 월세 많이 받는
온라인 건물주로 산다

ⓒ알파남(김지수)
초판 2쇄 인쇄 | 2025년 7월 7일

지은이	알파남(김지수)
마케팅	타이탄북스
펴낸곳	타이탄북스
ISBN	979-11-94600-39-8 (03320)
이메일	titanclassbook@gmail.com

• 파본은 구입하신 서점에서 교환해 드립니다.
• 이 책은 저작권법에 의해 보호를 받는 저작물이기에 무단 전재와 복제를 금합니다.